PROVERBES DANS LES DISCOURS

속담과 담화

담화에 작용하는
속담의 언어학적 연구

강성영 지음

서문

속담은 인류의 오랜 역사를 통하여 자연스럽게 형성된 경험 진리를 담고 있는 문화의 보고로서 우리의 일상담화를 풍요롭게 하는데 사용되어 왔으며, 예로부터 전승된 예지와 공동체 고유의 문화를 바탕으로 통념(lieu commun)과 고정관념(stéréotype)의 위상을 가지기 때문에 논증에 있어 권위적 논거(argument d'autorité)로 담화에 자주 인용되기도 한다.

오늘날은 다양한 신조어와 유행어의 출현, 쉬운 문체 선호 경향 등의 이유로 일상담화에서 속담의 비중이 약화되어가는 추세이나, 그럼에도 불구하고 현대인들의 의사소통에 있어 속담은 여전히 그 권위를 인정받고 있음을 여러 유형의 담화에서 확인할 수 있다. 우리는 말담화와 글담화 내에서 속담의 권위를 빌어 자신의 견해에 대한 확인과 증명, 예견, 교훈, 경고, 충고, 비난, 풍자 등의 발화행위를 수행하는 경우가 많기 때문이다.

프랑스에서 속담에 대한 언어학적 연구는 1980년대까지 대부분 형태·통사 구조 중심으로 이루어졌다면, 그 이후에는 의미·화용적 연구가 주류를 이루고 있다. 구체적으로, Anscombre(1995)가 논증이론의 한 갈래인 토포스 이론(théorie des topoï)에서 속담의 토포스적 기능의 중요성을 밝힌 이래, 속담에 대한 의미·화용적 연구는 현대 프랑스 언어학에서 중요한 연구경향으로 자리매김하고 있으며 1999년 *Langue française* 123호 특집호와 2000년 *Langages* 139호 특집호를 필두로 최근까지 다수의 단행본 연구서와 논문들이 간행되어오고 있다.

본 연구서는 이론적으로 프랑스 속담연구의 틀 안에서 속담의 언어학적 특징을 규명하고 속담유형을 분류하며 담화 내 논증기능과 속담변조 현상 등을 밝히고 속담의 문화 간 비교 분석을 시도한 내용을 담고 있다. 이 책은 모두 6장으로 구성되어 있으며 내용을 개략적으로 소개하면 다음과 같다.

제1장에서는 프랑스어 속담과 우리말 속담을 대상으로 속담의 의미·화용적 특성들을 추출하여 검토하였다. 속담의 의미기능에 속한 특성들로는 준보편성, 총칭성, 은유성, 문화지칭 기능을, 화용기능에 속한 것들로는 교훈기능, 풍자기능, 논증기능을 보편적 특성들로 추출하였고, 문화변인에 따라 언어권 별로 문화요소들이 달리 지칭될 수 있으며 더 나아가 이 차이로 말미암아 교훈기능, 풍자기능 등 화용기능도 차이가 생길 수 있다는 사실도 밝혀보았다.

제2장에서는 속담이 표상하는 총칭성의 성격에 따라 ∀LOC형 속담과 ∃LOC형 속담으로 분류한 기존의 이원 분류를 ∀LOC형 속담, 부분적 양화 속담, ∃LOC형 속담의 삼원 분류로 수정하여 정립하고자 하였다. 이를 위해 Palma(2012)가 유형화한 정설적 속담, 역설적 속담 분류 방식을 참고하여 일괄 ∃LOC형 속담으로 단정한 대립속담을 언중의 수용정도에 따라 부분적 양화 속담과 ∃LOC형 속담으로 재분류하는데 부분적으로 이용하였다.

제3장에서는 생략어법이 적용된 프랑스어 속담들을 대상으로 구조 유형들을 분류하고 각 유형들의 의미·문체적 특징을 밝혀보고자 하였다. 다음으로 이들 중 축약력이 가장 강한 무동사 속담의 의미·화용 기능을 규명하고자 하였으며 이를 위해 그 범주적 위상과 의미특성을 검토하고 무동사 속담 내에 사용된 무관사의 의미기능

과 평가형용사의 논증작용을 분석하였다. 마지막으로, 많은 생략형 속담들은 대칭적 이항구조를 가지는데 관련 통사적 결합구조를 유형별로 분류하고 대칭어휘 쌍이 갖는 여러 양상의 내적 의미관계들을 분석하였다. 그리고 이러한 의미관계를 바탕으로 구축된 전체 의미구조 유형을 구분하고 그 의미특성도 밝혀보았다.

제4장에서는 담화 내에서 작용하는 속담의 논증기능에 초점을 맞춰 담화맥락에 따라 구현되는 다양한 논증양상을 분석하고 분류하였다. 이를 위해, 논리적 논증과 화용적 논증을 중심으로 전자는 연역논증인 생략삼단논법, 귀납논증인 유비논증과 단순 귀납논증으로 구분하였다. 이후 속담인용 담화에 작용하는 논리적 논증의 각종 양상을 세 논증 별로 분석하여 보았다. 다음으로 화용적 논증 양상을 화행적 관점에서 분석하였는데, 분석과정을 통하여 논리적 논증과 화용적 논증이 별개의 영역이 아니라 유기적 연계관계를 가지고 있다는 사실을 확인할 수 있었다. 한편, 논증연결사 mais의 역논증 기능에 의해 속담 논증기능이 강화되기도 하지만 반대로 논증기능이 훼손되거나 속담의 보편성이 상실되기도 한다는 사실도 밝혀보았다.

제5장에서는 공인속담이 변형된 변조속담을 중심으로 속담 변이형들의 유형을 분류하고, 변조속담의 통사·의미·화용적 특성들을 추출한 뒤 속담생성 과정의 메카니즘을 밝혀보았다. 다음으로, 변조속담이 가장 활발하게 이용되는 분야의 하나인 광고에 있어 속담형 광고문에 이용되는 변조속담의 언어학적 특징으로 속담구성 기법을 포함하여 어떠한 의미·화용적 특성들이 있는지 살펴보고, 그 특성들이 광고의 설득기능 강화와 광고효과에 어떠한 영향을 미치고 있는지 고찰하였다.

제6장에서는 문화 간 비교의 차원에서 은유적 속담에 속하는 동

물속담을 대상으로 양국 동물속담이 표출하는 문화기능의 보편성과 특수성을 비교 분석하였다. 이를 위해 동물속담의 은유추론 관계를 비교하였는데, 양국 동물속담 모두 은유추론에 있어 일반적으로 부정적 동물관이 더 많이 이용되고 있으나 동물관이 사상하는 부정적 인생관의 비율은 프랑스어 속담이 우리말 속담에 비해 월등 높았고 동물관 이용에 있어서도 더 제한적이었다. 다음으로, 양국의 유사 동물속담들을 대상으로 '속담의미 등가 여부'와 대응관계 유형에 따라 동어동의 속담, 이어동의 속담, 동어이의 속담, 이어이의 속담으로 세분하고, 각 대응속담 유형 별로 사용된 대응 핵심어휘들의 동물관과 은유추론 방식을 비교함으로써 지칭된 문화의미의 보편성과 특수성을 분별하고자 하였다. 또한, 동의속담이 표상하는 보편적 문화의미는 어떤 언어권의 원형속담이 다른 언어권에 차용속담으로 전래됨으로써 정착된다는 속담차용 가설을 제기하고, 속담기원 추적과 속담 변이형 다과를 판단 기준으로 삼아 몇몇 사례 분석에 의해 이 가설의 타당성을 입증하고자 하였다.

저자는 1998년 「속담표현의 의미·화용론적 특성 연구」를 시작으로 그 동안 여러 편의 논문을 써왔다. 이 논문들은 참고문헌에 제시하였으며 관련 주제는 크게 '속담의 언어학적 특징', '속담의 관용성', '총칭성에 의한 속담유형 분류', '생략형 속담과 이항속담', '속담인용 담화 내 논증', '변조속담과 속담형 광고문', '여성속담과 동물속담을 통한 문화 간 비교'로 분류할 수 있다. 이 책에서는 그간의 논문들에서 다루었던 것들을 좀 더 심도 있게 논의하였을 뿐 아니라 필요한 부분은 수정을 가하고 새로운 논의들도 포함시켰다.

그리고 분석하고 제시한 프랑스어 속담 및 인용문들은 프랑스어와 무관한 독자들의 이해를 돕기 위해 우리말로 모두 번역하였다. 이러한 노력에도 불구하고 이 책은 많은 점에서 미흡하고 만족스럽지 못하다는 사실을 언급하지 않을 수 없다. 다만 저자는 이 책이 프랑스어 속담 연구 뿐 아니라 우리말 속담과 기타 언어권 속담 연구에도 조그만 도움이 될 수 있기를 바라마지 않는다.

끝으로 이 책의 집필과정에서 자료 정리, 교정 작업 등에 힘을 보태준 제자들, 이숙현 선생, 파리3대학 박사과정 김하나, 전남대 석사과정 천우연, 최다혜에게 고마움을 표한다.

2018년 11월

강성영

차례

제1장

속담의 의미·화용적 특성

1. 도입

어떤 문화권에서든지 사람들은 조상으로부터 전수받은 삶의 지혜를 언중의 이름으로 속담이나 격언으로 형식화하여 사용함으로써 조상과 후예를 이어주는 문화전통을 수립하고 있다. 따라서, 문화권마다 비슷한 내용의 속담이라 하더라도 언어학적으로 동일한 특성들을 나타내기도 하지만 문화적 변이정도에 따라 함축하는 의미가 달라질 수 있다. 달리 말해서, 상이한 언어권에 속한 속담들의 의미와 사용양상을 비교하면 속담에 내재한 보편적 의미·화용적 특성들을 발견할 수 있으며 동시에 각 언어·문화권의 독특한 특징도 파악할 수 있을 것이다.

이를 위해, 우리는 본 장에서 프랑스어 속담과 우리말 속담을 비교대상으로 삼아 속담의 특성들을 의미기능과 화용기능으로 나누어 분석하고자 한다. 전자가 속담내용을 구성하는 기능으로 준보편성(quasi–universalité), 총칭성(généricité), 은유성(métaphoricité), 문화지칭 기능을 포함한다면, 후자는 속담 사용에서 비롯되는 기능으로 발화상황과 관련된 교훈기능, 풍자기능, 논증기능(fonction argumentative)을 포함한다 할 수 있다.

2. 의미기능

속담의 의미기능은 속담을 통해 전달되는 정보가치를 완성하는 기능으로 준보편성, 총칭성, 은유성, 문화지칭 기능이 이에 해당한다 할 수 있다.

2.1. 준보편성

속담내용이 특정 문화권의 언중의 지혜를 담고 있다는 사실은 누구나 인정하는 바이다. Rey(1993: IX)의 설명처럼, 속담은 그 기원에서부터 오늘에 이르기까지 대중들의 사용을 거쳐 전승되어온 지혜로서 구성원들로부터 보편적 진리나 일반적 진리로 여겨지고 있다. 이로 미루어 속담은 사회 문화적으로 통념화한 집단적 공유지식의 특성을 갖기 때문에 속담의 원시 발화자(énonciateur)는 익명으로 존재하거나 언중 그 자체라 할 수 있다.

이처럼, 동서양을 막론하고 속담은 조상들이 발견한 삶의 지혜로서 공통진리처럼 간주되어 왔으며 민족의 특질이 그대로 반영된 소산으로 평가받고 있다. 그래서, 속담의 지령기능(fonction préscriptive)을 강조하고 있는 Krikmann(1999: 1), 박갑수(1984: 205) 등은 이 기능이 민중과 역사의 뒷받침으로부터 비롯된다는 점을 지적하고 있고, Greimas(1970: 313)는 속담표현에 사용되는 현재시제, 명령법 등이 속담의 영속적 진리성을 보장해주고 있다고 설명하고 있다.

> 여기에서 사용된 현재시제는 단순한 확증 형식으로 영속적 진리를 발화하는데 도움이 되는 전형적 비역사적 시제가 되고 있으며, 명령법은 시간을 초월하는 규칙을 제정함으로써 교훈 차원의 불변적 영속성을 보장해준다.

따라서, 속담은 대체로 공통성과 영속성을 지닌 일종의 보편적 진리로 간주되어 왔다고 할 수 있다.

그러나, 속담의 정보가치가 항상 보편적 진리를 나타내는 것만은 아니다. 속담이 사회의 모든 구성원들에게 보편적이고 공통적 진리로 통용되는 경우도 있지만, 일부 구성원들에 의해서만 진리로 판단되는 경우들도 있기 때문이다. 이러한 속담의 양면성은 프랑스어 속담뿐 아니라 우리말 속담에서도 발견할 수 있다.

(1) Autant de têtes, autant d'avis. (머리가 많으면 의견도 많다)

(2) À bon vin point d'enseigne. (좋은 포도주는 광고가 필요 없다)

(3) Autres temps, autres mœurs. (시대가 다르면 풍습도 다르다)

(4) 말수 많은 집치고 조용한 집 없다.

(5) 부자가 되면 일가도 많아진다.

(6) 물건이 좋아야 임자도 많다.

(7) a. Abondance de biens ne nuit pas. (재산은 많을수록 좋다)

b. L'argent ne fait pas le bonheur. (돈이 행복을 만들지는 않는다)

(8) a. Qui ne risque rien n'a rien. (모험을 피하는 자는 아무 것도 못 얻는다)

b. Prudence est mère de sûreté. (신중함이 안전의 어머니다)

(9) a. Qui se ressemble, s'assemble. (유유상종)

b. Les extrêmes s'attirent. (극과 극은 통한다)

(10) a. 공든 탑이 무너지랴.

b. 십년공부 나무아미타불.

(11) a. 가는 말이 고와야 오는 말이 곱다.

b. 가는 방망이, 오는 홍두깨.

(12) a. 부부싸움은 칼로 물 베기.

b. 부부는 돌아누우면 남남.

위의 예들 중에서 (1)-(6)은 대체로 보편적이고 공통적 진리를 나타낸다 할 수 있으나, (7)-(12)는 서로 상반된 세계관이 양존할 수 있음을 보여주는 예들이다. 즉, 후자의 속담 쌍들 중 각각의 속담은 언중에 의해 선택적으로 수용되는 특성을 보여주기 때문에 일반적 진리의 특성만을 가지는 것이다. 따라서, 이와 같은 양상들을 통합 수렴하자면, 속담은 인간사의 단면을 함축적이고 선택적으로 노정하는 준보편성을 드러낸다 할 수 있다.

속담의 보편성과 일반성의 양면성은 Ducrot(1995a)와 Anscombre (1995a; 1995b)의 토포스 이론(théorie des topoï)에 의해서도 확인할 수 있다. 이들이 규정한 토포스 개념은 대략 '개인이나 화자를 포함한 광범위한 공동체 내에 형성된 이데올로기로 부터 파생되는 사회 문화적 통념이며 일반 공리(principes généraux)'로 요약할 수 있다.

그리고 토포스의 일반적 구조는 '어떤 대상 O가 속성 P를 더(또는 덜) 가질수록, (O와 동일하거나 다른) 대상 O'도 속성 P'를 더(또는 덜) 갖게 된다'인데, P(O)와 P'(O')를 각각 기호 P와 Q로 나타내면, (±P, ±Q)나 <±P, ±Q>의 도식으로 형식화할 수 있다.[1)]

그런데, 이들은 논증연쇄(enchaînement argumentatif)에 있어 보편적 관점을 표상하여 어휘 의미에 내재화 가능한 토포스를 내재적 토포스(topoï intrinsèques)로, 이와 다르게 제한적 공동체 내에서만 수용되어 어휘 내재화가 불가능하고 논증연쇄에 직접 작용하는 토포스를 외재적 토포스(topoï extrinsèques)로 구분하고 있다. 이 두 토포스가 적용된 예들을 비교해보자.

---

1 (P, Q)는 내재적 토포스 도식이며 <P, Q>는 외재적 토포스 도식이다. 여기에서 P는 논거에 해당하며 Q는 결론에 해당한다. 따라서, 이 도식들은 P → Q 식의 논증관계로 해석할 수 있다.

(13) a. Pierre est riche : il peut s'offrir tout ce qu'il veut. (피에르는 부자다: 그는 원하는 모든 것을 가질 수 있다)

b. (+POSSEDER, +POUVOIR D'ACHAT)

(14) a. Pierre est riche : il est toujours inquiet. (피에르는 부자다: 그는 항상 불안하다)

b. <+POSSEDER, +INQUIETUDE>

먼저 (13b)는 '부자일수록 더 많은 것을 가질 수 있다'라는 통념을 반영한 토포스로서 (13a)의 논증연쇄에 적용된다 할 수 있다. 그런데, 이 연쇄에서 논거부인 전항의 의미는 결론부인 후항의 의미를 함의하고 있음을 알 수 있다. 왜냐하면 보편적 인식에 의하면 (13b)의 토포스가 어휘 *riche*의 의미에 내포될 수 있기 때문이다. 이처럼 내재적 토포스는 어휘 의미를 구성하는 특징을 가지고 있다.

이와 반대로 (14b)는 '부자일수록 더 불안하다'는 관점을 표상하는데 이 관점은 모두에게 보편적이라 할 수 없으며, 일부 구성원들에 의해 수용되는 외재적 토포스의 성격을 가지고 있음을 알 수 있다. 따라서, 이 토포스는 어휘 의미화할 수 없고 화맥에 따라 논증연쇄에 직접 반영될 뿐이다.

이제 이 두 유형의 토포스와 속담의 관계를 밝혀보기로 한다.

(15) a. (+CHASSER, +TROUVER)

b. Qui bien chasse bien trouve. (잘 찾는 자가 잘 발견한다)

c. Ils ont parcouru toute la région pour chasser des loups, ils en ont trouvé plusieurs. (그들은 늑대를 잡으러 그 지역 전체를 뒤져서 여러 마리 잡았다)

(16) a. (+PATIENCE, +SUCCES)

b. L'avenir appartient à celui qui a la plus longue patience. (미래는 오랫동안 인내하는 자의 것이다)

c. Pierre s'est donné tout entier à ce domaine, il en est devenu spécialiste. (피에르는 그 분야에 전념해서 전문가가 되었다)

(17) a. <+AIMER, +CHATIER>

b. Qui aime bien châtie bien. (귀한 자식 매로 키워라)

c. Dupont aime bien son fils, donc il le blâme sévèrement de son mensonge. (뒤퐁은 아들을 사랑해서 아들의 거짓말을 엄하게 나무랬다)

(18) a. <+MALHEUR, +MALHEUR>

b. Un malheur en appelle un autre. (엎친 데 덮친다)

c. <+MALHEUR, +BONHEUR>

d. À quelque chose malheur est bon. (전화위복)

위의 (15)-(17) 중에서 각 번호의 a는 토포스를, b는 이 토포스의 구성원리인 속담을, 그리고 c는 이 토포스가 적용된 논증연쇄를 나타내고 있으며, (15), (16)은 내재적 토포스에, (17), (18)은 외재적 토포스에 관련된 것들이다.

구체적으로 설명하면, (15a), (16a)의 토포스인 '잘 찾을수록 잘 발견한다', '더 인내할수록 더 성공한다'는 통념은 각각 (15b), (16b)의 속담에 근거하고 있는데, 보편성과 약정화 작용에 의해 핵심어 *chasser*와 *patience*의 의미에 내포되어 있다 할 수 있으며, (15c), (16c)는 이 토포스들이 적용된 논증연쇄 발화체들이다.

다음으로, (17), (18)의 예들을 살펴보자. (17a), (18a)의 토포스인 '사랑할수록 더 징계한다', '불행할수록 더 불행해진다' 역시 관련 속담 (17b), (18b)를 기저로 삼고 있으나 이 통념들은 모든 화자들에게 보편적 진리로 수용되기 어려워 핵심어 *aimer, malheur*의 의미에 내포되지 못하는 외재적 토포스의 성격을 가진다. (18b)에 근거한 토포스 (18a)는 그와 상반된 (18d)에 근거한 토포스 (18c)를 배재할 수 없어 모순관계를 드러내며 따라서 보편성이 보장될 수 없기 때문이다.

이처럼, 속담은 토포스의 구성원리로서 경우에 따라 내재적 토포스처럼 어휘 의미화할 수 있는 보편성을 지닐 수도 있고 외재적 토포스처럼 제한적 일반성을 지닐 수도 있어 통합적으로 정리하면 준보편성을 대표적 의미특성으로 간주할 수 있는 것이다.[2]

2.2. 총칭성

Kleiber(1994; 2000a; 2012), Anscombre(1994; 2002b; 2006), Perrin(2000; 2012) 등은 총칭성을 속담의 대표적 특성의 하나로 간주하며 이에 따라 속담을 총칭문으로 규정하고 있다. 그런데, 이들에 따르면 총칭문은 대략 다음과 같은 공통 특징을 가지고 있다.

- 특수한 실현상황이 아닌 일반적 속성을 지시한다.
- 고정관념과 통념에 근거하므로 준규범적(law–like)이며 준보편적 진리의 위상을 갖는다.
- 예외나 반례(contre–exemples)가 존재할 수 있어 그 의미는 어림추론(raisonnement par défaut)적 성격을 가지나, 그 때문에 총칭문의 진리가 훼손되지는 않는다.
- 일반적으로 'Les N' 형태의 주어 총칭 명사구를 포함한다.

2 이후 준보편성은 준보편적 진리와 동일 개념으로 사용하겠다.

이러한 특징들에 근거하여 Kleiber(1994; 2000a)와 Anscombre(1994; 2002b)는 총칭문을 다음 세 부류로 분류하고 있다.

(19) a. Les chats sont des mammifères. (고양이는 포유동물이다)
 b. Les chats chassent les souris. (고양이는 쥐를 쫓는다)
 c. Les chats sont affectueux. (고양이는 정감적이다)

(20) a. *Les chats sont des mammifères, sauf le mien. (*고양이는 포유동물인데 내 고양이는 아니다)
 b. Les chats chassent les souris, sauf le mien. (고양이는 쥐를 쫓는데 내 고양이는 아니다)
 c. Les chats sont affectueux, sauf les chats siamois. (고양이는 정감적인데 샴 고양이는 아니다)

그리고 이들은 (20a)처럼 예외를 허용하지 않고 과학적, 필연적 진리에 속하는 (19a)를 '분석문(phrase analytique)', 고정관념이나 통념에 근거하지만 (20b)처럼 예외가 존재할 수 있는 (19b)를 '본질적 전형문(phrase typifiante *a priori*, 또는 ∀LOC형 총칭문)', (20c)처럼 주관적 견해의 성격이 짙어 반례가 많을 수 있는 (19c)를 '지엽적 전형문(phrase typifiante locale, 또는 ∃LOC형 총칭문)'이라 칭하고 있다.

속담은 의미 구성상 이 세 부류 중 본질적 전형문이나 지엽적 전형문에 해당하는 총칭문에 속한다 할 수 있다.

(21) a. Tel père, tel fils. (그 아버지에 그 아들)
 b. La clé d'or ouvre toutes les portes. (황금 열쇠는 모든 문을 열 수 있다/ 돈이면 모든 것을 할 수 있다)

(22) a. À père avare fils prodigue. (구두쇠 아버지에 헤픈 아들)

b. L'argent ne fait pas le bonheur. (돈이 행복을 만들지 않는다)

예를 들어, (21a), (21b) 모두 특수한 담화상황에 관련되지 않고, 일상적인 고정관념에 따라 '부자간의 닮음'과 '돈과 힘'의 전형적 관계를 지칭함으로써 준보편적 진리의 위상을 갖는다 할 수 있다. 또한, 이러한 전형적 관계에 대한 예외나 반례가 있다 하더라도 – 예를 들어 (22a)처럼 부자간이지만 닮지 않거나, (22b)처럼 돈의 한계상황을 나타내는 경우 – 일반 총칭문과 같이 속담의 총칭성을 약화하거나 훼손하지는 않는다.

한편, 속담은 일반 총칭문과 구별되는 변별적 특징도 가지고 있음을 발견할 수 있는데, 이와 관련된 몇 가지 언어학적 특징을 밝혀보고자 한다.

첫 번째 특성은 표현형식과 관련이 있고 다른 특성들은 의미구성과 관련이 있다.

첫째, 일반 총칭문은 총칭 한정명사구(définis génériques), 특정 술어, 습관문(phrases habituelles)[3] 등 몇몇 제한된 형식적 표지에 의해 구성된다 할 수 있으나, 속담은 다양한 형식이 사용되고 있다.

(23) Les eaux calmes sont les plus profondes. (고요한 물이 가장 깊다 : 일반 총칭문 – 한정명사구)

---

3 지속적인 속성을 나타내는 개체층위 술어(individual–level predicates)가 내재적 총칭문(inherent generic sentences)을 구성하는 반면, 일시적 속성을 나타내는 장면층위 술어(stage–level predicates)는 일시적 사건의 반복에 의한 습관에서 총칭성이 실현된다 할 수 있다. 예를 들어, Les enfants *dorment bien*(애들은 잘 잔다)에서 *dormir bien*은 개체층위 술어에 해당하여 내재적 총칭성을 구성하는 반면, Max *va à l'école* à pied tous les matins(막스는 매일 아침 걸어서 학교에 간다)에서 술어 *aller à l'école*는 습관성에 의해 총칭적 해석을 가질 수 있다.

(24) La caque sent toujours le hareng. (청어통에서는 항상 청어 냄새가 난다/ 태생은 속일 수 없다 : 일반 총칭문 – 개체층위 술어)

(25) Qui dort dîne. (잠자는 자는 식사를 한 셈이다 : 무선행사 관계문)

(26) Quand on parle du loup, on en voit la queue. (늑대 말을 하면 그 꼬리를 보게 된다/ 호랑이도 제 말하면 온다 : 복합문)

(27) Passé la fête, adieu le saint. (축일이 지나면 성인도 멀리 한다/ 변소 갈 때 다르고 나올 때 다르다 : 분사구문)

(28) Noël au balcon, Pâques au tison. (발코니에서 성탄절 깜부기불에 부활절/ 성탄절에 따뜻하면 부활절에 춥다 : 무동사문)

(29) Plus de morts, moins d'ennemis. (죽은 자가 많을수록 적은 적어진다 : 비교구문)

물론, (23), (24)와 같은 일반 총칭문 구성형식의 분포율이 높다 할 수 있으나, (25)-(29)의 예들처럼 다른 다양한 형식들도 적지 않게 사용되고 있음을 알 수 있다. 이로 미루어, 일반 총칭성 이론에 있어서도 총칭문을 표현형식의 차원에서 정형화하여 규정하려는 것보다 총칭해석(lecture générique)을 갖는 모든 문장을 총칭문으로 간주하는 견해로 확장하는 관점을 전향적으로 검토할 필요가 있다.

이러한 관점은 일반 총칭성 연구에 있어 이미 Anscombre(2002b), 최승언(2000), 오명기(2001), 전영철(2012) 등이 표방하고 있다.

> 여기에 관련된 습관문들은 총칭문의 하위범주로 간주할 수 있다. 이러한 점은 소위 말해서 궁극적으로 총칭문이란 존재하지 않고, 실제로는 총칭해석만 존재한다는 사실을 시사하고 있다. (최승언, 2000: 876)
>
> 총칭성과 외현적 문법표시에 대한 직접적 연관성은 없는 것 같다. 다시

말해, 총칭성이 어떤 특징적 문형에 의해 부호화되는 것이 아니라 다양한 어휘적, 문법적 수단들이 총칭적 해석이 의도되고 있음을 지시하는데 도움이 될 뿐이다. (오명기, 2001: 191)

둘째, 일반 총칭문과 달리 속담은 관용적 특성도 가지고 있다.

(30) a. Les castors construisent des barrages. (비버는 둑을 쌓는다)
b. Il n'y a pas de roses sans épines. (가시 없는 장미는 없다/ 완전한 것은 없다)
c. Un ange passe. (천사가 지나간다/ 갑자기 대화가 끊기고 정적이 흐를 때 하는 말)

예를 들어, 일반 총칭문인 (30a)의 전체의미는 구성어휘 의미들의 합이라 할 수 있으나, (30b)의 전체의미는 '가시'와 '장미'로 구성된 어휘 의미들의 합이라 할 수 없으며 (30c)의 관용어와 유사한 양상을 보인다 할 수 있다. 다시 말해서, (30b)는 구성요소들의 의미와 무관하게 전체로서 '완전한 것은 없다'라는 의미를 지칭하고 있는 것이다.

이러한 이유로, Perrin(2012: 63)은 속담을 총칭적 관용문(phrase idiomatique générique)이라 부르고 있는데, Kleiber(1999a: 64 sqq)가 속담을 아주 특수한 지칭어(dénomination)로 규정한 이래로 속담의 관용성이 강조되어 오고 있다. Kleiber(ibid.: 65)는 속담이 일반 표준문과 달리 약정적 선구성 의미(sens conventionnel préconstruit)를 지니고 있으며 전체구조로서 사전에 등재되어 있음을 지적함으로써 속담의 관용성을 강조하고 있다.

셋째, 은유적 속담의 경우, 전체의미 해석은 비합성적으로 은유 차원에서 이루어진다 할 수 있지만, 일반 관용문과 달리 축자적 의미가[4]

4 앞으로 사용하는 '축자적 의미'란 표현은 '합성성의 원리에 근거하여 구성된

완전히 배제되는 것은 아니며 그 해석에 영향을 미친다.

이에 대해, Perrin(2000: 78)은 속담의 축자적 의미가 은유해석에 있어 지칭기능을 방해하지 않으며, 오히려 속담의 유연성(motivation)과 존재이유를 제공하고, 은유적 이미지의 생동감(vivacité d'une image métaphorique)을 더 한다고 설명하고 있다.

(31) L'habit ne fait pas le moine. (옷이 수도자를 만들지 않는다/ 겉모습을 보고 판단하지 마라)

예를 들어, (31)의 속담은 '옷이 수도자를 만들지는 않는다'는 축자적 의미로부터 은유추론(inférence métaphorique)을 통하여 '겉모습을 보고 판단하지 마라'는 전체의미를 단언함과 동시에 관련된 총칭상황을 지칭하게 된다는 것이다.

또한, Michaux(1999: 96)는 화자가 외국속담과 같은 모르는 속담의 의미를 파악하고자 할 때는 구성요소들의 개념적 의미에 대한 해석작업을 통하게 마련이라고 주장한다.

(32) Si un chien parvient à détacher un seul fruit d'une grappe de fruits de palmier, il n'a pas peur du porc–épic. (개가 종려수 열매송이에서 열매 하나만 떼어내도 고슴도치를 두려워하지 않는다/ 작은 것부터 큰 것 이룬다)

예를 들어, (32)는 나이지리아 속담으로서 속담의미 파악의 난해성은 문화적 문제 때문에 비롯된다 할 수 있으며, 종려수 열매송이가

의미'란 뜻이다.

가시로 뒤덮여있다는 사실을 알면 축자적 의미로부터 속담전체의 은유적 의미를 해석해내는 것은 어렵지 않다는 것이다.

넷째, 대화교환(échange)에서 일반 총칭문과 달리 속담 총칭문은 동일 화자가 동시에 상반된 속담을 수용할 수 있다.

(33) A: Les chats sont affectueux. (고양이는 정감적이야)
B: ??D'accord, mais il est vrai aussi que les chats sont féroces. (??그래 맞아, 그러나 고양이가 사나운 것도 맞는 말이야)

(34) A: 언어학은 어렵고 재미없어.
B: ??그래 맞아, 그러나 언어학이 쉽고 재미있다는 말도 맞아.

(35) A: Qui ne risque rien n'a rien. (모험을 피하는 자는 아무 것도 못 얻는다)
B: C'est vrai, mais il est vrai aussi que prudence est mère de sûreté. (그래 맞아, 그러나 신중해야 안전하다는 것도 맞는 말이야)

(36) A: 가재는 게 편일 수밖에 없어.
B: 그래 맞아, 그러나 갈치가 갈치 꼬리 문다는 말도 맞아.

이러한 차이는, (35), (36)의 발언 B에서 볼 수 있듯이, 모순된 속담 쌍이라도 고유의 지칭기능에 의해 집단 믿음세계(univers de croyance) 속에 각각 고정관념화한 가치관으로 선구성되어 화자가 대화 내에서 자신의 가치관과 다른 속담을 양보적으로 수용하더라도 자신이 책임지지 않는 관점이므로 논리적 모순이 없는 반면, (33), (34)에서처럼 일반 총칭문은 지칭기능에 따른 고정관념화가 이루어지지 않아 화자가 자신의 가치관과 다른 관점을 동시에 수용하는 것은 모순되기 때문이라 설명할 수 있다.

지금까지 살펴본대로 속담은, 일반 총칭문과 구별되는 고유의 변별적 특징을 드러냄에도 불구하고, 총칭성을 본질적 속성으로 지닌 총칭문의 범주에 포함된다는 사실을 부인하기 어렵다.

2.3. 은유성

지금까지 많은 속담 연구가들은 총칭성과 더불어 은유성을 속담의 본질적 특성으로 간주하고 있다.[5] 물론 속담의미 구성에 있어 은유성이 속담의 중요한 특성에 속한다 할 수 있으나, 속담을 통해 실현되는 의미가 은유적 의미만 있는 것은 아니다.

(37) Qui veut tuer son chien l'accuse de rage. (개를 죽이려는 자는 광견병을 핑계로 댄다/ 핑계 없는 무덤은 없다)

(38) Qui vole un œuf vole un bœuf. (달걀도둑이 소도둑 된다)

(39) L'appétit vient en mangeant. (식욕은 먹다보면 생긴다/ 욕심은 끝이 없다)

(40) Tel père, tel fils. (그 아버지에 그 아들)

(41) 병에 가득찬 물은 저어도 소리가 안난다.

(42) 고운 사람 미운 것 없고, 미운 사람 고운 데 없다.

(43) 아이 싸움이 어른 싸움된다.

(44) 열길 물 속은 알아도 한 길 사람 속은 모른다.

---

5 cf. Greimas(1970), Buridant(1976), 김문창(1979), 심재기(1982; 1990), 최창렬(1999).

위의 예에서 (37), (41)은 은유적 의미만 실현되는 속담이지만, (38), (42)에서는 부분적으로 은유적 의미가 실현되고 있고, (39), (43)은 담화상황에 따라 축자적 의미와 은유적 의미가 각각 실현 가능하다. 예를 들어, (39)의 속담은 '욕심은 끝이 없다'는 은유적 의미로 해석되기도 하지만, 식욕이 없어 먹지 않으려는 사람에 대해 인용할 수도 있다. (40), (44)는 축자적 의미만 실현된 경우이다. 이처럼, 속담은 경우에 따라 은유적 의미와 축자적 의미를 가질 수 있기 때문에, 우리는 은유성을 속담의 중요한 의미속성으로 간주하면서도 절대적 변별자질로는 판단하지 않는다.

한편, 속담과 비슷하게 사용되는 속언(dicton)이 속담화하기 위해서는 은유기능의 개입이 필수적이다. 속언은 속담보다 훨씬 민속적이며 주로 농업, 어업, 기상과 절기, 지방, 자연현상에 관련된 문화상황을 나타낸다. 그리고 다음 예들처럼 속담과 달리 비은유적(또는 축자적) 의미를 전달하는 경향이 지배적이다.[6]

(45) Au mois de juillet, ni veste ni corset. (7월에는 양복상의나 코르셋을 입지 말라)

(46) Après la pluie, le beau temps. (비온 후에는 날이 갠다/ 고생 끝에 낙이 온다)

(47) Sème dans le déclin tu auras du grain. (달이 기울 때 파종하면 곡식을 얻을 것이다)

(48) Un Picard ne se dédit pas, il se ravise. (피카르디 사람은 말을 바꾸는 게 아니라 생각을 바꾼다)

6 그래서 속담의 기본적 의미자질이 [+HUMAIN], [±METAPHORIQUE]이라면 속언은 [–HUMAIN], [–METAPHORIQUE]의 자질로 표현할 수 있다.

(49) 동지에 팥죽이 쉬면 풍년이 든다.

(50) 가뭄 끝은 있어도 장마 끝은 없다.

(51) 유월 농부 팔월 신선이다.

(52) 강계도 평안도 땅이다.

그러나, 속언이 인간 행위나 상황을 은유적으로 지칭하게 되면 속담으로 기능하게 된다. Kleiber(1994: 222)는 속언이 속담화할 수 있는 가능성에 대해 "만일 그것이 단지 기상 풍습만을 특기하면서 축자적 의미에 국한된다면 속언에 지나지 않지만, 인간과 관련된 어림규칙에 의해 은유적 의미를 띠면 속담으로 기능하게 된다."라고 설명하고 있다.

속언이 은유기능 작용에 의해 속담화할 때는 다음 예들에서처럼 속언의 내용에 포함된 지엽적 정보가 준보편적 진리로 변화함을 알 수 있다. 각 번호의 해석 b는 속언적 의미이며, c는 속담적 의미이다.

(53) a. Après la pluie, le beau temps.
b. 비온 후에는 날이 갠다.
c. 고생 끝에 낙이 온다.

(54) a. Selon le vent, la voile.
b. 바람을 보고 돛을 펴라.
c. 누울 자리보고 멍석 펴라.

(55) a. La caque sent toujours le hareng.
b. 청어 통에서는 항상 청어 냄새가 난다.
c. 태생은 속일 수 없다.

(56) a. 어장이 안되려면 해파리만 들끓는다.
b. 해파리가 들끓으면 어장이 안 된다.
c. 불필요한 사람들은 일을 훼방한다.

(57) a. 농사꾼이 굶어도 종자는 베고 죽는다.
b. 농부는 씨앗을 대단히 소중히 여긴다.
c. 재물은 죽으면 소용없다.

(58) a. 서편에 무지개가 서면 개울 건너 소매지 마라.
b. 서편 하늘에 무지개가 뜨면 비가 많이 올 징조다.
c. 안 좋은 징조가 보이면 피하라.

아무튼 은유기능에 의해 속언이 속담화할 수 있다는 사실은 속담의 의미기능 가운데 은유성이 차지하는 비중이 얼마나 큰지를 보여준다.

한편, 은유기능의 언어학적 작용에 있어 프랑스어 속담과 우리말 속담에 차이가 있음을 알 수 있다. 프랑스어 속담이 대체로 은유법을 사용하는 반면, 우리말 속담은 다음 예들처럼 은유법과 함께 직유법도 많이 사용하기 때문이다.

(59) 파리한 강아지 꽁지 치레하듯.
(60) 봉사네 머슴 힘쓰듯 한다.
(61) 전당 잡은 촛대 같고, 꾸어 온 보릿자루 같다.
(62) 비오는 날 개 사귄 격이다.
(63) 배가 남산만하다.

지금까지 살펴본 대로 은유성도 속담의 대표적 의미특성으로 간주할 수 있다.

2.4. 문화지칭 기능

Kleiber(1994; 1999a; 2000b)는 속담을 기호학적 차원에서 지칭 개념으로 설명하고자 한다. 그는 기호와 지시대상 간의 약정적 관계를 지칭관계로 규정하고 속담을 일종의 지칭어로 분류한다.

그의 설명에 따르면, 속담은 명사와 유사한 지칭기능을 가지고 있으며 본질적으로는 관용표현의 부류에 속한다. 따라서, 그(1994: 213)는 "속담은 확정적으로 지칭어이기 때문에 속담의 표준해석은 결코 그 구성성분 의미로 이루어지지 않는다."라고 설명함으로써, 속담의미는 구성어휘들의 의미조합의 산물이 아니라고 주장하고 있다.

이처럼 속담의미는 그 대상 개념이 지칭기능에 의해 불변적으로 지시됨으로써 지시적 고정성(fixité référentielle)을 갖게 되어 전체구조 상태로 사전이나 화자들의 기억 속에 선구성 지식(connaissance préconstruite)에 포함되어 이미 존재하고 있다는 것이다.

(64) casser sa pipe (담뱃대를 부수다/ 죽다)

(65) Un ange passe. (천사가 지나간다/ 갑자기 대화가 끊겨 어색하다)

(66) a. Qui dort dîne. (잠자는 자는 배고픈 줄 모른다)

b. Tel père, tel fils. (그 아버지에 그 아들)

예를 들어, (64), (65)의 관용표현과 관용문이, 각각 낱말들의 조합적 의미와 무관한 '죽다'와 '대화가 끊겨 어색하다'란 뜻을 갖고 있으며 이 뜻은 사전이나 화자의 기억 속에 이미 존재하는 것처럼, (66a)의 속담의미도 구성 낱말들, qui, dormir, dîner의 의미조합에 의해 형성되는 것이 아니라 전체구조 하에서 '잠자는 자는 배고픈 줄 모른다'란 뜻으로 화자의 사용 이전에 이미 존재하고 있다는 것이다.

반면 (66b)의 의미는 '그 아버지에 그 아들'이란 뜻으로 합성성 원리(principe de compositionnalité)에 위배되지 않지만, Kleiber(loc.cit.)는 이 경우도 함축의 축(pivot implicatif)이 결여되어 있어 낱말들의 의미가 속담의 전체 의미구성에 있어 충분한 정보를 제공하지 못하므로 합성성 원리를 따르지 않는다고 주장한다. 이 경우 결여된 함축구조는 대략 «X가 Y의 아버지이면, Y는 X처럼 행동한다»에 해당한다 할 수 있다.

그는 속담의미의 비합성성의 원인이 속담의 고정형(forme figée)에 있다고 설명한다. 이와 같은 고정형의 원인인 형태적 고정성(fixité formelle)은 고어적 표현법에 근거한 다양한 비문법적 구조 – 무관사 명사 구문, 관계절의 선행사 생략 구문, 문법요소 과다 생략 구문, 어순파괴, 비정상적 도치, 접속사 생략(asyndète), 췌사문(pléonasme), 미완형 비종결문 등 – 사용과[7] 속담 풀이말에 의한 변이 불가능성(l'impossibilité de variations paraphrastiques)에 의해 특징지을 수 있다.

다시 말해서, 속담은 비문법적 구조의 고정성 때문에 구성성분들의 의미조합이 불가능하며, 그 결과로서 한번 고착된 속담은 사용된 낱말이나 구조를 변형시킬 수 없다.

(67) Qui dort dîne.

(68) a. Qui dort bouffe/mange/déjeune.
b. Qui roupille/sommeille dîne.
c. Les dormeurs dînent.

7 자세한 내용은 강성영(2000) 참고.

예를 들어, (67) 속담의 낱말이나 구조를 바꾼 (68)의 풀이말들은 더 이상 속담이 될 수 없는 것이다.

이처럼 Kleiber는 속담의 형태적 고정성과 지시적 고정성을 속담의 지칭기능을 입증해주는 필수적인 속성으로 간주하고 있으며, 특히 후자의 고정성은 의미적 불변성으로서 모든 화자들간의 약정에 의해 이루어지기 때문에 합성성 원리와 무관하다고 설명한다.

그런데, 속담이라는 지칭어에 의해 약정적으로 지시되는 지시대상은 문화적 총칭상황(situations génériques)이라 할 수 있다.

Kleiber(ibid.: 216)에 따르면, 총칭상황이란 일반적, 관습적 또는 일상적 사태(état de choses général, habituel ou courant)로 구성되며 특수한 상황과 반대되는 개념이다. 바로 이 총칭상황에 의해 속담의 준보편성이 확보된다 할 수 있다. 또한 속담의 문화적 총칭상황은 문화요소를 구성하고 지칭기능을 통하여 속담의미를 결정하는 역할을 한다.

정리하자면, 속담은 특정 문화권의 문화요소들을 우리에게 약호화한 언어기호를 통하여 지칭하고 전달하는 기능을 가지고 있다. 우리는 이러한 속담의 약정적 의미기능을 문화지칭 기능이라 칭하고자 한다. 그런데, 속담의 문화지칭 기능에 의해 전달되는 문화요소들은 문화변인에 따라서는 모든 문화권에 편재한 공통적 요소들일 수 있고 반면 특정 문화권의 고유한 요소들일 수도 있다.

이를 확인하기 위해, 우리는 몇 가지 문화변인을 중심으로 프랑스어 속담과 우리말 속담의 문화요소들이 드러내는 유사점과 차이점을 비교 분석해보기로 한다. 이를 위해 표본이 되는 문화변인들로 <여성관>, <인생관>, <종교관>을 선택하겠다.

먼저 <여성관>에 관련된 속담들을 비교해보자.

(69) Fille jolie, miroir de fou. (예쁜 여자는 바보의 거울)

(70) Qui femme a guerre a. (아내가 있는 자는 싸우게 마련이다)

(71) La langue des femmes, c'est le balai du diable. (여자의 혀는 악마의 빗자루이다)

(72) Belle femme, mauvaise tête, bonne mule, mauvaise bête. (예쁜 여자는 머리가 나쁘고 순한 노새는 쓸모없는 짐승이다)

(73) 여자는 사흘만 안 때리면 여우가 된다.

(74) 여자의 말을 잘 들어도 패가하고, 안 들어도 망신한다.

(75) 계집 둘 가진 놈의 창자는 호랑이도 안 먹는다.

(76) 열녀전 끼고 서방질한다.

위의 예들에 나타난 여성관은 양국 속담 모두 '여성비하 사상'이라 할 수 있다. 여기에서 동서양을 막론하고 여성은 남성의 보호와 사랑을 받아야 할 대상으로, 그러나 역설적으로 경멸과 멸시의 대상으로 간주해온 남성 위주 문화전통을 엿볼 수 있다. 물론, 애정 대상자로서 또는 동등한 인격체로서 평가한 속담들도 있으나 양국 속담 모두에 있어 그 수는 아주 적다.

비하의 정도로 보면 우리말 속담의 경우가 더 심함을 알 수 있다. 프랑스어 속담에 있어서는 여성이 단순한 비하 대상으로 거론되고 있으나, 우리말 속담에 있어서는 남성의 소유물처럼 종이나 동물을 비교 대상으로 삼을 만큼 비하의 정도가 심하기 때문이다.[8]

다음으로, <인생관>을 비교해보기로 한다. 비교 기준으로는 긍정적 인생관과 부정적 인생관으로 대별하겠다. 긍정적 인생관에는 원천적으로 긍정적 사고 외에도 언중이 부정적 현실을 이해 또는 극복

8 송재선 편(1995) 『여성속담사전』(동문선 발행)을 참고하면, 여성의 부정적 면에 관련된 주제어의 수가 전체 70개 중 25개, 긍정적 주제어는 4개밖에 없다.

하고자하는 진취적 태도와 적극적 처세 의지가 포함되며, 부정적 인생관에는 원천적으로 부정적 사고 외에도 그러한 현실을 한탄하며 체념 또는 거부하는 태도가 포함된다. 따라서, 전자의 인생관은 교훈적 가치를 가지게 되나, 후자는 풍자적 가치를 갖는 경우가 많다.

(77) Le visage est le miroir du cœur. (얼굴은 마음의 거울이다)
(78) Tout est bien qui finit bien. (모든 것은 결과가 좋아야 좋다)
(79) Il n'est jamais trop tard pour bien faire. (아무리 늦어도 잘 할 수 있다)
(80) 거짓말하고 뺨 맞는 것보다 낫다.
(81) 거미도 줄을 쳐야 벌레를 잡는다.
(82) 미운 놈 떡 하나 더 준다.

(83) Loin des yeux, loin du cœur. (안보면 마음도 멀어진다)
(84) La marâtre, même faite de miel, est amère. (아무리 잘 해주는 계모도 혹독하기 마련이다)
(85) La langue des femmes, c'est le balai du diable. (여자의 혀는 악마의 빗자루이다)
(86) 개꼬리 삼 년 두어도 황모 못된다.
(87) 촌닭이 관청 닭 눈 빼먹는다.
(88) 솜뭉치로 가슴을 칠 일이다.

위의 속담들 중 (77)-(82)는 긍정적 인생관을 나타내는 속담들인 반면, (83)-(88)은 부정적 인생관을 나타내는 속담들이다. 그런데, 이 두 인생관의 구현 비율은 양국 속담마다 다소 차이가 있다. 프랑스어 속담은 우리가 조사한 속담 436개 중 긍정적 인생관의 속담이 196개(45%)인 반면, 부정적 인생관의 속담은 137개(31%)에 그치고 있다.

반대로 우리말 속담에 있어서는, 박갑수(1984: 211)의 분석에 의하면, 부정적 인생관의 속담 수가 긍정적 인생관의 속담 수보다 다소 많다.

우리는 이러한 반대 현상의 주된 원인으로 상이한 <종교관>을 꼽고자 한다. 서민들의 애환은 어느 민족에게나 비슷하다고 할 수 있으나 그로부터 비롯되는 불안 의식을 처리하는 방식에 있어 종교적 영향이 달리 작용하고 있다. 프랑스는 전통 기독교 국가로 언중의식의 바탕에 내세주의적 사고가 자리하고 있으나, 우리나라는 전통 민속신앙에 뿌리를 둔 기복적 신앙관과 숙명적 사고가 언중의식의 기저를 이루고 있다 할 수 있는 것이다. 따라서, 프랑스인들은 현세적 상황을 초월하고 극복하려는 의지가 상대적으로 강한 반면, 우리나라 사람들은 그 상황에 체념적으로 대응하려는 현세주의적 의지가 더 강했다고 볼 수 있을 것이다.

이러한 흔적은 강수언(1979: 201)이 지적한대로 우리말 속담에 있어 숙명적, 현세주의적 속담이 주류를 이루고 있는 반면 내세주의적 속담이 전무한 사실을 통해서도 확인할 수 있다.

(89) 개똥밭에 굴러도 이승이 좋다.
(90) 바람 부는 대로 돛을 단다.
(91) 개같이 벌어서 정승같이 쓴다.
(92) 물에 죽을 신수면 접시 물에도 빠져 죽는다.

이러한 현세주의적 관점은 냉소적인 종교관으로 연결되어 있다. 이조 사회의 억불숭유정책을 고려한다면 우리말 속담에 나타나는 승려 경시풍조를 수긍할 수 있을 것이다. 그 결과 무당이나 승려를 멸시하는 속담이 적지 않다.

(93) 무당이 제 굿 못하고 소경이 저 죽을 날 모른다.

(94) 무당은 병이 생기라고 빌고 관 짜는 목수는 사람 죽기만 기다린다.

(95) 중이 고기 맛을 알면 절에 빈대가 안 남는다.

(96) 의뭉하기는 노전대사라.

한편, 프랑스어 속담에는 다음 (97)–(99)처럼 내세주의적 사고를 기반으로 하여 신을 찬양하고 신앙을 중시하는 속담들이 많은 반면, (100)–(102)에서 볼 수 있듯이 우리말 속담처럼 성직자들을 멸시하는 속담도 가끔 눈에 띈다.

(97) Il n'y a que la foi qui sauve. (믿음만이 구원한다)

(98) Quand Dieu ne veut, le saint ne peut. (신이 원하지 않으면 성인도 할 수 없다)

(99) Dieu donne le froid selon la robe. (신은 참을 수 있을 만큼 고통을 주신다)

(100) Chaque saint veut son offrande. (모든 성인은 자기 몫의 헌물을 원한다)

(101) L'habit ne fait pas le moine. (옷이 수도자를 만들지 않는다)

(102) L'abbé mange le couvent. (수도원장이 수도원을 탕진한다)

이상과 같은 분석을 통하여 밝혀진 여성비하 사상, 긍정적 인생관, 부정적 인생관, 내세주의 사상, 현세주의 사상, 승려비하 사상 등의 문화요소들은 속담의 문화지칭 기능에 의해 속담의 의미내용으로 구성되고 언중들에게 인식된다.

3. 화용기능

Krikmann(1999: 1)은 속담이 담화의 수사학적 장식이나 철학적 미사여구를 목적으로 사용되는 것이 아니고, 일상생활의 다양한 상황 속에서 어떠한 현실적, 화용적 목적을 가지고 사용된다는 점을 강조한다. 예를 들어, 화자가 자신의 발언이나 의견을 확인시키거나, 무언가를 예견하거나, 누군가를 비난하거나, 비웃거나, 안심시키거나, 경고, 충고, 금지 따위를 수행하는데 속담을 이용한다는 것이다.

이 때 화자는, Arnaud & Moon(1993: 323)의 설명대로, 속담사용을 통하여 자신을 집단적, 문화적 발화(énonciation collective et culturelle) 뒤로 숨김으로써 자신의 화용의도를 거부할 수 없는 논거(argument irréfutable)로 상대방에게 부과하려 한다.

속담의 화용양상에 관한 이들의 설명으로부터 우리는 두 유형의 속담기능을 도출해낼 수 있다. 첫 번째 기능은 담화상황에 따라 결정되는 속담기능, 즉 교훈기능과 풍자기능이며, 다음으로는 화자의 화용의도에 관련된 논증기능이다.

3.1. 교훈기능과 풍자기능

Krikmann(op.cit.: 5)의 다음 설명에 따르면, 속담의 교훈기능은 의사소통에 있어 속담이 정보기능 뿐 아니라 가치론적이고 윤리적 기능(axiologic and deontic functions)을 수행하는데서 비롯된다 할 수 있다.

게다가 인간의 의사소통에서 속담은 정보적 기능 뿐 아니라 가치론적이고 윤리적 기능을 이행하기 때문에 속담실현 행위를 단순히 상황을 의미하거나 묘사하는 행위로 간주하는 것은 아주 불가능한 일이다.

따라서, 교훈기능은 동시에 지령기능의 특징을 갖는다. 그러나, 속담이 인용되는 모든 담화에서 교훈기능만 실현되는 것은 아니다. 풍자기능이 실현되는 속담도 있고 동일한 속담이라 하더라도 구체적 담화상황에 따라 교훈기능이나 풍자기능이 선택적으로 실현되는 경우도 있기 때문이다. 이러한 경우들은 프랑스어 속담이나 우리말 속담에서 모두 발견된다.

그런데, 가치론적 차원에서 볼 때 교훈기능은 화자가 대화자에게 속담내용의 교훈적 가치를 부각시키고자 하나, 풍자기능은 화자가 대화자에게 속담내용의 부정적 가치를 냉소적으로 부각시키고자 할 때 실현되는 경우가 대부분이다.

(103) Rira bien qui rira le dernier. (나중 웃는 자가 잘 웃는 자이다)
(104) Plus on a de poules, plus on a d'œufs. (암탉이 많을수록 계란도 많다/ 자본이 많으면 이득도 많다)
(105) Pas à pas on va bien loin. (한 걸음씩 걸어 멀리 가게 된다)
(106) 돌다리도 두들겨 보고 건너라.
(107) 물은 깊을수록 소리가 없다.
(108) 구슬이 서 말이라도 꿰어야 보배.

(109) À père amasseur, fils gaspilleur. (저축하는 아버지에 낭비하는 아들)
(110) Habit de velours, ventre de son. (비로드 옷에 밀기울로 채운 배/ 화려한 옷에 허기진 배)

(111) Cela arrivera quand les poules auront des dents. (암탉에 이 빨이 나면 가능하겠지)

(112) 변소에 기와 올리고 살겠다.

(113) 숭어가 뛰니까 망둥이도 뛴다.

(114) 언청이 아니면 병신이라 할까?

(115) Demander de la laine à un âne. (당나귀에게 양털을 달라하기)

(116) Péril passé, promesses oubliées. (위험이 지나면 약속을 잊는다)

(117) Bien vient à mieux, et mieux à mal. (좋은 것은 더 좋게 되고 더 좋은 것은 나쁘게 된다)

(118) 외손뼉이 울랴?

(119) 언 발에 오줌 누기.

(120) 열두 가지 재주 가진 놈이 저녁거리가 없다.

위의 속담들 중 (103)-(108)은 교훈기능이 부각되는 속담들인 반면, (109)-(114)는 풍자기능이 부각되는 속담들이다. 한편, (115)-(120)은 담화상황에 따라 두 기능의 실현이 모두 가능한 경우들이다. 예를 들어 (115)의 경우, 상대방과 말이 안통하는 답답한 상황에서 사용된다면 풍자기능이 실현되겠지만, 부적절한 요구는 하지 말라고 충고하는 상황이라면 교훈기능이 실현된다고 할 수 있다. 또한, (118)에서도 상대방의 과오를 비꼬는 상황이라면 풍자기능이, 서로 힘을 합해야 뜻을 이룰 수 있다고 권유하는 상황에서는 교훈기능이 실현될 것이다.

이처럼, 담화상황에 따른 교훈기능과 풍자기능 구분은 양국 속담 비교 분석을 통해 그 타당성이 입증되고 있으나, 속담사용에 있어 두 기능 실현 가능성의 분포율은 양국 속담이 다르다. 구체적으로 말해서, 풍자기능을 나타내는 속담의 숫자가 프랑스어 속담에 있어서는 조사대상 속담 436개중 63개(14%)에 지나지 않지만 우리말 속담에 있어서는 조사대상 속담 374개중 271개(72%)나 됨을 알 수 있다.[9] 이 분석결과를 토대로, 우리는 프랑스어 속담에서는 교훈기능이 주도적인 반면 우리말 속담은 풍자기능이 주류임을 알 수 있다.[10]

이러한 화용적 속담기능 상의 차이는 문화요소의 차이와 무관하지 않다. 프랑스인들의 <긍정적 인생관>, <내세주의 사상>은 상대적으로 속담의 교훈기능을 발달시킨 반면, 우리나라 사람들의 의식 속에 자리하고 있던 <부정적 인생관>, <숙명적 인생관>, <현세주의 사상>은 속담의 교훈기능 보다 풍자기능을 발달시켰다고 할 수 있다.

3.2. 논증기능

Anscombre(1994; 1995b: 72–73)는 속담이 담화연쇄(enchaînement discursif) 속에서 담화공간(espace discursif)을 도입하는데 사용되기 때문에 단언의 대상이 될 수 없고 논증에 인용되는 특성을 가진다고 설명한다. 그의 설명에 따르면, 화자는 담화 내에서 속담을 거역할 수 없는 권위적 논거로 인용하여 자신이나 상대방의 단언행위에 대하여 논증하는데 이용한다 할 수 있다. 우리는 이러한 속담의 화용기능을 논증기능이라 부르기로 한다.

9 두 기능 구분의 판단은 언어직관에 의한 것이어서 개인적 오차가 있을 수 있다. 우리가 조사한 속담들은 프랑스어 속담 자료체의 경우 Delacourt(1996)에 실린 속담 436개이며, 우리말 속담 자료체로는 최근학 편(1990)이 분류한 주제어들 중 '수양·처세'에 관한 속담 374개이다.

10 장덕순 외(1992: 201)도 우리말 속담 내용에 교훈보다 풍자가 많다는 사실을 지적하고 있다.

(121) Max : Henri a gagné à la fois au Loto et au Keno ! Ça ne m'aurait pas déplu. Comme on dit, **abondance de biens ne nuit pas** ! (막스 : 앙리가 로또와 케노에 동시에 당첨됐어요! 그리 기분 나쁜 일은 아닌데. 사람들이 말하기를 **다다익선**이라 하잖아요!)

Marie : **Abondance de biens ne nuit pas**... J'espère qu'il pensera à nous. (마리 : **다다익선**이라... 그가 우리 생각 좀 해줬으면!)

(122) 부하 : 형님, 어제 찍어온 녀석 잡혀갔습니다.

두목 : 오랜만에 보는 쓸만한 애였는데, 그것도 복이라고...

부하 : 원래 **오는 복은 기어오고 가는 복은 날아갑니다**요.

예를 들어, (121)의 말교환에서 Max는 Henri의 복권당첨이 기분 나쁘지 않다는 자신의 발언을 '다다익선'이란 속담을 논거로 인용함으로써 논증하고 있으며, (122)의 말교환에서 부하는 신출내기의 체포에 대한 애석함을 관련 속담을 인용하여 논증하고 있듯이, 화자는 자신이나 대화자의 단언행위에 대해 논증하기 위해 담화에 속담을 자주 인용하고 있음을 알 수 있다.

그런데 속담이 인용되는 빈도는 담화 유형에 따라 다르게 나타난다. Arnaud & Moon(1993: 325–326)의 분석 결과에 따르면, 프랑스어 속담의 경우 속담인용 빈도는 언론 매체가 약 80%, 일상 대화는 10%정도, 기타가 10%정도이다. 영어 속담의 경우에 있어서도 신문 등의 언론매체의 인용 비율이 71%를 차지할 만큼, 언론매체의 속담 인용 비율은 다른 유형의 담화를 훨씬 능가한다.

이러한 현상은 우리말의 경우도 유사하리라 예견된다. 왜냐하면,

오늘날의 문화 풍토에서 속담은 옛 전통의 잔재로 치부되고 있으며, 다양한 신조어와 유행어의 출현, 쉬운 문체 선호 경향 등으로 말미암아 특히 대부분의 구술담화에서 그 사용이 점차 감소하는 추세이기 때문이다. 그러나, 언론매체의 경우 독자들의 긍정적 반응 유도를 위해서는 기사 내용의 논증성을 확보하는 것이 매우 중요하므로 권위적 논거로서 속담을 인용하는 사례가 비교적 빈번하다 할 수 있다.

신문이나 잡지 기사에 인용된 속담의 몇 가지 사례들을 살펴보자.

(123) «**L'habit ne fait pas le moine**». Si l'œuf est un aliment de petite taille, il n'en reste pas moins un important vecteur de bienfaits nutritionnels. Le blanc apporte essentiellement des protéines et de l'eau. Le jaune contient des antioxydants et de la choline, un nutriment qui intervient dans le développement et le fonctionnement du cerveau. L'œuf est également porteur d'une nuée de vitamines : les vitamines A, D et E ainsi que les vitamines B (B2, B5, B9 et B12). (*L'édition du soir*, 2018/04/27)

('**의복이 수도자를 만들지 않는다**'. 달걀은 조그만 식품이지만 그럼에도 영양효과의 중요한 매개체가 되고 있다. 흰자는 근본적으로 단백질과 수분을 제공해주고 노른자는 항산화제와 콜린, 뇌의 발달과 기능을 돕는 영양소를 포함하고 있다. 또한 달걀은 무수한 비타민, 즉 비타민 A, D, E와 함께 비타민 B(B2, B5, B9, B12)를 지니고 있다)

(124) **사공이 많으면 배가 산으로 간다** 했다. 대입개편을 둘러싼 '백가쟁명'도 모자라 490명의 시민참여단의 공론화 결과도

수용할 수 없다는 주장도 나온다. 말이 좋아 절차적 민주주의지 실상은 난장판이 따로 없다. 대입개편 과정에서 예측 가능성, 안정성, 현장성 등 교육의 소중한 가치는 모두 사라졌다. (...) 교육부는 그 중 '의존적 성향과 흑백논리에서 벗어나라'는 충고를 되새겨 더 이상 좌고우면 말고 그나마 현장 적용성 높은 차선책을 마련해 실추된 신뢰를 회복해야 할 것이다. 공론화는 정책수립의 필요조건이지 충분조건은 될 수 없음을 교훈으로 새겨야 한다. (『한국교육신문』, 2018/08/13)

(125) "C'était deux heures à fond et c'était une démonstration de puissance militaire. Nous pourrions faire quelque chose comme ça le 4 juillet à Washington sur Pennsylvania Avenue", avait répété deux mois après le défilé du 14 juillet 2017 Donald Trump, avant de demander au Pentagone d'étudier le projet. «**Chose promise, chose due**» : "Le ministère de la Défense et la Maison–Blanche souhaitent organiser un défilé en l'honneur des anciens soldats américains et pour commémorer le centenaire de la Première guerre mondiale", a indiqué jeudi le colonel Rob Manning dans un communiqué. (*LE FIGARO. fr*, 2018/08/17) (도널드 트럼프는 2017년 7월 14일 행진 이후 두 달 지나서 "그것은 정말 2시간 계속되었고 군사력의 과시였다. 우리도 7월 4일 워싱턴 펜실베니아 가에서 그와 같은 무언가를 할 수 있을 것이다"라고 반복해 말하고 펜타곤에 계획을 연구해보라고 주문했다. **'약속은 지킬 의무가 있다.'** 연대장 랍 메닝은 목요일 공식 성명에서 "국방부장관과 백악관은 미국의 퇴역군인들에게 경의를 표하고 1

차 세계대전 100주년을 기념하기 위해 군대행진을 기획하고자 한다"고 지적했다)

(126) '크로아티아의 축구 동화'는 전세계 팬들에게 감동과 기쁨 가능성을 선물한 한 편의 드라마였다. 유럽 발칸반도에 위치한 크로아티아는 인구가 불과 416만명으로 서울 인구의 절반도 안되며 면적 또한 한반도의 4분의 1에 불과한 작은 나라지만 크로아티아의 슬로건인 '작은 나라 큰 꿈(Small country Big dreams)'처럼 **'작은 고추가 맵다'**는 사실을 현실감 있게 보여준 작지만 강한 나라였다. 크로아티아는 결승전까지 올라오는 과정에서 덴마크와 16강을 치렀고 개최국인 러시아와 8강을 강력한 우승 후보 였던 잉글랜드와 4강까지 3경기 연속 연장전이라는 이례적인 혈투를 벌이면서 체력은 바닥났고 부상자도 속출했다. 그러나 이런 사실은 크로아티아가 결승전까지 올라가는 하나의 과정이지 결코 장애물이 되지 않았다. (『DailyGrid』, 2018/07/16)

(127) Il faut travailler le dimanche. Si sa boutique est fermée le dimanche, Sébastien Lelard n'est pas en repos pour autant. De 6 h à 8 h, ils livrent du pain dans les foyers de vie à Redon. (...) Ses enfants ne sont pas épargnés. Eux aussi mettent la main à la pâte en cas de besoin. «Les filles nous aident parfois pour la fabrication des sandwiches», raconte Emmanuelle. «On veut faire comprendre à nos enfants qu'il faut travailler dur pour avoir ce que l'on veut. **On n'a rien sans rien**», conclut l'artisan. (*ouest-france*, 2018/08/18)

(일요일에도 일해야 한다. 일요일에 상점을 닫아도 세바스띠앙 를

라르는 쉬지 않는다. 그들은 6시부터 8시까지 르동의 가정집들에 빵을 배달한다. 애들도 예외가 없다. 그들 역시 필요하면 반죽을 한다. 엠마뉘엘은 "딸들도 샌드위치 만드는데 우리를 도와요"라고 말하고 있다. 그 장인은 "원하는 것을 가지려면 힘들게 일해야 한다는 것을 우리 애들에게 깨우쳐주고 싶어요. '**희생 없이는 아무 것도 얻을 수 없어요**'"라고 말을 맺었다)

(128) 지난 3일 대통령 직속 재정개혁특별위원회가 확정한 종합부동산세 개편 권고안에 대한 비판여론이 상당하다. 주택시장 안정화를 위해 투기세력을 잡겠다고 공언하더니, 사실상 엄포에 그쳤기 때문이다. (...) 투기세력을 잡는 게 아니라, 투기세력들에게 '성실 납세자'라는 면죄부를 주는 꼴밖에 안 되는, 부의 재분배와 주택시장 안정화라는 본디 목적에도 크게 못 미치는 형편없는 결과물이 예상된다. '**빈 수레가 요란하다**'는 옛말, 틀린 게 하나 없다. (『시사오늘』, 2018/07/04)

위의 속담 인용 예들을 자세히 살펴보면 담화연쇄 상 속담의 위치가 기자의 논증의도와 관련이 있음을 알 수 있다. 구체적으로, 기자가 속담을 (123), (124)처럼 담화의 맨 앞에 인용할 때는 논증을 개시하기 앞서 대전제처럼 제시함으로써 상대방(또는 독자)의 관심을 끌고 뒤따를 나머지 논증내용을 예고하려는 의도가 개입된다 할 수 있다. 예를 들어, (123)의 담화에서 기자는 속담을 서두에 준보편적 진리이자 대전제로 제시함으로써 '달걀이 작아 볼품없어 보이지만 많은 영양소를 포함하고 있어 영양효과가 크다'는 자신의 논증을 거부할 수 없는 사실로 정당화하고 있다.

(125), (126)처럼 속담을 담화연쇄의 중간에 인용할 때도 전체 담화가 지향하는 논증결론을 뒷받침해주는 권위적 논거로 이용하는 경우이다. 예를 들어, (126)의 담화에서 기자는 '크로아티아가 작은 나라임에도 월드컵에서 준우승을 차지할 수 있었던 사실'을 속담의 권위를 이용하여 논증하고 있음을 볼 수 있다.

또한, (127), (128)처럼 담화연쇄의 마지막 부분에 속담을 인용하는 경우는 구체적 사례들을 통하여 속담의 준보편적 진리의 위상을 입증하고 기자의 논증을 독자가 당연히 수용할 것을 격식 있게 요구하려는 의도가 개입되어 있다고 할 수 있다. 예를 들어, (127)에서 기자는 한 제빵업자와 취재를 통해 그의 근면하고 희생적인 삶이 성공을 가져다준 사실을 밝힘으로써 속담의 위상을 확인함과 동시에 이를 이용하여 자신의 논증 정당성을 확보하고 있는 것이다.

속담인용 담화 내에서 작용하는 속담의 다양한 논증 양상은 4장에서 자세히 다루도록 하겠다.

4. 마무리

우리는 본 장에서 프랑스어 속담과 우리말 속담을 대상으로 속담의 의미·화용적 특성들을 추출하여 검토하였다. 속담의 의미기능에 속한 특성들로는 준보편성, 총칭성, 은유성, 문화지칭 기능을, 화용기능에 속한 것들로는 교훈기능, 풍자기능, 논증기능을 추출하여 설명하였고, 문화변인에 따라 문화요소들이 달라질 수 있으며 더 나아가 이 차이로 말미암아 교훈기능, 풍자기능 등 화용기능도 차이가 생길 수 있다는 사실도 밝혀보았다.

속담은 지금까지 고정관념적이고 영속성을 지닌 보편적 진리로 간주되어 왔으나, 실제로는 보편성과 일반성의 양면성을 가지고 있음을 토포스 이론의 내재적 토포스와 외재적 토포스에 대비하여 확인함으로써 통합적 차원에서 준보편성을 대표적 특성으로 간주하였다.

속담은 총칭문의 하위범주로 관용성과 총칭성을 지니고 있으며, 속담에 따라 축자적 의미 실현 가능성에도 불구하고 은유성 또한 속담의 존재이유를 밝혀주는 중요한 의미특성으로 분류할 수 있었다.

속담은 특정 문화권의 문화요소들을 약호화하여 지칭하고 전달하는 문화지칭 기능을 가지고 있는데, 이 문화지칭 기능에 의해 전달되는 문화요소들은 문화변인에 따라 보편적일 수 있고 개별 문화권의 고유한 요소들일 수도 있다. 예를 들어, 문화변인으로 <여성관>, <인생관>, <종교관>을 선택하여 두 언어권의 문화지칭 기능의 공통점과 차이점을 비교 분석하였다.

한편, 속담은 일상담화에서 특정 화용적 목적으로 인용되거나 이용되는데, 이 때 교훈기능 또는 풍자기능, 논증기능이 실현된다. 교훈기능은 속담내용의 교훈적 가치를 부각시키는 반면 풍자기능은 속담내용의 부정적 가치를 냉소적으로 부각시키고자 할 때 작용하며, 인용되는 담화상황에 따라 교훈기능이나 풍자기능이 선택적으로 실현된다 할 수 있다. 두 언어권에 있어 두 기능 작용의 미묘한 차이는 문화요소들의 차이로부터 비롯됨을 알 수 있었다.

속담은 일반적으로 화자의 논증에 있어 담화 내에 인용됨으로써 권위적 논거 역할을 수행하는 바 이 때 작용하는 기능이 논증기능이다. 이처럼, 화자는 자신이나 대화자의 단언행위에 대해 논증하기 위하여 담화에 속담을 자주 인용한다 할 수 있다.

제2장

속담 유형 분류

1. 도입

현대 의미론에서 총칭성에 대한 연구는 전형적 총칭표현과 표상 의미·화용적 기능에 초점을 맞춰 심도있게 연구되어오고 있다. 그러나, 총칭문의 한 유형으로서 총칭성을 대표적 속성으로 가지고 있는 속담의 총칭성에 대한 연구는 프랑스의 경우를 제외하고 국내외에서 거의 이루어지지 않고 있다.

본 장에서는 근본적으로 속담이 표상하는 총칭성의 성격에 따라 ∀LOC형 속담과 ∃LOC형 속담으로 분류한 기존의 이원 분류를 ∀LOC형 속담, 부분적 양화 속담, ∃LOC형 속담의 삼원 분류로 수정하여 정립하고자 한다.

이를 위하여, 먼저 Anscombre(2006; 2011)의 총칭매개 표지의 매개 기능 분석을 통하여 거시적 차원에서 기존 이원 분류의 타당성을 재확인하면서 미시적으로는 대립속담에 작용하는 고정관념 위상과 관련하여 우리의 기존 분류 방식이 노정하는 문제를 제기하고자 한다.

이러한 이론적 문제를 해결하기 위한 일환으로, Palma(2012)가 달리 유형화한 정설적 속담(proverbes doxaux), 역설적 속담(proverbes paradoxaux) 분류 방식을 참고하여, 특히 대립속담과 관련하여 대립속담 쌍을 일괄 ∃LOC형 속담으로 단정한 기존 이원 분류를 삼원 분류로 수정하는데 부분적으로 이용하고자 한다.

2. 기존의 ∀LOC형 속담/∃LOC형 속담 분류

총칭문의 한 부류로 간주되고 있는 속담은 그 범주적 위상과 관련하여 지금까지 학자들에 따라 여러 견해가 구축되어 왔다.

구체적으로 말해서, Anscombre(1994; 1995b), Palma(2000)처럼 속담을 본질적 전형문(phrase typifiante *a priori*), 즉 ∀LOC형 총칭문으로 유형화하는 입장과 Kleiber(1994; 1999a), Perrin(2000; 2012)처럼 지엽적 전형문(phrase typifiante locale), 즉 ∃LOC형 총칭문으로 유형화하는 입장, 그리고 기존의 사회문화적 고정관념을 확증해주는 정설적 속담과 이를 반박하는 역설적 속담으로 구분하는 Palma(2012)의 견해를 대표적 경우들로 거론할 수 있다.

본 절에서는, 앞의 두 대립된 견해를 비교하면서, 이들과 달리 독자적으로 정립했던 필자(1998; 2002a; 2009)의 견해를 개략적으로 소개하고자 한다.

먼저, 속담을 ∀LOC형 총칭문으로 범주화하는 이들은 속담이 언어 공동체 내에서 고정관념화한 합의적 속성(propriété consensuelle) 표상체로서 특정 유형(type)의 전형적 특성을 나타냄으로써 전제적 진리(vérité présupposée)의 특징을 갖기 때문에, 다음 (2)의 ∀LOC형 총칭문처럼 (3)의 속담들도 특정 화자들에 의한 주관적 판단의 대상이 될 수 없다는 점을 지적하고 있다.

(1) a. Je trouve que les chats sont affecteux. (나는 고양이들이 정감적이라 생각한다)
b. Par conséquent, les singes sont têtus. (그래서 (내 판단에) 원숭이는 고집스러운 거야)

(2) a. *Je trouve que les chats chassent les souris. (*나는 고양이들은 쥐를 쫓는다고 생각한다)

b. *Par conséquent, les castors construisent des barrages. (*그래서 (내 판단에) 비버가 둑을 쌓는 거야)

(3) a. *À mon avis, il n'y a pas de roses sans épines. (*내 생각에 가시 없는 장미는 없다)

b. *Par conséquent, l'eau va à la rivière. (*그래서 (내 판단에) 물은 강으로 흘러가는 거야)

그러나, Kleiber와 Perrin은 속담은 근원적으로 ∃LOC형 총칭문이며 지칭이라는 특수한 기호작용에 의해 보편적 총칭성을 획득할 뿐이라는 견해를 주장하고 있다. 즉, 속담은 예외가 많아 전칭 양화사(quantificateur universel)에 의한 함의 표상이 부적절하며 보편적 진리가 될 수 없다는 것이다.

(4) a. L'enfer est pavé de bonnes intentions. (지옥도 선의로 깔려 있다/ 악행에도 선의는 있다)

b. Une hirondelle ne fait pas le printemps. (한 마리의 제비가 봄을 알리지는 않는다/ 원인과 결과는 다를 수 있다)

(5) a. L'argent ne fait pas le bonheur. (돈이 행복을 만들지 않는다)

b. L'abondance de biens ne nuit pas. (재산은 많을수록 좋다)

(6) a. Les chats sont affectueux. (고양이는 정감적이다)

b. Les chats sont féroces. (고양이는 사납다)

예를 들어, (4)의 예들은 기존의 공인된 고정관념, 즉 '악행–악의', '원인–결과'의 관계에 반하는 가치관을 표상하며, (5)의 속담들은 대립속담(proverbes antinomiques) 쌍으로 상호 모순된 관점을 표상하는데 이는 (6)의 ∃LOC형 총칭문과 같은 행태를 드러내고 있다는 것이다.

더 나아가, Perrin(2012: 63)은 속담이 근본적으로 고정관념을 확증하기보다 반박하는 기능을 가지고 있다는 점을 부각시키며 속담의 ∃LOC형 총칭문의 성격을 강조하고 있다.

> 이러한 관점에서 볼 때, 속담 총칭문은 고정관념을 표현하는 문장이라기보다 견해문(phrases d'opinion)에 가깝다. 속담과 고정관념이 아무리 유사하다해도 많은 속담들에 의해 표현되는 진리가 결코 본질적인 것(*a priori*)으로 확인되지 않는다.

우리는 이들의 상반된 주장과 달리, 속담은 표상하는 고정관념의 개념 성격 상 ∀LOC형 속담과 ∃LOC형 속담으로 양분된다는 견해를 표방하고자 하였다.

(7) Les petits ruisseaux font les grandes rivières. (작은 냇물이 모여 큰 강을 이룬다/ 티끌 모아 태산)

(8) La caque sent toujours le hareng. (청어통에서는 항상 청어 냄새가 난다/ 태생은 못 속인다)

(9) a. Tel père, tel fils. (그 아버지에 그 아들)
b. À père avare, fils prodigue. (구두쇠 아버지에 헤픈 아들)

(10) a. Qui se ressemble s'assemble. (유유상종)
b. Les extrèmes se rejoignent. (극과 극은 통한다)

위의 예들을 통하여 우리는 (7), (8)은 예외가 거의 없는 ∀LOC형 속담에 해당하고 (9), (10)의 속담들은 ∃LOC형 속담에 해당한다고 주장하였다. 앞에서 언급한대로, 대립속담 쌍인 후자의 속담들은 동일 공동체 내에서 상반된 가치관을 표상하고 있기 때문에 ∃LOC형 속담으로 분류하였고, 전자의 속담들은 모두 공인된 준보편적 진리를 표상하기 때문에 ∀LOC형 속담으로 간주한 것이다.[1]

여기에서 우리는 추가로 Anscombre(2006; 2011)의 총칭 매개표지(marqueurs médiatifs génériques)를 이용하여 두 유형 구분의 타당성을 검증할 수 있다. 그(2006: 88)의 설명에 의하면, 총칭 매개표지는 '화자가 자신의 담화기저에 존재하는 실체를 매개하면서 그 실체와 관련된 지식의 성격을 밝혀주는 표현'이라 할 수 있는데, on dit(사람들은 말한다), on sait(사람들은 알고 있다), comme on dit(사람들이 말하는 것처럼), comme on sait(사람들이 알고 있는 것처럼) 등의 표현들이 이에 해당되며 증거표지(marqueurs évidentiels)의 성격을 갖는다.

Anscombre(2006: 90; 2011: 23–24)는 매개표지에 savoir가 사용되는 경우와 dire가 사용되는 경우를 구분하여, 전자는 총칭적 지식(savoir générique)의 대상이 되는 기저지식(savoir fondé)을 매개 및 유도하는 반면, 후자는 총칭적 언급(dire générique)의 대상이 되는 인용지식(savoir allégué)를 매개한다고 설명한다. 또한, 기저지식은 객관적, 실험적 지식에 해당하여 개인적으로 거부할 수 없는 반면, 인용지식은 간접적, 귀납적 지식에 해당하여 개인적으로 거부할 수 있는 특징을 가지고 있다는 것이다.

다시 말해서, 화자는 매개표지 on sait que나 on dit que를 통하여 언어 공동체에 해당하는 익명의 ON–locuteur를 등장시켜 'p est (généralement) vrai'라는 사실을 전제하는데, 화자는 on sait que의 경우 반드시 ON–locuteur에 포함되나 on dit que의 경우 반드시 포함되지

1 우리의 두 유형구분에 대한 자세한 언어학적 근거는 강성영(2002a; 2009)을 참조.

는 않으며 ON–locuteur와 거리를 둔다(s'en distancier) 할 수 있다.

그런데, 이 표지들은 두 유형의 속담 구분에도 이용될 수 있음을 알 수 있다.

(11) a. (On sait + on dit) que les singes mangent des bananes. (원숭이는 바나나를 먹는다고 (사람들은 알고 있다 + 사람들은 말한다))

b. (*On sait + on dit) que les singes sont têtus. (원숭이는 고집스럽다고 (*사람들은 알고 있다 + 사람들은 말한다))

(12) a. (On sait + on dit) que c'est en forgeant qu'on devient forgeron. (경험이 명인을 만든다고 (사람들은 알고 있다 + 사람들은 말한다))

b. (??On sait + on dit) que l'argent ne fait pas le bonheur. (돈이 행복을 만들지 않는다고 (??사람들은 알고 있다 + 사람들은 말한다))

위의 예들을 통해 알 수 있듯이, (11a), (12a)에 있어 화자는 각각 '원숭이는 바나나를 먹는다', '경험이 명인을 만든다'라는 사실을 on sait que에 의하면 ON–locuteur과 함께 당연한 기저지식으로 받아들이는 반면, on dit que에 의해서는 사실로서 인정하되 예외들이 존재할 수 있으므로 온전히 당연시하지는 않는다는 입장을 함축하고 있다. 따라서, 여기에서 매개되는 지식들은 공인된 고정관념으로 ∀LOC형 총칭문에 해당함을 알 수 있다

이에 반하여, (11b), (12b)에서 매개표지에 의해 유도되는 '원숭이는 고집스럽다', '돈이 행복을 만들지 않는다'라는 지식은 객관적 기저지식이 아니라 ∃LOC형 총칭문에 해당하는 간접적이고 주관적 인용지

식이며 on dit que에 의해서만 유도될 수 있음을 발견할 수 있다.

한편, Anscombre는 속담의미는 다음 (13)처럼 근본적으로 화자 개인이 반박할 수 있는 인용지식에 포함되기 때문에 on dit que에 의해 유도되는 것이 자연스러우며, (12a)에 있어 on sait que가 가능한 것은 인용지식이 기저지식의 위상으로 상승되었기 때문이라 설명하고 있다.

(13) Certes, on dit qu'**une hirondelle ne fait pas le printemps**, mais personnellement, j'estime qu'**il n'y a pas de fumée sans feu**. (확실히 **제비가 왔다고 봄이 된 것은 아니라**고들 말하지만, 나는 개인적으로 **불 없는 연기는 없다**고 생각한다)

마찬가지로 On sait que c'est en forgeant qu'on devient forgeron은 on dit와 결합할 때와 아주 다른 의미로만 결합이 가능하다. 이 경우는 인용지식이 환기되지 않고 기저지식의 위상으로 상승한 결과에 해당한다. (Ibid., 2011: 24)

물론, 화자는 특수한 논증전략에 따라 자신의 논증력을 높이기 위해 의도적으로 속담에 기저지식의 위상을 부여할 수도 있다. 예를 들어, (12b)에 있어 화자가 On sait que l'argent ne fait pas le bonheur라 언급할 수 있지만 이 경우는 화자 자신의 주관적 논증전략이 작용한 결과일 뿐이기 때문에 관련 속담을 객관적 기저지식으로 간주하기는 어렵다.

이러한 사실로 미루어, 우리는 ∀LOC형 속담은 on sait que와 on dit que에 의해 유도될 수 있는 반면 ∃LOC형 속담은 on dit que에 의해서만 유도됨을 알 수 있으며, 두 유형 구분의 이론적 타당성을 재확인할 수 있다.

그러나, 우리의 기존 분류방식대로 대립속담 쌍을 모두 ∃LOC형 속담으로 유형화하는 관점은 재고되어야 한다. 왜냐하면, 각 대립속담의 함축의미와 고정관념 간의 관계가 어느 경우나 동질적이지 않기 때문이다. 다음 대립속담 쌍을 비교하여보자.

(9) a. Tel père, tel fils. (그 아버지에 그 아들)
b. À père avare, fils prodigue. (구두쇠 아버지에 헤픈 아들)

(14) a. Qui ne risque rien n'a rien. (모험을 피하는 자는 아무 것도 못 얻는다)
b. Prudence est mère de sûreté. (신중함이 안전의 어머니다)

(9)의 속담 쌍 중에 (9a) 만이 '자식은 부모를 닮는다'는 고정관념을 표상하며 (9b)는 그 고정관념에 대한 예외적 사례들(occurrences)을 표상하는 '자식은 부모를 닮지 않는다'라는 의미를 함축한다 할 수 있으나, (14a)와 (14b)의 함축의미인 '위험을 감수해야 성공한다'와 '신중해야 성공한다'는 사회문화적 배경에 따라 모두 고정관념에 해당할 수 있는 것이다. 다시 말해서, (9)의 대립속담 쌍의 의미구성에는 하나의 고정관념이 작용하나 (14)의 쌍에는 각각 다른 고정관념이 작용한다 할 수 있는 것이다.

이러한 경우, 하나의 언어문화권 내에 대립된 고정관념이 양립할 수 있음을 인정해야 하는 이론적 모순에 빠지게 되는데, 우리는 이 문제를 해결하기 위해, 다음 3절에서 Palma가 제안한 다른 양상의 속담 유형 분류를 분석하고, 이를 바탕으로 4절에서 기존의 분류방식을 수정 보완한 새로운 유형 분류를 제안하고자 한다.

3. Palma의 정설적 속담과 역설적 속담

Palma(2012)는 경험세계의 고정관념에 근거한 일반적 진리에 대해 속담이 대응하는 방식에 따라 속담을 정설적 속담(proverbes doxaux)과 역설적 속담(proverbes paradoxaux)으로 분류하고 있다.

정설적 속담은 반례를 무시함으로써 일반적 진리(또는 일반규칙)를 증명하고 강화하여 필연적 진리로 전환시키는 기능을 가진 속담으로서 그 수가 지배적으로 많으나, 역설적 속담은 기존의 일반규칙에 대한 반례들에 초점을 맞춰 기존규칙을 반박함으로써 다른 보완규칙을 구축하게 되는데 그 수가 많지 않다는 것이 그녀의 주장이다.

(15) a. Tel père, tel fils. (그 아버지에 그 아들)
b. Les absents ont toujours tort. (자리에 없으면 손해 보기 마련이다)

(16) a. Il n'est pas de fumée sans feu. (아니 땐 굴뚝에 연기 나랴?)
b. On ne peut pas être et avoir été. (현재와 과거의 존재는 같을 수 없다)

(17) a. Toutes les vérités ne sont pas bonnes à dire. (사실대로 말하는 것이 모두 좋은 것은 아니다)
b. Tout ce qui brille n'est pas d'or. (번쩍이는 것이 모두 금은 아니다)

(18) a. Qui aime bien châtie bien. (사랑하는 자식 매로 키운다)
b. Après la mort, le médecin. (사후약방문)

(15), (16)의 속담들은 정설적 속담인데 (15)처럼 긍정형을 갖기도 하고 (16)처럼 부정형을 갖기도 한다. 예를 들어 (15a)는 '자식은 부모를 닮는다'는 고정관념에 따른 일반규칙을 속담 형식을 빌려 강화하는 효과를 산출하며, (16a)는 '인과관계'의 일반규칙을 증명하며 강화한다 할 수 있는데 이때 사용되는 부정형은 기술부정(négation descriptive)이거나 긍정효과를 강조하는 이중부정의 양상을 취한다.

이와 반대로 (17), (18)의 속담들은 역설적 속담으로서 (17)처럼 논박부정(négation polémique)의 부정기능을 갖기도 하고 (18)처럼 일반규칙에 등장하는 개념과 다른 개념을 도입하는 긍정형을 취함으로써 기존의 일반규칙을 반박하면서 동시에 상보적인 보완법칙을 제시하는 의미효과를 산출한다 할 수 있다. 예를 들어, (17a)는 '사실대로 말하는 것이 좋다'라는 일반규칙 즉 고정관념에 대한 반박효과와 더불어 상보적 보완규칙을 제시하고 있으며, (18a)는 긍정형이지만 '사랑'이 함축하는 '관용'의 개념을 거부하고 '엄격함'이라는 반대 개념을 사용함으로써 다른 보완규칙을 내세우고 있다는 것이다.

그녀는 두 유형의 속담 구분을 증명하기 위해 여러 언어학적 테스트를 시도하고 있는데, 그 중 몇 가지를 소개하기로 한다.

(19) 전칭양화사 사용 가능성
  a. Tout fils resesemble à son père. (← Tel père, tel fils)
  b. *Toutes les vérités sont bonnes à dire. (← Toutes les vérités ne sont pas bonnes à dire)

(20) 함축도식 표상 가능성
  a. S'il a volé, alors il volera encore une fois. (← Qui vole un œuf vole un bœuf)

b. *S'il porte l'habit, alors il n'est pas moine. (← L'habit ne fait pas le moine)

(21) 특정 명사구(SN spécifique)와 결합 가능성

a. Cet objet brille sans être de l'or. (← Tout ce qui brille n'est pas d'or)

b. ??Cette vérité est bonne à dire. (← Toutes les vérités ne sont pas bonnes à dire)

(22) 양보구문 사용

a. Bien que ce soit une vérité, elle n'est pas bonne à dire.

b. *Bien que ce soit une vérité, elle est bonne à dire.

이 테스트 규칙에 따르면, 정설적 속담의미는 전칭양화사에 의해 환언될 수 있으며 함축도식으로 표상 가능하지만, 역설적 속담은 특정 명사구와 결합 가능하고 양보구문으로 사용 가능한 것으로 드러나고 있다.

이 분류 방식에 대해, Kleiber(2012)는 분류 준거로 삼고 있는 고정관념이 속담의미 전체에 작용하는 것이 아니고 어휘단위에 국한된 것이기 때문에 분류의 타당성이 결여되어 있다고 주장하고 있지만,[2) 3)] 우리는 앞장에서 거론한 대립속담의 하위분류 문제와 관련하여 속담 유형

---

2 "테스트들이 본질적 전형성을 입증하고자 하나, 테스트 대상은 속담 자체가 아니고 대체로 속담의 주어에 해당하는 어휘단위가 되고 있다. 문제는 이러한 조사대상의 전이가 정당화될 수 있느냐를 알아보는 것이다. 달리 말해서, 어휘단위에 대해 얻은 결과가 속담전체에 영향을 미칠 수 있을까? 우리는 그렇게 생각하지 않는다." (Ibid.: 154)

3 Kleiber와 함께 속담의 지엽적 총칭성을 주장하는 Perrin(2012: 65–66)도, 반고정관념 속담(proverbes antistéréotypiques)인 역설적 속담목록은 무궁무진하며 상당수의 정설적 속담이 역설적 속담으로 변모할 수 있기 때문에, 대부분의 속담은 고정관념을 확증해주기보다 반박하는 기능을 가지고 있다고 역설함으로써 Palma와 정반대의 견해를 표방하고 있다.

재구성 작업에 그녀의 분류 결과를 부분적으로 이용하고자 한다.

그녀의 분류 결과를 우리의 기존 분류 유형과 비교할 때, Palma의 두 속담 유형은 대체로 ∀LOC형 속담, ∃LOC형 속담과 중첩되지만 다음 세 가지 범주적 특징과 문제점을 가지고 있음을 발견할 수 있다.

첫째, 정설적 속담은 고정관념을 확증하고 일반적 진리를 필연적 진리로 상승시키는 기능을 가지므로 대부분 우리의 ∀LOC형 속담에 해당하는데, 우리가 ∃LOC형 속담으로 분류한 것들 중 일부도 정설적 속담에 포함될 수 있어 우리의 범주 설정을 재고하여야 한다.

다시 말해서, 우리의 기존 분류방식에 따르면 대립속담 쌍은 모두 ∃LOC형 속담으로 간주하였는데, 그 쌍 중 일부가 정설적 속담의 성격을 지니고 있는 것이다. 이와 관련하여, 우리는 Palma의 분류방식을 이론적으로 타당하다고 간주하여 이 관점을 수용하고자 한다. 그 이유는 다음과 같다.

(23) a. Les bons comptes font les bons amis. (정확한 계산이 좋은 친구를 만든다)
b. Autant de têtes autant avis. (머리 수 만큼 의견도 각양각색)
c. Pas de roses sans épines. (가시 없는 장미 없다/ 완벽한 것은 없다)
d. Les chiens ne font pas les chats. (개는 고양이가 될 수 없다/ 태생은 못 속인다)

(24) a. Tel père, tel fils. (그 아버지에 그 아들)
b. À père avare, fils prodigue. (구두쇠 아버지에 헤픈 아들)

(25) a. Loin des yeux loin du cœur. (안 보면 마음도 멀어진다)
b. Pas de nouvelles, bonnes nouvelles. (무소식이 희소식)

위의 속담들을 면밀하게 분석해보면, (23)의 속담들은 정설적 속담으로서 모두 공인된 고정관념에 부합하여 준보편적 진리를 표방하는 ∀LOC형 속담에 해당한다 할 수 있으나, 대립속담 쌍인 (24)와 (25)의 경우는 다름을 알 수 있다.

즉, (24)의 대립속담 쌍에 작용하는 고정관념은 '자식은 부모를 닮는다'라 할 수 있는데, (24a)는 이 고정관념을 확증하고 있으므로 정설적 속담에 속하는 반면 (24b)는 기존의 고정관념을 반박하는 새로운 보완규칙을 표상하므로 반고정관념 속담인 역설적 속담에 해당한다 할 수 있는 것이다. (25)의 속담 쌍의 경우도 마찬가지이다. 다시 말해서, '서로 안보면 멀어진다'는 고정관념에 대해 (25a)는 확증기능이 실현되는 정설적 속담인 반면 (25b)는 반박하는 역설적 속담이라 할 수 있는 것이다.

따라서, 우리가 기존에 모두 ∃LOC형 속담으로 분류하였던 (24), (25)의 속담들 중 (24a)와 (25a)는 ∀LOC형 속담으로 간주하여야 할 것이다.

둘째, 역설적 속담은 반고정관념적 기능을 가지므로 대체로 ∃LOC형 속담에 해당하지만 의무적 기능(fonction déontique)이 명시되는 역설적 속담은 부정표현이라도 반고정관념적이 아니므로 정설적 속담으로서 ∀LOC형 속담으로 분류하는 것이 타당할 것으로 판단된다.

(26) Il ne faut pas vendre la peau de l'ours avant de l'avoir tué. (곰 죽이기 전에 곰을 팔지 마라/ 이익 보기 전에 계산부터 하지 마라)

(27) Il ne faut pas mettre la charrue avant les bœufs. (쟁기를 소 앞에 매지 마라/ 일을 순서대로 하라)

(28) Il ne faut pas parler de corde dans la maison d'un pendu. (교

수형 당한 사람 집에서 밧줄 이야기 하지 마라/ 말은 상황에 따라 가려서 하라)

Palma는 이 속담들을 모두 역설적 속담으로 분류하고 있으나, 전체 속담의미는 반고정관념적이 아니며 오히려 고정관념을 확증하는 정설적 속담에 해당한다 할 수 있다. 이 속담들은 형식적으로는 논박부정에 의해 기존 관념을 반박하고 있는데, 반박의 대상이 되는 규칙들은 각각 '이익보기 전에 계산하라', '일은 순서대로 안해도 된다', '말은 상황 무시하고 편하게 하라'로서 일반적 통념에 맞지 않는다.

이러한 형식과 의미 간의 불일치를 해결하기 위해 우리는 변형생성문법 식의 심층구조 개념을 이용할 수 있다. 다시 말해서, (26)–(28)은 각각 다음의 심층구조를 가진다고 가정할 수 있는 것이다.

(26)' [Il faut [ne pas vendre la peau de l'ours avant de l'avoir tué]]
(27)' [Il faut [ne pas mettre la charrue avant les bœufs]]
(28)' [Il faut [ne pas parler de corde dans la maison d'un pendu]]

이 구조에 따르면, 심층구조 상 삽입문 내에 존재하는 고정관념은 상식적 통념에 부합하며 부정상승 규칙을 통하여 전체 속담의미를 강조적으로 의무화하는 구조로 실현된 결과가 위의 속담들이라 할 수 있는 것이다. 따라서, 이 속담들도 정설적 속담이며 동시에 ∀LOC 형 속담으로 간주하는 것이 바람직할 것이다.

셋째, 역설적 속담들 중 기존의 고정관념을 반박한 결과가 새로운 고정관념에 해당할 수 있는지 여부를 확인할 필요가 있다.

(29) a. Qui ne risque rien n'a rien. (모험을 피하는 자는 아무 것도 못 얻는다)

b. Prudence est mère de sûreté. (신중함이 안전의 어머니다)

예를 들어, (29a)는 역설적 속담으로서 '매사에 신중해야 한다'는 기존 고정관념에 근거한 (29b)를 반박하는 대립속담에 해당하는데, 반박적 보완규칙을 표상하는데 그치지 않고 공동체 내에서 새로운 고정관념으로 인식된다면 이 속담은 역설적 속담의 범주를 넘어서게 될 것이다. 이러한 경우, (29a)와 같은 속담에 대한 범주설정의 문제가 제기될 수밖에 없다. 이 문제에 대해서는 다음 절에서 우리의 기존 속담 유형 분류 문제와 함께 검토하고 해결방안을 모색하기로 한다.

4. 대립속담과 새로운 속담 유형 분류

우리는 앞 절에서 언급한대로, 대립속담 쌍의 속담 유형 문제와 관련하여 어느 한 속담이 기존 고정관념을 확증하지만 다른 속담이 반고정관념적 기능만을 갖는다면, 전자는 정설적 속담으로 ∀LOC형 속담에 해당하는 반면 후자는 역설적 속담에 머물러 ∃LOC형 속담으로 분류해야 한다는 수정된 견해를 제시하였다.

대립속담 쌍과 관련한 또 다른 문제는, 원래 반고정관념적이었던 역설적 속담이 상응하는 반례들의 총칭적 가치 획득에 따라 새로운 고정관념으로 정착한 경우, 우리의 기존 분류 방식에 따를 때 이 속담을 ∀LOC형 속담으로 볼 것인가 ∃LOC형 속담으로 볼 것인가 하는 것이다.

이 문제를 해결하기 위해, 우리는 대립속담 쌍의 모순적 고정관념이 언어공동체 내에서 양립 가능하다고 주장하며 새로운 총칭문 유형을 제시한 Kleiber(1999b: 202)의 견해를 표방하고자 한다.

> 우리는 대립속담의 일반적 진리를 'généralement, p' 식의 준보편성(quasi-universalité)으로 분석하지 않고[4] Les castors sont affectueux (비버는 정감적이다) 유형의 총칭문 해석과도 다른 양화해석을 권장한다.

이 견해는 궁극적으로, 모순된 두 속담은 ∀LOC형 속담도 아니고 ∃LOC형 속담도 아닌 부분 양화사(quantificateur partiel)의 지배를 받는 새로운 유형의 속담으로 간주해야 한다는 것이다.

이러한 주장의 근거로서 그는 상반된 고정관념이라도 동일 공동체 내에서 각각 상이한 제한된 사례들(occasions restreintes différentes), 즉 상이한 집단 믿음세계에 적용되기 때문이라고 설명한다. 예를 들어, (29)의 대립속담 쌍에 내재한 규칙은 각각 다음과 같이 분석된다는 것이다.

(29) a'. Il faut risquer [à l'occasion X]
b'. Il faut être prudent [à l'occasion Y]

이처럼, 하나의 공동체 내에서 대립속담 쌍이 표상하는 상반된 고정관념은 서로 다른 경우와 상황만을 총칭적으로 명칭하므로 실제적으로는 모순되지 않는다는 것이 그의 주장이다. 비슷한 맥락에서, Bouvier(1993: 186 sqq)도 공동체 내의 상식(sens commun)의 근원인 통

4 ∀LOC형 속담을 유도하는 준전칭 양화사(quantificateurs quasi-universels)로는 généralement, normalement, la plupart de, presque tous 등이 사용된다.

념, 즉 토포스가 유보 조건(réserves) 하에 대립 쌍(topoï antinomiques)을 이루고 양립할 수 있다고 주장한다.

Kleiber는 대립속담의 제한된 사례들을 해석할 수 있는 부분 양화사로서 beaucoup de(많은)와 souvent(가끔)을 소개하는데, 다음 동일 화자의 발언 내에서 대립속담의 양립은 (30)과 (31) 모두 가능하나 의미상 (30B)는 (31B)의 뜻이며 후자가 더 자연스럽기 때문에 이 양화사의 존재가치를 확인할 수 있다.

(30) A: **Qui ne risque rien n'a rien. (모험을 피하는 자는 아무것도 못얻는다)**
B: D'accord/ C'est vrai, mais il est vrai aussi que **prudence est mère de sûreté.** (맞아/ 사실이야, 그런데 **신중함이 안전의 어머니**란 말도 사실이야)

(31) A: **Qui ne risque rien n'a rien. (모험을 피하는 자는 아무것도 못얻는다)**
B: D'accord/ C'est vrai, mais il est *souvent* vrai aussi que **prudence est mère de sûreté.** (맞아/ 사실이야, 그런데 *가끔*은 **신중함이 안전의 어머니**란 말도 사실이야)

이상과 같은 이유로 그는 부분적 양화해석을 갖는 속담을 새로운 유형으로 정립하고자 하는데 우리로서도 이 견해를 표방하며 이러한 유형의 속담을 '부분적 양화속담(proverbes à quantification partielle)'으로 규정하고자 한다.

그는 더 나아가 다음 (32)처럼 상반된 총칭문 쌍이라도 부분적 양화사의 지배를 받는 총칭문들의 양립이 대립속담처럼 가능하기 때문에,

일반 총칭문의 분류에도 부분 양화사에 의한 부분 총칭문을 새로운 유형으로 포함시킬 것을 제안하기도 하지만 이는 본 연구의 주제를 벗어나므로 다루지 않기로 한다.[5)]

(32) a. *Beaucoup d'*Alsaciens boivent de la bière. (많은 알자스인들은 맥주를 마신다)

b. *Beaucoup d'*Alsaciens ne boivent pas de bière. (많은 알자스인들은 맥주를 마시지 않는다)

(33) A: *Beaucoup d'*Alsaciens boivent de la bière. (많은 알자스인들은 맥주를 마신다)

B: C'est vrai, mais il y en a aussi *beaucoup* qui n'en boivent pas. (사실이야, 그런데 안 마시는 사람도 *많아*)

이처럼 부분적 양화 속담은 고정관념에 이르지 못한 ∃LOC형 속담과 다르며, 표상하는 고정관념도 상당수의 제한적 집단 믿음세계 내에서 유효하기 때문에 인용지식에 속할 뿐 기저지식으로 상승하지 못하여 ∀LOC형 속담의 위상도 갖지 못한다고 할 수 있다.

지금까지의 논의를 정리하여 속담 유형에 대한 우리의 기존 이원 분류를 다음과 같은 삼원 분류로 수정하여 정립하고자 한다.

- ∀LOC형 속담(본질적 전형 속담) : 대부분의 언중에 의해 준보편적 진리로 인식되며 기저지식으로 상승 가능한 고정관념을 표상하는 속담
- 부분적 양화 속담 : 상당수의 제한적 언중에게 준보편적 진리로 인식되나 기저지식으로 상승 불가능한 고정관념으로 인용지식에 속하는 속담

5 일반 총칭문에 있어 부분 총칭문의 유형화에 대한 논의는 Anscombre(2002b), Kleiber(2008; 2012)를 참조.

- ∃LOC형 속담(지엽적 전형 속담) : 기존의 고정관념에 대한 반박적 견해를 표상하며 일부 언중만 준보편적 진리로 주장하고 주관적 성향이 강하여 인용지식에 머무는 속담

5. 마무리

우리는 본 장에서 총칭성의 성격에 따른 우리의 기존 속담 분류 – ∀LOC형 속담과 ∃LOC형 속담 – 방식의 문제점을 보완하여 부분적 양화 속담을 추가한 삼원 분류 방식을 수정 제안하였다. 이를 위하여, Palma가 시도한 정설적 속담과 역설적 속담 분류 방식 원리와 Kleiber의 부분 총칭문 개념을 이용하였다.

그러나, 대립속담 쌍의 범주 재설정의 근거가 되는 반고정관념적 견해와 새로운 고정관념 간의 상호관계에 대하여 또 다른 문제 파생 가능성을 추론할 수 있다. 왜냐하면, 이 두 개념 간의 한계획정이 용이하지 않을 수 있기 때문이다.

(34) a. C'est la plume qui fait l'oiseau. (새를 만드는 것은 깃이다/ 옷이 사람을 만든다)

b. L'habit ne fait pas le moine. (옷이 수도자를 만들지 않는다)

(35) a. Chacun selon ses capacités. (각자 능력대로)

b. Chacun selon ses besoins. (각자 필요에 따라)

(36) a. 암탉이 울면 집안이 망한다.

b. 암탉이 울어야 알을 낳는다.

구체적으로 예를 들어, (34a)가 기존 고정관념이라 한다면 (34b)를 상반된 새로운 고정관념으로 볼 것인지 아니면 반고정관념적 일부 견해로 간주할 것인지 구분할 수 있는 기준의 문제이다. 또한, (35)의 예들은 정치·사회적 상황 변화에 따라 각각 상반된 고정관념으로 볼 수도 있고, 어느 하나를 반고정관념적 견해로 간주할 수도 있다. 즉, 사회주의 체제 하에서는 (35b)가, 공산주의 체제 하에서는 (35a)가 반고정관념적 견해가 될 수 있는 것이다.[6] (36a)도 속담사전을 통해 알 수 있듯이 아직도 고정관념으로 인식되고 있는 반면, (36b)는 여성 위상 및 역할 확대와 더불어 새로운 고정관념으로 인식될 수도 있고 아직은 반고정관념적 견해로만 간주될 수도 있다.

이처럼, 언어 공동체 내에서 고정관념과 통념의 공인과정에는 다양한 사회·문화·역사적 변수가 작용함을 알 수 있기 때문에, 언어·문화적 직관에만 의존하는 우리의 속담 유형의 분류도 완전한 것이라 할 수 없으며, 필자도 속담 총칭문의 삼원적 분류 방식에 대한 제안으로 만족하고자 한다.

6 cf. Bouvier(1993), 189.

제3장

생략형 속담과 대칭적 이항속담

1. 도입

속담은 언어학적으로 고유한 의미·화용적 특성들 외에도 독특한 구조적 특성을 가지고 있는데, 간결성(brièveté)을 반영한 생략구조와 대칭적 이항구조(structure binaire)를 대표적으로 언급할 수 있다.

프랑스어 속담의 간결성은 주로 단문구조와 생략어법(tour elliptique)으로 실현되는데, 전자가 완전문으로서 단순 구조라 한다면 후자는 불완전문의 성격이 강하며 다양하고 복잡한 구조들로 구성될 뿐 아니라 그 구조들이 표출하는 의미·문체적 특징도 간과할 수 없다.

본 장은 먼저 생략어법이 적용된 프랑스어 속담들을 대상으로 구조 유형들을 분류하고 각 유형들의 의미·문체적 특징을 밝혀보고자 한다.[1] 다음으로 이들 중 축약력이 가장 강한 무동사 속담의 의미·화용 기능을 규명하고자 하며, 이를 위해 그 범주적 위상과 의미특성을 밝히고 무동사 속담 내에 사용된 무관사의 의미기능과 평가형용사의 논증작용을 분석하기로 한다. 마지막으로, 많은 생략형 속담들은 대칭적 이항구조를 가지는데, 관련 통사적 결합구조를 유형별로 분류하고 대칭어휘 쌍이 갖는 여러 양상의 내적 의미관계들을 분석하고자 한다. 그리고 이러한 의미관계를 바탕으로 구축된 전체 의미구조 유형을 구분하고 그 의미특성을 밝혀볼 것이다.

생략형 속담은 이항구조와 더불어 본질적으로 기억의 용이성을 촉진하고, 총칭성과 논증기능을 강화하며, 문체적 심미감을 활성화할 뿐 아니라 이를 바탕으로 화용적 차원에서 강력한 교훈기능과 풍자기능을 수행하기에 이른다 할 수 있다. 이러한 이유로 생략형 속담은 광고카피, 정치구호, 언론매체 기사 제목 등에 즐겨 이용되고 있다.

---

1 본 장에서 분석대상으로 삼은 속담 자료체는 이화여자대학교 편(2006), Brézin-Rossignol(2008)에 수록된 3,215개의 속담이다.

2. 생략형 속담

2.1. '생략'의 언어학적 정의와 의미 · 문체적 특징

'생략'은 전통문법과 수사학적 관점을 포괄하여[2] 대략 다음과 같이 정의할 수 있다.

> 생략은 텍스트 해석에 필요한 낱말들 가운데 복원 가능한 일부 낱말을 필요에 따라 누락시킴으로써 축약효과를 창출하는 어법이다.

Dubois(1994: 174)는 언어학적 생략을 상황적 생략과 문법적 생략으로 구분하고 있는데, 상황적 생략은 대화자가 이해하는데 지장이 없는 불필요한 낱말을 누락시키는 유형으로 예를 들어 화가가 'J'ai peint(내가 그렸다)'이라 말한다면 상황에 따라 대화자는 생략된 'tableaux(그림)'를 복원하여 해석할 수 있는 경우라 할 수 있다. 이 유형에는 'À quelle heure pars–tu(몇 시에 출발할거니)'에 대해 'À 3 heures(3시에)'라 답할 때 생략된 'Je pars(나는 출발한다)'를 문맥에 의해 복원할 수 있는 예처럼 문맥적 생략도 포함된다.

반면, 문법적 생략은 통사규칙과 같은 언어지식에 의해 복원 가능한 생략으로서, 예를 들어 화자가 'Complètement perdu(완전히 잃었어)'라 말하면 문장구성 규칙에 비추어 생략된 요소가 'je'와 'suis'라는

2 cf. "그러므로 생략은 문법구조가 필요로 하고 복원이 쉽다고 간주되는 하나 이상의 낱말의 누락이다." (Grevisse, 1980: 214)
"생략은 축약효과를 창출하기 위해 텍스트 해석에 필요한 요소들 중 일부를 누락시키는 문법적 방식의 하나이다. 대화자는 화자가 암시하는 것을 반드시 정신적으로 복원해야 한다." (https://fr.wikipedia.org/wiki/Ellipse_(rh%C3%A9torique))

사실을 어렵지 않게 복원하여 해석할 수 있다.

또한 그(loc.cit.)의 설명에 따르면, 생략은 속담이나 속언에서 발견할 수 있는 것처럼 고어적 특성을 가질 수 있고 반면에 현용어의 친밀어적 성격을 가질 수도 있다. 그러나, 고어적 표현법으로 구조가 고정된 속담은 생략된 낱말들의 복원이 항상 쉬운 것은 아니다.

(1) Tout est bien qui finit bien. (결과가 좋으면 다 좋다)

예를 들어, 고어적이며 불완전문인 (1)은 상황적으로 해석은 가능하지만 qui의 선행사를 포함하여 생략된 요소들의 복원은 쉽지 않기 때문이다.

Grevisse(1980: 214–218)에 따르면, 프랑스어 정형문(phrase canonique)에서 가장 빈번하게 발견되는 생략구조는 다음과 같다.

- 주어 생략: Passez–moi le journal.
- 동사 생략: Combien ce bijou ?
- 주어+동사 생략: Loin des yeux, loin du cœur.

한편, 생략은 일반적으로 축약작용을 통하여 특정 의미·문체적 효과를 얻기 위해 사용되는 기법이라 할 수 있다.

생략은 언어의 경제원리가 적용된 어법으로서[3] 동일요소의 반복을 피하고 표현을 간결화하여 정보의 무게를 줄임으로써 기억을 용이하게 함과 동시에 효과적인 의사전달을 도모하는 효과가 있다.

3 cf. "이러한 경향은 언어적 나태 때문은 아니다. 그것은 중간단계의 삭제에 의하여 지향하는 목표에 보다 쉽게 도달할 수 있도록 해주는 경제 원리이다." (Bally, 1951: 281)

이러한 기억상승 효과는 특히 속담류 생략어법에서 두드러진다 할 수 있는데, Achard–Bayle et Schneider(2011: 56)는 생략형 속담이 본질적으로 기억을 돕고(mnémonique) 모방을 유인하는(mimétique) 인지적 기능을 가지고 있다는 점을 밝히고 있으며, Sguenfle(2010: 155)도 속담의 간결형과 율동구조가 기억작용을 활성화한다고 설명하고 있다.

다음으로, 생략어법은 총칭적 의미 구성에 유리하여 논증적으로 설득력을 갖추게 됨으로써 속담, 격언, 광고에 핵심적으로 사용되고 있다.[4] 총칭성은 속담의 대표적 의미특성인데, 생략을 포함한 간결어법이 총칭성을 유인하고 활성화한다 할 수 있기 때문이다. 예를 들어, Benveniste(1966: 162)는 동사가 생략된 무동사문은 일반적 진리를 발화하기 때문에 설득적 효과를 갖게 된다고 설명함으로써 생략어법의 총칭성 유인기능과 논증기능을 방증하고 있다.

마지막으로 생략은, Mihulecea(2014: 506)가 지적하고 있는 대로, 길고 현학적인 문장을 축약하여 사고의 신속함을 표상함으로써 감성적으로 강렬한 메시지 전달효과를 가져다주고 있다. 그 결과 생략어법은, Grevisse(1980: 214 rem.)의 설명처럼, 사고의 자발성(spontanéité), 생동감(vivacité), 특별한 활력(énergie particulière)을 표출해준다 할 수 있는 것이다.[5]

이상과 같은 의미 · 문체적 특징들은 생략어법이 적용된 생략형 속담에서도 대부분 그대로 발견할 수 있으며, 다만 속담구조 유형에 따

---

4 cf. "생략은 제거의 문채인데, 지적 내용에 필요한 최소의 기표에 한정된 언술로부터 설득력이 파생됨으로써 속담, 격언, 광고의 핵심기법이 되고 있다." (Reboul, 1984: 51)

5 같은 맥락에서 Bally(op.cit.: 282)는 표현적 가치(valeur expressive)를 가지지 못하는 생략은 무의미하다고 지적하고 있다.

라 그 특성들 중 일부가 상대적으로 더 부각되거나 활성화된다 할 수 있을 뿐이다.

2.2. 생략형 속담의 유형과 의미 · 문체적 특징

프랑스어 속담에는 고어적 어법이 잔존해 있으므로, 생략형 속담은 정형문의 생략구조 유형을 포함하여 다양할 뿐 아니라 독특한 통사구조를 가지고 있다. 우리는 그것들 중 대표적 유형을 다음과 같이 정리하여[6] 유형별로 구체적 사례들을 제시하고 그 의미·문체적 특징들을 간략하게 서술하고자 한다.

- 정형문 구성요소 생략 구문
- 무관사 구문
- 무선행사 qui 구문

2.2.1. 정형문 구성요소 생략 구문

이 구문은 주어 생략, 동사 생략, 주어+동사 생략에 의해 속담이 구성된 구조이다.

2.2.1.1. 주어 생략

프랑스어 속담에서 주어 생략이 적용된 속담은 전반적으로 그 수

6 Anscombre(1994: 96)는 프랑스어 속담의 가장 대표적이고 빈번한 세 가지 구조형식으로 ① 정관사 le 명사구 구문 ② 무관사 주어 명사구 구문 ③ 무선행사 qui 구문을 들고 있는데, 이것들 중 후자의 두 가지가 우리가 다루고자 하는 생략형 속담구조에 속한다.

가 많지 않다. 다음 주어 생략 속담들을 살펴보자.

(2) a. Au mauvais chemin, double le pas. (길이 나쁘면 발걸음을 빨리 해라)

b. Ne réveillez pas le chat qui dort. (자는 고양이 깨우지 마라)

(3) a. Payer une fois et compter deux. (한 번 지불에 두 번 셀 것)

b. Mieux vaut perdre la laine que le brebis. (양을 잃는 것보다 양털을 잃는 것이 더 낫다)

(4) a. Aussitôt dit, aussitôt fait. (말하자 말자 행한다)

b. Pour un moine ne faut couvent. (수도사 한 사람을 위해 수도원이 필요한 것은 아니다)

(5) a. Si tu veux la paix, prépare la guerre. (평화를 원하거든 전쟁을 준비하라)

b. Les jours se suivent et ne se ressemblent pas. (하루하루가 계속되어도 같은 날은 없다)

(2), (3)의 예들은 명령법과 부정법 구조에서 주어가 생략된 문법적 생략의 경우이며, (4)의 예들은 통사규칙에 위배되지만 대화자의 해석은 가능한 상황적 생략이 적용된 경우라 할 수 있는데, Grevisse(ibid.: 215)에 의하면 (4)와 같이 평서문에서 주어가 생략되는 표현은 고어적 어법에 속하며 현대어에서는 사용되지 않는다.[7] 또한, (5)는 복합문에서 주어의 반복을 피하기 위해 후행 절의 주어가 생략된 예들이다.

7 Grevisse(ibid.: 534)는 주어 대명사의 생략이 중세부터 17세기에 이르기까지 일상어에서 빈번하게 사용되어 왔으나 현재는 관용어에만 잔존하고 있음을 지적하고 있다.

한편, 주어 생략어법이 파생하는 의미·문체적 효과는 유형별로 다소 다르다 할 수 있는데, (2)-(4)의 유형에서 생략된 주어는 대체로 on의 성격을 지닌 총칭적 주어라 할 수 있으므로 관련 속담에 의미적 총칭성을 부여하게 되며[8] 그 결과 이 속담들은 화용적으로 교훈적 가치가 강조된다 할 수 있다.

다음으로, 복합문 속담에서 주어가 생략된 경우에도 생략된 주어는 총칭성을 갖는다 할 수 있다. 구체적으로, (5a)의 생략된 주어 tu는 환유적 전의(trope métonymique)에 의해 on의 의미로 해석되며, (5b)에 있어 les jours는 정관사가 사용된 총칭명사구로서 이 역시 속담의 총칭성을 활성화하고 있는 것이다.

다만 복합문의 주어 생략은 단문의 경우와 달리 부수적 문체효과를 가져다준다. Cigoj-Leben(1982: 128)은 프랑스어 복합문에서 주어 반복과 주어 생략은 각각 다른 문체적 의미를 전달한다고 다음과 같이 설명하고 있다.

> 주어를 반복하면 행위자를 강조하고 주어를 생략하면 동사에 초점이 맞춰져 행위들 간의 밀접한 관계가 강조된다. 두 번째 동사가 첫 번째 동사를 보완하거나, 그 결과를 나타내기도 하고 정반대의 행위를 나타내기도 한다.[9]

8 Mihulecea(2014: 506-507)는, 부정법 구문에 있어 무주어는 부정법 동사의 맥락적 선택이 확인 가능한 모든 지시대상을 포괄하는 총칭적 해석만을 허용한다는 Riegel et al.(1994: 133)의 주장을 참고하여, 속담에서도 생략된 주어의 지시대상이 [+총칭성]의 자질을 가지기 때문에 총칭적 해석만을 허용한다고 주장하고 있다.

9 Brunot(1965: 279)도, 복합문에서 주어가 생략될 때 두 동사는 서로 밀접하게 결합되어 각 행위는 총체적 한 행위의 부분과 국면들에 해당한다고 설명하고 있다.

이러한 문체적 의미는 복합문 속담의 주어 생략 경우에도 마찬가지로 확인할 수 있다. 예를 들어, (5a)에서 첫 번째 동사의 행위인 '(평화를) 원함'은 두 번째 동사의 행위인 '(전쟁을) 준비함'의 이유가 되고 있으며, (5b)에서 두 행위는 밀접한 의미관계를 가지고 '계속되지만 같지 않음'의 총체적 사행을 구성하고 있는 것이다. 그 결과 주어 생략 속담은 기억작용의 활성화 뿐 아니라 유기적 의미구성에 의한 표현의 활력 상승효과를 가져다준다 할 수 있다.

2.2.1.2 동사 및 주어+동사 생략

동사가 생략된 속담은 부분생략 구조와 전체생략 구조로 구분할 수 있는데, 다음 (6)의 예들과 같은 부분생략 구조는 많이 발견되지 않는다.

(6) a. Chacun à son métier et les vaches seront bien gardés. (각자 자기 일에 (충실하면) 암소도 잘 클 것이다/ 자기 일에 충실하면 만사형통이다)

b. Bien vient à mieux, et mieux à mal. (좋은 것은 더 좋게 되고 더 좋은 것은 나쁘게 된다/ 과유불급)

c. Le loup change de poil, mais non de naturel. (늑대가 털은 바뀌어도 천성은 안 바뀐다)

부분생략 구조는 병렬문에서 (6a)처럼 동사가 하나만 나오거나 (6b), (6c)처럼 동사 반복을 피하기 위해 후행 절의 동사가 생략된 경우인데, (6a)의 선행 절의 생략된 동사는 후행 절 동사 *garder*와 다른 s'acharner나 s'appliquer 정도에 해당하며, (6b), (6c)의 생략 동사는 각각 선행 절 동사 *vient*과 *change*에 해당한다 할 수 있다.

동사 부분생략 구조는 복합문 속담의 주어 생략 경우와 반대로 동사를 둘러싼 핵심명사들 간의 밀접한 의미관계를 드러내준다 할 수 있다. 즉, (6a)에서 *métier*와 *vaches*는 '노력'과 '재산'의 인과관계를 나타내주며, (6b)에서는 동일한 어휘장(champ lexical)에 속한 *bien*, *mieux*, *mal* 간의 대조관계가 드러나고 있는 것이다. 또한, 부정 병렬문인 (6c)의 속담은 '외양'과 '본성'의 대립관계를 은유적으로 표출하고 있다.

따라서, 동사가 부분 생략된 속담 역시 문체적으로 강렬한 의미전달 효과와 더불어 표현의 활력 상승효과에 기여한다 할 수 있다.

다음으로, 동사의 전체 생략구조에 대해 살펴보기로 한다. 이 구조는 속담표현에 동사가 전혀 사용되지 않는 구조로 무동사 속담(proverbe averbal)이라 불리며, 분포율이 높지 않은 편이나[10] 대표적 생략형 속담 가운데 하나라 할 수 있다.

(7) a. Tel arbre, tel fruit. (그 나무에 그 열매)
b. Après la pluie, le beau temps. (비 온 후에는 날이 갠다)
c. Aussi chaud, aussi froid. (쉬 더워지면 쉬 차가워진다)
d. Loin des yeux, loin du cœur. (안 보면 마음도 멀어진다)

무동사 속담의 대부분은 이항구조로 되어 있으며 정보적으로는 주제(thème)와 서술(rhème) 관계를 이루는데, 전항은 주제로서 서술대상이 되며 후항은 주제에 대해 의미적으로 서술하는 기능을 가지고 있다.

10 분석대상 전체 속담들 중 23% 정도를 차지하고 있다.

특히, 이항 쌍은 동사 생략에 의하여 인접성을 갖고 유사한 어휘장에 속함을 알 수 있다. 예를 들어, (7a)에서 '나무'와 '열매'는 인과관계를 갖고, (7b)에서 '비'와 '맑은 날씨'는 '날씨'라는 동일 어휘장에 속하며, (7c)에서 '뜨거움'과 '차가움'은 동일 어휘장에 속하면서 대립관계를 갖는다. (7d)에서도 '눈'과 '마음'은 '신체'라는 동일 어휘장에 속하면서 의미적 연상관계를 갖는 것이다.

그런데, 무동사 속담에 있어 많은 경우 축약효과를 높이기 위해 다음처럼 동사 뿐 아니라 주어도 생략되어 있음을 알 수 있다.

(8) a. Du cuir d'autrui, large courroie. (타인의 가죽으로 큰 혁대 만들기/ 남의 돈으로 생색내기)

b. Loin de cité, loin de santé. (도시에서 멀어지면 건강도 멀어진다)

예를 들어, 대략 (8a)는 on fait, (8b)는 on est가 생략되어 있다 할 수 있는 것이다.

이처럼, 프랑스어 속담에서 무동사 속담은 축약력이 가장 뛰어난 생략어법에 해당한다 할 수 있는데, 이에 대해 Grevisse(1980: 217)는 물질적, 도덕적 현상에 대해 느낀 감정을 본질적 속성(traits essentiels)만으로 신속하게 묘사함으로써 표현하는 방식이라고 설명하고 있다.

그 결과 무동사 속담의 간결형은, Nguyen(2008: 355)이 지적한대로, 기억작용을 용이하게 하지만 축약된 형식으로 인하여 속담해석을 방해하기도 한다.

우리 자료체에서는 명사문의 길이가 동사문보다 짧다. (...) 간결형은 기억작용을 용이하게 하는 변별자질들 중 하나이다. 그러나, 이 형식은 속담의 쉬운 해석을 방해하는 축약형이기도 하다.

무동사 속담의 다른 의미·문체적 특징 중 대표적인 것은 총칭성이라 할 수 있다. Benveniste(1966: 162)가 명사문을, 일반적 진리를 발화함으로써 담화 내에서 설득을 목표로 삼는 권위적 논거로 규정하면서 총칭성과 논증기능을 강조한 이래, 무동사 속담의 총칭성은 이론의 여지가 없는 대표적 특징으로 간주되고 있다.

이와 관련하여, Nguyen(2008)과 Gómez–Jordana Ferary(2012)의 다음 설명을 참고할 수 있다.

> 속담의 총칭성은 동사부재에 의해 창출되고 강화된다. (...) 동사부재는 시제, 상, 법 표지의 부재와 같은 뜻이다. 시제, 상, 법의 표지가 없는 명사형 속담은 총칭성을 표현하기에 적합하다. (Nguyen, op.cit.: 360)

> 속담은 모든 순간에 유효한 것으로 나타나며 따라서 초시적으로 간주될 수 있다. (...) 무동사형은 속담의 초시적이고 총칭적인 면을 강조하고 있다. 왜냐하면 이 형태는 활용동사, 즉 시간에 새겨진 형태를 지니고 있지 않기 때문이다. (Gómez–Jordana Ferary, op.cit.: 110)

가장 축약된 생략어법이 적용된 무동사 속담은 대부분 다음과 같이 이항 운율구조(structure rythmique binaire)를 갖춤으로써 심미감과 더불어 문체적 표현성도 극대화한다 할 수 있다.[11]

(9) 각운

a. De mauvais gr**ain**, jamais de bon p**ain**.

11 cf. "명사문은 정형문보다 훨씬 강한 표현성을 나타낸다. (...) 문법표현이 축약될수록 표현성은 증가한다." (Riegel et al., 1994: 457)

b. Aujourd'hui a**mi**, demain enne**mi**.

(10) 자음운(allitération)

a. **V**in sans ami, **v**ie sans témoins.

b. À **f**aible champ, **f**ort laboureur.

(11) 모음운(assonance)

a. M**en**tons luis**ant**, v**en**tre cont**ent**.

b. À paroles l**our**des, oreilles s**our**des.

다시 말해서, 무동사 속담은 최대한의 축약기법에 의해 강렬한 교훈적 기능을 수행할 뿐 아니라 확실한 논증효과를 파생하며, 다양한 운율구조를 통하여 뛰어난 생동감과 심미적 가치를 표현하게 된다. 우리는 다음과 같이 기사제목이나 공익 캠페인, 광고카피에 무동사 속담형이 자주 이용되는 이유를 이러한 문체적 특징에서 찾아 볼 수 있다.

(12) 기사 제목: À SN, SN

a. À chacun son goût. (사람마다 취미는 제 각각)

b. À chacun son «Idéal». (*Le Parisien*, 2016/06/15) (사람마다 이상은 제 각각)

(13) 기사 제목: NEG SN sans SN

a. Jamais deux sans trois. (셋 없는 둘은 없다/ 두 번으로 끝나는 경우는 없다)

b. Euro 2016 : Jamais deux sans trois pour la France ? (*Metronews*, 2016/06/15) (유로 2016: 프랑스 팀은 두 번으로 끝나지 않는 것일까?)

(14) 공익 캠페인: SN À SN, SN À SN

a. Noël au balcon, Pâques au tison. (성탄절에 따뜻하면 부활절은 춥다)

b. Noël au carton d'emballage, pâques au camion de poubelle. (*Comment reperer.com*)[12] (성탄절 포장은 부활절 쓰레기)

(15) 광고 카피: SN pour SN, SN pour SN

a. Chacun pour soi, Dieu pour tous. (각자는 자신에게 신은 만인에게/ 진인사대천명)

b. Un petit pas pour l'homme, un bond pour sa femme. (*LG Electroménager*)[13] (남자에게는 작은 걸음, 여자에게는 도약)

위의 (12)-(15)의 예들 중에서, 각 번호의 a는 원형 무동사 속담이고 각 b는 무동사 속담을 모방한 기사제목, 공익 캠페인, 광고카피이다.

2.2.2. 무관사 구문

속담의 무관사 구문은 명사구에 관사가 부재한 속담에 해당하며 출현 빈도가 높은 대표적 속담구조의 하나이다.[14] 무관사는 고어적 산물로서 중세이래로 총칭성을 나타내는 전형적 한 형식으로 속담류 표현에 사용되어 왔다.

Guiraud(1963: 34)와 Charaudeau(1992: 180)는 관사가 명사를 현동화하여(actualiser) 구체적 상황 속에 위치시키는 기능을 갖는 반면, 무

12 http://www.commentreparer.com/img/129/600x600–proverbe–5

13 https://hamillfrenchblog.files.wordpress.com/2014/09/pub_aspirateur_petit_bond.jpg

14 분석대상 속담 자료체의 대략 41% 정도를 차지하고 있다.

관사는 명사의 현동화를 거부하고 한정기능을 박탈함으로써 구체적 실현상황과 무관한 개념과 같은 잠재태(virtuel)만을 표상하거나, 반대로 모든 실현상황을 포괄하는 일반화한 실체를 표상한다고 설명함으로써 무관사의 독특한 의미기능을 부각시키고 있다.

> 만일 명사가 현동화 표지 없이 담화 내에 사용된다면, 그것은 명사가 표상하는 대상이 아직 현동화하지 못한 잠재적 실체로서 의미적 속성만 가지고 담화 밖에 존재하는 것으로 간주되거나, 반대 관점으로 말하자면 모든 현동화를 포괄하는 실체로 간주되기 때문이다. (Charaudeau, loc.cit.)

무관사의 이러한 특별한 의미기능은 준보편적 진리와 교훈적 가치를 표방하는 속담류 표현에 잘 부합하기 때문에, 고래로 속담에 무관사 구문이 선호되고 있다 할 수 있는 것이다.

우리는 프랑스어 속담의 무관사 구문을 무관사가 출현하는 통사구조에 따라 유형별로 분류하고, 다음으로 속담 내에서 무관사 명사구가 갖는 통사기능에 따라 분류하고자 한다. 먼저 무관사 속담을 무관사가 출현하는 통사구조에 근거하여 분포율이 높은 차례대로 분류하면 다음과 같다.

(16) 무동사문[15]

a. Bon pays, mauvais chemin. (좋은 고장에 나쁜 길/ 좋은 것에도 단점은 있다)

b. D'un petit homme, souvent grande ombre. (키 작은 사람에 종종 큰 그림자/ 작은 고추가 맵다)

c. Table sans sel, bouche sans salive. (소금 없는 식탁은 침 없는

15 무관사 속담 중 대략 36%에 해당한다.

입이다)

(17) 명사구 + 동사구[16)]

a. Avarice passe nature. (탐욕은 본성을 넘어선다)

b. Amis valent mieux qu'argent. (친구는 돈보다 귀하다)

c. Chose commencée est à demi achevée. (시작이 반이다)

(18) 명사구 + NEG동사구[17)]

a. Apprenti n'est pas maître. (제자는 대가가 아니다)

b. Ventre affamé n'a pas d'oreille. (굶주린 배에는 귀가 없다)

c. Pierre qui roule n'amasse pas mousse. (구르는 돌에는 이끼가 끼지 않는다)

(19) 비인칭 구조[18)]

a. Il y a anguille sous roche. (바위 밑에는 뱀장어가 있다/ 수상한 것은 조심해야 한다)

b. Mieux vaut corps que bien. (재산보다 건강이 중요하다)

c. Il faut que jeunesse se passe. (젊음은 지나가야 한다)

이 분석결과를 통하여 우리는 무관사 속담에서 선호되는 통사구조가 (16)의 무동사문과 (17), (18)의 정형문 구조라는 사실을 알 수 있으며, 이는 이 구조들이 무관사와 함께 총칭성을 유인하고 활성화하기에 안성맞춤이라는 사실도 간접적으로 보여주고 있다.

다음으로, 무관사 속담을 무관사 명사구의 통사기능에 따라 역시 차례대로 분류하면 다음과 같다.

16 무관사 속담 중 대략 34%에 해당한다.

17 무관사 속담 중 대략 25%에 해당한다.

18 무관사 속담 중 대략 4% 미만에 해당한다.

(20) 주어기능[19)]

a. Chien qui aboie ne mord pas. (짖는 개는 물지 않는다)
b. Chat échaudé craint l'eau froide. (덴 고양이는 찬물도 두려워한다)
c. Bonne fin attrait bonne fin. (좋은 결말이 좋은 결말을 끌어온다)

(21) 보어/속사 기능[20)]

a. Vin versé, il faut le boire. (따라놓은 포도주는 마셔야 한다)
b. Beauté de femme n'enrichit homme. (여자의 미가 남자를 부유하게 하지는 않는다)
c. Serpent qui change de peau est toujours serpent. (뱀은 허물을 벗어도 여전히 뱀이다)

우리는 이상의 유형 분석을 통하여 무관사 명사구와 관련하여 두 가지 사실을 주목할 수 있다. 첫째는 무관사 명사구가 (20)의 경우처럼 대체로 주어기능을 가지고 주제로 사용되고 있다는 사실이며, 둘째는 많은 경우 형용사와 같은 수식어에 의해 한정되고 있다는 사실이다.

전자의 사실에 대해, Gómez–Jordana Ferary(2012: 94–95)는 문두의 무관사가 일종의 규범의 성격을 가짐으로써 총칭문 구성에 효율적 구조를 이루며, 의미적으로 하나의 뭉치(bloc)로 해석되는 주제를 구성하여 동질적 총칭성(généricité homogène)에 이르게 한다고 설명한다.

19 무관사 속담 중 대략 77%에 해당한다.
20 무관사 명사구가 (21c)처럼 속사기능을 갖는 경우는 아주 드물었다.

문두의 무관사는 명사구에 강제적 규칙 개념을 유도한다. 이러한 유형의 속담에 나타나는 총칭성은 법, 규범, 규칙과 유사하다. (...) 무관사에 결부된 주제는 하나의 뭉치로 해석되어야 한다. 속담에 있어 무관사에 의해 뭉치처럼 도입되는 담화공간은 동질적 총칭성에 이르게 한다. (...) 또한, 무관사 속담에 있어 명사구는 실사가 갖는 가능한 차이들을 중화한다.

그녀의 설명에 따르면, 예를 들어 (20a)의 속담에 있어 명사구 *chien qui aboie*는 하나의 뭉치로서 그 개의 가능한 차이들을 중화함으로써 동질적 관점에서 짖는 모든 개를 지칭하게 된다. 그 결과, '짖는 개'라는 개의 동질적 하위부류(sous–classe)에 대해 그 개는 물지 않는다고 서술하는 전체 의미를 구성한다는 것이다.

이처럼, 주어기능의 무관사 명사구는 규범적 특성과 동질적 총칭성에 의해 무관사 속담이 높은 수준의 총칭성을 표출하도록 유도한다고 할 수 있다.

다음으로, 무관사 명사구는 대체로 수식어가 동반된다는 사실에 대해 살펴보자. Bally(1965: 296)는 고어적 용법 이래로 무관사 명사구의 실사는 일반적으로 수식어에 의한 확장 방식으로 관사부재의 생소함(étrangeté)을 해소하게 된다고 설명하고 있는데, 동반되는 수식어는 분포순서에 따라 형용사, 과거분사, 명사보어, 관계절로 분류할 수 있다.

이 수식어들은 실사가 지칭하는 부류의 내재적 속성을 표현할 뿐 아니라 그로 인하여 하위부류를 식별할 수 있도록 함으로써 동질적 총칭성 해석에 유리한 구조를 형성해준다 할 수 있다. 다시 말해서, 수식어는 부분적 현동화 작용을 통하여 명사구가 동질적 총칭성을 표방하는 하위부류를 구성하도록 하는 역할을 수행한다 할 수 있는 것이다. 또한, 수식어 동반 명사구는 앞서 말한 것처럼 하나의 통사·의미적 뭉치를 형성하기 때문에 다음 예들에 비추어 알 수 있듯이 수식어와 실사가 분리될 수 없다.

(22) a. *Cœur joyeux* fait beau visage. (*즐거운 마음*이 아름다운 얼굴을 만든다)
b. *Cœur fait beau visage. (*마음이 아름다운 얼굴을 만든다)

(23) a. *Chien qui aboie* ne mord pas. (*짖는 개*는 물지 않는다)
b. *Chien ne mord pas. (*개는 물지 않는다)

따라서, 무관사 속담에 있어 수식어는 실사를 부분적으로 현동화하고 하위부류를 구성함으로써 속담의 총칭적 해석을 유발하는 관사와 유사한 기능을 갖는다 할 수 있는 것이다.

한편, 속담 내에서 무관사 명사구는 또 다른 무관사 명사구와 병립하여 이항구조를 이루는 경우가 많으며, 이때 동반되는 형용사와 과거분사는 대체로 다음과 같은 의미관계로 표현되고 있다.[21)]

(24) 반복
a. *Bon* capitaine, *bon* soldat. (*훌륭한* 장교에 *훌륭한* 병사)
b. Aux *grands* maux, *grands* remèdes. (*큰* 병에는 *독한* 약)

(25) 대립(antithèse)
a. *Bon* avocat, *mauvais* voisin. (*좋은* 변호사는 *나쁜* 이웃)
b. *Petite* pluie abat *grand* vent. (*작은* 비(가랑비)가 *큰* 바람을 잠재운다)

21 이러한 의미관계들 대부분은 형용사나 과거분사가 동반된 무동사문에 있어 이항 쌍 간의 의미관계 유형과도 일치한다.

(26) 인과관계

a. Chien *hargneux* a toujours l'oreille *déchirée*. (사나운 개는 항상 귀가 찢어져있다)

b. Péril *passé*, promesses *oubliées*. (위험이 지나가면 약속은 잊혀진다)

(27) 기타

a. Chose *promise*, chose *due*. (약속한 것은 지켜야하는 것)

b. Parois *blanches*, parois *fendues*. (하얀 내벽은 금 간 벽)

예를 들어, 형용사나 과거분사가 병립적 관계를 갖는 경우, 대부분 (24)의 *bon*과 *grand*처럼 반복적으로 사용되거나 (25)의 *bon/mauvais*, *petit/grand* 쌍처럼 대립관계를 갖는다. 또한, (26)의 *hargneux/déchiré*, *passé/oublié*처럼 인과관계를 나타내기도 하고, 많지는 않지만 (27a)의 *promis/dû*처럼 환유관계를, (27b)의 *blanc/fendu*처럼 연상에 의한 유추관계를 갖는 경우도 종종 눈에 띈다.

이러한 모든 의미관계는 이항구조의 운율적 특징과 더불어 근본적으로 무관사 속담의 심미적 문채를 두드러지게 하고 있으며, 유희적, 풍자적 기능도 활성화하고 있다. 또한, 반복작용은 관련 어휘에 초점을 맞추어 전달하고자 하는 교훈적 가치를 반복적으로 강조함으로써 속담의 설득효과를 높여준다 할 수 있다.[22)]

22 Prak-Derrington(2015)은 반복작용이 수사학 문채 중 가장 강력한 문채에 해당하며 화자의 의도에 따라 설득력을 높여주는 강한 도구로 사용된다고 설명한다.

2.2.3. 무선행사 qui 구문

무선행사(sans antécédent) qui 구문은 Anscombre(1994: 96)가 지목한 대표적 3대 프랑스어 속담구조 중 하나이다.[23] 고어적 흔적이 가장 뚜렷하게 남아있는 구조로 통사구조가 다소 불안정하여 파격구문(anacoluthe)의 일종으로 분류되기도 한다.

그(loc.cit.)는 무선행사 qui의 용법이 선행사가 생략된 채 'si on'의 의미를 가지고 17세기까지 일상어에서 사용되다[24] 그 후 사라진 고어어법에 속한 구조로서, 현대어에는 속담류 표현과 관용어에만 남아있다는 사실을 밝히고 있다. Grevisse(1980: 602)는 고어용법에서 qui의 선행사는 함축되어 있고 단수 남성 주어나 중성 주어로 사용되며, 관계절은 주절로만 사용되고 있음을 지적하고 있기도 하다. 이러한 언어학적 기능을 지닌 무선행사 qui 구문의 구조유형적 특징을 살펴보기로 한다.

(28) a. *Qui* vivra verra. (살다보면 알게 될 것이다)
b. *Qui* aime bien châtie bien. (귀한 자식 매로 키워라)
c. *Qui* veut voyager loin ménage sa monture. (멀리 여행하려는 자는 자기 말을 아낀다)

(29) a. *Qui* terre a guerre a. (땅을 가진 자는 싸우기 마련이다)
b. Rira bien *qui* rira le dernier. (나중에 웃는 자가 웃는다)

23 전체 속담에 대한 분포율은 6% 정도에 지나지 않으나, 그가 프랑스어 대표적 속담의 하나로 지목한 이유는 이 유형의 구문이 프랑스어 특유의 독특한 구조를 가지고 있다고 판단한 데 있는 것 같다.

24 예를 들어, *Qui* seroit contraint d'y vivre, on trouveroit moyen d'y avoir du repos(Malherbe)란 17세기 식 표현은 현대어로 옮기면 *Si on* était contraint d'y vivre, on trouverait le moyen d'y avoir du repos 정도로 해석될 것이다.

c. Tout vient à point *qui* sait attendre. (기다리는 자에게 모든 것은 제 때에 온다)

우선 발견할 수 있는 것은 (28)의 예들처럼 많은 무선행사 qui 구문이 'qui 동사구 + 동사구'의 구조로 구성되어 현대어의 일반어순에 부합한다는 사실이다.

그에 반하여, (29)의 속담들은 고어어법이 존속한 예들로서 (29a)는 직접 목적어가 동사 앞에 위치하고 (29b)는 주어 관계절이 동사 뒤로 후치된 경우이다. 또한 (29c)는 통사구조 상 qui 앞에 있어야 할 전치사 à 가 부재한 경우이다. 무선행사 qui 구문에서 적잖게 발견되는 이러한 구조 유형들은 모두 정형적 일상어법에 어긋나기 때문에 파격구문에 해당하며, 무선행사 qui 구문의 통사적 특징으로 간주되고 있다.

특히, 이 고어구조 유형들 가운데 (29a), 다음 (30)의 예들과 같은 '직접 목적어 + 동사' 형식의 어순도치 유형이 가장 빈번한 편이다.

(30) a. *Qui* plaisir fait plaisir requiert. (기쁨을 주는 자는 기쁨을 요구한다)

b. *Qui* tout convoite tout perd. (모든 것을 탐하는 자는 모든 것을 잃는다)

Conenna(2000: 35–36)는 13세기의 일반적 통사규칙에 속한 이 어순도치 유형이 운율적 구전성과 기억 용이성의 이유 때문에 존속하고 있다고 설명하고 있다. 다시 말해서, 이 구조유형은 고어어법에 속하지만 율동적 리듬감에 의해 속담을 기억하기 쉽고 말로 전승하기 용이하게 하는 구조적 특징을 가지고 있다는 것이다.

한편, Sandfeld(1977: 97), Anscombre(1994: 96), Gómez–Jordana (2003: 84)는 고어에서 무선행사 qui 구문의 qui가 'si on'의 가정적 의미로 환언되어 사용되었지만, 현대어에서는 완전히 'celui qui'로 해석되고 있다고 주장함으로써 qui의 일반성과 총칭성을 강조하고 있다.

> 이른 바 관용어와 속담과 별개로, 우리는 qui가 발화체에 격언과 일반적 진리의 특성을 부여한다고 기억한다. (...) 또는 말한 것에 대한 일반성을 강조하고자 할 때 qui를 사용한다.[25] (Sandfeld, op.cit.: 86)

따라서, 우리는 이 qui를 총칭적 주어(sujet générique)로 간주할 수 있으며, 무선행사 qui 구문이 속담의 총칭성을 강화하는데 기여한다는 사실을 확인할 수 있다.

이 구문은 총칭성 강화 기능 외에도 다양한 문체적 특징을 파생함을 알 수 있는데, 대부분 이항구조로 구성되어 있으며 근본적으로 운율적 율동감을 갖추고 있기 때문이다. 구체적으로 다음 (31)의 예들처럼 이항구조 내에서 각운, 모음운, 자음운, 유음중첩(paronomase) 등 다양한 운율방식이 적용되어 속담의 생동감과 심미적 가치를 높여주고 있는 것이다.

(31) a. Qui a bon vois**in** bon mat**in**. (각운)
b. Qui tôt l'acc**o**rde d**o**nne deux fois. (모음운)
c. Qui bâ**t**e la bê**t**e la mon**t**e. (자음운)
d. Qui se **ressemble** s'**assemble**. (유음중첩)

25 여기에서 일반적 진리와 일반성은 총칭성의 필요조건에 해당한다.

그리고 다음 예들처럼 이항 쌍 내의 핵심어휘들이 다양한 의미관계를 가짐으로써 속담의 다양한 의미·문체적 효과를 제공하고 있음도 확인할 수 있다.

(32) 반복

a. Qui à *âne* tient à *âne* vient. (*당나귀*를 좋아하는 자는 *당나귀*가 된다)

b. Qui ne risque *rien* n'a *rien*. (모험을 피하는 자는 아무 것도 못 얻는다)

(33) 대립

a. Qui peut *le plus* peut *le moins*. (*가장 큰* 일을 한자는 *가장 작은* 일도 할 수 있다)

b. Qui diables *achète*, diables doit *vendre*. (악마를 *사는* 자는 악마를 *팔아야*한다/ 자기 잘못은 자기가 책임져야 한다)

(34) 인과관계

a. Qui parle *sème*, qui écoute *récolte*. (말하는 자는 씨를 *뿌리고* 듣는 자는 *수확한다*)

b. Qui mal *cherche* mal *trouve*. (악을 *찾는* 자는 악을 *얻는다*)

(35) 역설(paradoxe)

a. Qui *partout sème ne récolte nulle part*. (*사방에 씨 뿌리는* 자는 *아무 데서도 못 거둔다*)

b. Qui trop *se hâte reste en chemin*. (너무 *서두르는* 자는 *중도에서 그만 둔다*)

이러한 의미관계들은 전술한 바와 같이, 전달하고자 하는 교훈적 내용을 강조하고 속담의 설득효과와 논증력을 높여줄 뿐 아니라, 경우에 따라 풍자적 가치를 부각시켜주기도 한다. 다시 말해서, 대부분의 의미관계가 화용적으로 교훈기능을 파생하지만, 역설과 같은 의미관계는 모순된 현실을 빗대어 풍자하는 의도도 두드러지게 작용된다 할 수 있기 때문이다. 예를 들어, (35a)는 고정관념에 따르면 '사방에 씨를 뿌림'이 '풍요로운 수확'의 결과를 가져와야 함에도 불구하고, '수확 실패'로 귀결되는 인생사를 풍자적으로 묘사하고 있는 것이다.

2.3. 정리

우리는 본 절에서 속담의 본질적 특성 중 하나인 간결성을 담보하는 생략형 속담의 다양한 구조유형을 분석하고 각 유형과 관련한 의미·문체적 특징들을 고찰하였다. 이를 요약 정리하면 다음과 같다.

첫째, 정형문의 생략구조는 주어 생략, 동사 생략, 주어+동사 생략의 경우로 대별할 수 있으며, 이 구조들은 일반적으로 표현 간결화에 의한 기억작용의 촉진, 총칭적 의미구성의 활성화와 논증기능 강화, 생동감, 심미감 등의 문체적 표현가치 파생 등의 언어학적 효과를 가져다준다.

둘째, 생략형 속담은 정형문의 일반적 생략어법 외에도 속담의 전형적 생략구조인 무관사 구문, 무선행사 qui 구문으로 구성된다.

셋째, 정형문의 생략어법이 적용된 속담구조 유형들은 이 어법으로부터 파생되는 의미·문체적 효과들을 공유한다. 그 중에서도 무동사 속담은 가장 축약력이 강한 속담으로서 대부분 이항구조로 이항쌍 간의 다양하고 밀접한 의미관계, 율동적 운율방식을 구성할 뿐 아니라 총칭성을 대표적 특징으로 가지고 있다.

넷째, 무관사 구문에 있어 무관사는 총칭성에 대한 고어적 표현형식으로 총칭성의 유인과 활성화에 결정적으로 기여하고 있을 뿐 아니라, 무관사 명사구의 대부분을 차지하는 주어 명사구 역시 규범적 성격과 더불어 동질적 총칭성 표현기능을 내포하고 있어 높은 수준의 총칭성을 표출하며, 그로 인하여 논증기능을 강화한다. 또한, 무관사 명사구에 동반되는 대표적 수식어인 형용사들은 이항구조 내에서 다양한 의미관계를 가지고 문체적 효과를 증대시킨다.

다섯째, 무선행사 qui 구문은 전형적 고어어법에 속하는데, 실사기능을 가진 qui는 총칭적 주어 역할을 함으로써 전체 구문의 총칭적 해석을 자연스럽게 유도하며, 통사구조가 불안정한 파격구문에 해당하는 경우도 적지 않다. 또한, 이 구문 역시 대부분 이항구조로 되어 있으며, 다양한 운율방식과 의미구성에 의해 기억의 용이성을 높여주고 율동적 리듬감과 함께 문체적 심미감을 활성화하는데 기여한다.

궁극적으로, 생략형 속담은 근본적으로 기억의 용이성 촉진, 총칭성 강화, 문체적 심미감 활성화 뿐 아니라 교훈기능, 풍자기능, 논증기능 등 담화 내 화용기능 수행에 가장 적합한 구조라는 사실을 확인할 수 있었다.

3. 무동사 속담

3.1. 무동사 속담의 범주적 위상과 의미특성

이제 우리는 생략형 속담의 대표적 유형 가운데 하나로서 가장 강한 축약력을 갖는 무동사 속담의 의미·화용 작용을 살펴보기로 한다. 이를 위하여 먼저 무동사문으로서 무동사 속담이 갖는 범주적 위상을 정립하고, 무동사 속담의 본질적 의미특성과 일치하는 무동사문의 내재적 속성들인 총칭성과 권위적 논증력을 추출하고자 한다.[26)]

프랑스어 통사구조의 한 유형으로서 무동사문은 일반적으로 '동사가 사용되지 않고 무동사 술어(prédicat averbal)와 주어가 단언, 감탄, 질문, 명령의 양태(modalités)에 의해 결합한 문장'으로 정의되고 있다.[27)] 이 구조에서, 주어는 다음 (36)처럼 명시적일 수 있고 (37)처럼 암시적일 수 있으며, (38)처럼 부재할 수 있는 반면, 술어는 (39)-(42)처럼 각각 명사적, 형용사적, 부사적, 전치사적일 수 있다.

(36) 명시적 주어

a. Toujours en retard, cet élève.

b. Argent changé, argent mangé. (바꾼 돈은 손해본 돈)

(37) 암시적 주어

a. Passionnant !

b. Loin des yeux, loin du cœur. (안 보면 마음도 멀어진다)

---

26 분석대상 속담은 각주 1)의 3,215개 속담들 중 741개의 무동사 속담이다.

27 cf. Lefeuvre(1999), 28–29; Idem(2001), 47.

(38) 주어 부재

a. Rien de plus vrai.[28)]

b. Rien de nouveau sous le soleil. (태양 아래 새로운 것은 아무 것도 없다)

(39) 명사적 술어

a. Une belle ville, Toulouse.

b. Tête de femme, tête de diable. (여자의 머리는 악마의 머리)

(40) 형용사적 술어

a. Magnifique, ce paysage.

b. Bon à tout, propre à rien. (모두에게 좋은 것은 쓸모없는 것)

(41) 부사적 술어

a. Ici, un silence !

b. Loin de ses biens, près de sa ruine. (재산에 무관심하면 파산이 가깝다)

(42) 전치사적 술어

a. À quel propos cela ?

b. Après la pluie, le beau temps. (비온 뒤에는 날이 갠다)

위의 예문들 중 각 a는 일상어 표현이고 b는 속담표현에 해당하는데, 이 예들을 통하여, 우리는 Grevisse(1980: 215–216)의 다음 분류처럼 무동사 속담이 무동사문의 대표적 한 유형임을 알 수 있다.

> 동사생략 구문은 다음과 같다: ① 몇몇 속담, 격언, 금언, 광고문 ② 몇몇 의문문이나 감탄문 ③ 동사표현이 불필요한 몇몇 절

28 이 문장은 주어 없이 'il y a'가 탈락된 존재적 술어(prédicat existentiel)만 표현된 경우이다. 존재적 술어에는 수량을 나타내는 양화적 술어(prédicat quantificateur)도 포함된다.

그러나, 무동사 속담이 무동사문의 대표적 유형임에도 불구하고 두 표현의 언어학적 행태는 다소 다른데, 이는 근본적으로 속담의 통사 · 의미적 고정성에서 비롯된다 할 수 있다. 그 한 예로, 다음 (43), (44)처럼 무동사문의 주어와 술어의 위치변화는 비교적 자유로운 편이나 (45), (46)의 무동사 속담에서는 불가능한 점을 들 수 있다.

(43) a. Ravissante, cette jeune fille !
     b. Cette jeune fille, ravissante !
(44) a. À quoi bon parler du passé ?
     b. Parler du passé, à quoi bon ?
(45) a. Tel père, tel fils.
     b. *Tel fils, tel père.
(46) a. Loin des yeux, loin du cœur.
     b. *Loin du cœur, loin des yeux.

이처럼, 일반 무동사문의 어순은 강조의 정도에 따라 '주어 + 술어'와 '술어 + 주어'의 배열이 선택적으로 가능한 반면, 무동사 속담의 어순은 전치사구 출현 속담의 경우를 제외하고 대부분 '주어 + 술어'로 고정되어 있음을 위의 예들을 통하여 비교할 수 있다.

또한, 무동사문은 위의 (36a), (39a), (40a), (41a), (42a)처럼 이항구조로 형성되기도 하고 (37a), (38a)처럼 일항구조로 형성되기도 하지만, (36)-(42)의 각 b와 같은 대부분의 무동사 속담은 이항구조만을 허용하고 있음을 구조적 차이점으로 확인할 수 있다.

그러나, 이러한 약간의 차이점을 차치하고 많은 언어학자들은[29)]

29 cf, Benveniste(1966), Grevisse(1980), Lefeuvre(1999), Gómez-Jordana(2003;

무동사 속담을 무동사문의 대표적 유형으로 간주하고 있다.

무동사문과 무동사 속담 간의 밀접한 언어학적 관계를 바탕으로, 우리는 본 궤도로 회귀하여 먼저 프랑스어 무동사 속담의 본질적 의미특성과 일치하는 무동사문의 내재적 속성들을 추출하고자 한다.

우리의 분석결과에 따르면 전체 대상 속담 중 23%(741개) 정도가 무동사 속담이었다. 그러나, 무동사 속담은 차지하는 분포율이 높지 않음에도 불구하고, Grevisse(ibid.: 214)의 지적대로, 무동사문 특유의 축약구조에 의해 자연스러움(spontanéité)과 생동감(vivacité), 역동성(énergie)으로 사고를 표현해줄 뿐 아니라, 속담 고유의 언어학적 특성들도 예외없이 표상하고 있다. 특히 전자의 가치들은 속담의 문체적 심미감을 강화하는 효과를 배가한다 할 수 있다.

무동사문을 명사문(phrase nominale)으로 규정한 Benveniste(1966)는,[30] 동사가 부재한 명사문은 시간을 초월하여 모든 언중에게 공인되는 일반적 진리를 내포함으로써, 논증에 부합하는 권위적 논거로 이용되며 속담류 표현방식으로 적합하다고 설명하고 있다.

> 명사문은 항상 일반적 단언, 더 나아가 속담류 성격의 단언에 사용된다. (...) 명사문은 '일반적 진리'를 발화함으로써 설득하는 것을 목표로 삼는다. 명사문은 담화와 대화를 전제하며, 사실적 정보를 전달하는 것이 아니라 권위적 논거로 작용하는 초시적, 항구적 관계를 설정한다. (Ibid.: 162)

2012), Delorme(2016), etc.

30 Le Goffic(1993: 509–510)도, 동사부재 문장에서 주제화 대상인 주어는 항상 명사구이기 때문에 이를 명사문으로 명명하고 있다. 그러나, Gómez–Jordana는 초반(2003: 76–77)에 명사문을 무동사문과 동일시하다가 2012년도(p.101–103)에는 관점을 바꾸어 무동사문 중에서 출현빈도가 가장 높은 하위 유형으로 분류하면서, 무동사문의 용어를 포괄적 개념으로 선택하고 있다. 또한, Delorme(2016)도 무동사문의 용어만 사용하고 있다. 우리는 Gómez–Jordana와 Delorme의 용어사용 방식에 따라 명사문보다 포괄적 개념인 무동사문의 명칭을 사용하기로 한다.

> 명사문은 절대적 단언에 해당하기 때문에 논거(argument), 증거(preuve), 준거(référence)의 가치를 가진다. 사람들은 정보를 제공하기 위해서가 아니라 영향을 끼치고 설득하기 위해 담화 속에 명사문을 인용한다. 그러므로, 명사문이 격언과 속담과 같은 발화에 적합한 것인데, 이전에 지녔던 보다 많은 유연성을 잃고 이제는 그러한 것들에만 국한되는 경향이 생겼다. (Ibid.: 165)

이러한 Grevisse와 Benveniste의 설명에 따르면, 우리는 무동사문의 내재적 속성들을 대략 다음과 같이 정리할 수 있다. 물론, 이 특성들은 속담의 일반적 의미특성에도 속하지만 무동사 속담에서 특히 부각된다 할 수 있는 것들이다.

- 축약구조로부터 기인한 문체적 생동감과 심미감
- 초시적, 일반적 진리에 기초한 의미적 총칭성
- 권위적 논증력

우리는 이상의 특성들 중에서 총칭성과 권위적 논증력에 초점을 맞추고, 명사구 구성요소인 무관사 및 형용사가 약정적 언어표지로 작용하여 이러한 특성들을 활성화하고 강화함으로써 무동사 속담이 전형적 속담 유형의 하나로 자리매김하도록 하고 있다는 사실을 밝히고자 한다.

3.2. 무관사의 약정적 의미기능

앞에서 고찰한대로 무동사 속담의 명사구에는 무관사가 광범위하게 이용되어 속담의 본질적 의미특성인 총칭성과 논증력을 강화하며 활성화하고 있다. 다시 말해서, 무관사 고유의 총칭적 용법은 고어에서 현대어에 이르기까지 속담에 영향을 미쳐 무동사 속담의 형태적 고정성과 함께 높은 수준의 총칭성을 구축해줄 뿐 아니라, 그 결과 속담의 권위적 논증력을 높여주고 논증기능을 확보하는데 기여한다 할 수 있는 것이다.

Kleiber(1994; 1999a)의 주장 이래로, 속담 연구가들은 속담을 의미 특성 상 총칭문의 하나로 간주하는 경향이다. 앞장에서 살펴 본대로 그는 기호학적 차원에서 속담을 '고유의 지칭기능에 의해 총칭상황을 지칭하는 일종의 총칭문'으로 정의하고 있다.

(47) a. Les castors construisent des barrages. (비버는 둑을 쌓는다)
b. Les castors construisent des barrages, mais pas ce castor. (비버는 둑을 쌓지만 이 비버는 안 그런다)

(48) a. Pierre qui roule n'amasse pas mousse. (여행을 좋아하면 재산을 못 모은다)
b. Pierre qui roule n'amasse pas mousse. Et pourtant ce voyageur a amasséune immense fortune. (여행을 좋아하면 재산을 못 모으는데 그 여행자는 막대한 재산을 모았다)

(47a)의 문장은 핵심어 *castor*(비버)가 처한 특수한 상황과 무관하게 비버의 전형적 속성인 '둑을 쌓는 습관'을 표상하는 총칭문이라 할 수 있는데, 총칭성은 언중의 통념이나 고정관념을 바탕으로 구축된다. 따라서, 총칭문은 (47b)와 같은 예외가 가능하더라도 준규범적이고 진리 근사치(vérité par défaut)의 위상을 지닌 준보편문(phrase quasi-universelle)의 성격을 띠고 있다.

Kleiber와 Anscombre(1994; 2000)는 속담도 언중의 지혜를 바탕으

로 구축된 전제적 진리의 성격을 지니기 때문에 (48b)와 같은 예외가 존재하더라도 총칭성을 상실하지 않는 총칭문에 속한다고 주장한다. 이처럼, 준보편적 진리에 기초한 총칭성은 속담의 본질적 의미특성 가운데 하나라 할 수 있는 것이다.

그런데, 자율적 언어단위인 속담의 총칭성은 속담문의 내적 구조와 요소들에 의해 보장 및 강화되기도 한다. 특히, 다음 예들처럼 무동사 속담에 있어 무관사의 사용이 그 총칭성을 강화한다 할 수 있다.[31)]

(49) *Main* chaude, *amour* froid. (따뜻한 손에 차가운 *사랑*)

(50) À vieux *corps*, point de *remède*. (몸이 늙으면 *치료약*도 없다)

Milner(1978: 26–27)의 견해에 따르면, 관사는 명사의 잠재적 지시작용(référence virtuelle)을 실제적 지시작용(référence actuelle)으로 현동화하는 현동소(actualisateur)의 기능을 수행하는데, 무관사 출현, 즉 관사 부재의 결과로 명사는 현동화하지 못하고 잠재적 지시작용에 머물러 결과적으로 잠재적 총체(ensemble virtuel) 만을 지시하게 된다. 이러한 견해는 결과적으로 무관사의 총칭적 용법을 강조하고 있음을 알 수 있다.

그러나 현대 프랑스에서, 총칭적 용법의 한정사로 정관사가 대표적으로 사용되는 반면 무관사는 속담류를 포함한 일부 고정표현(expressions figées)을 제외하고 거의 사용되지 않는 이유는 총칭적 용법의 무관사 사용이 고어적 산물이기 때문이다. 이에 대해 Boutin(2007: 165)은 다음과 같이 설명하고 있다.

---

31 우리의 분석에 따르면, 전체 무동사 속담 중에서 무관사가 출현하는 속담의 분포비율은 58%(433개) 정도였다.

전통적 설명에 따르면, 현대 표준 프랑스어에서 한정사는 필수적이며, 명사 앞에 한정사가 없는 몇몇 고정표현들이 특수하게 존재한다 하더라도 그것들은 총칭적 가치의 무한정사(déterminant zéro)가 쓰였던 고어 상태의 유물에 지나지 않는다.

즉, 총칭적 가치를 지닌 무한정사는 고어 상태의 유물에 지나지 않아 몇몇 고정표현들에만 사용되고 있다는 것이다.

고대 프랑스어 관사체계에서, 무관사는 보통명사가 일반적인 가치를 지녀 특수화가 불필요할 때 자주 사용된 반면, 정관사는 잘 쓰이지 않았을 뿐더러 특수하게 한정하고자 할 때만 사용되었다.[32)]

(51) *Li rois* ama tant *verité*. (*Le roi* aima tant *la vérité*)

(52) *Coroz* de rei n'est pas gieus de petit enfant. (*Courroux* de roi n'est pas jeu d'enfant)[33)]

예를 들어, (51)의 문장에서 특칭명사 *roi*에는 고어나 현대어 모두에서 정관사 *li*나 *le*가 사용되고 있으나, 총칭명사 *vérité*의 경우 현대어에서는 정관사 *la*에 의해 한정되는 반면 고어에서는 관사부재의 무관사가 사용되고 있다. 격언문인 (52)는 총칭적 추상명사 *coroz* 앞에 무관사가 출현한 경우로서 이 고어적 용법이 그대로 존속하여 *courroux* 앞에 관사가 없음을 알 수 있다.

그러나, 고대 프랑스어에서 발견되는 무관사 고유의 총칭적 용법은 점차 정관사로 전이되었고, 17세기에 이르러 총칭적 용법은 속담류 및 고정표현을 제외한 거의 대부분의 일상어 표현에서 정관사의 전유물이 되었다.

---

32 cf. Anglade(1965), 146; Brunot et Bruneau(1969), 161; Moignet(1979), 106–107.

33 Anglade(op.cit.: 147)에서 재인용.

그 결과, 문장 유형에 따라 무관사와 정관사가 총칭성을 분담하게 되어 두 관사 간의 상호 교체는 잘 이루어지지 않는다. 특히, 무동사 속담의 경우는 더 심하다 할 수 있다.

(53) a. Longue langue, courte main. (말 잘 하는 사람은 믿기 어렵다)
b. **La* longue langue, *la* courte main.

(54) a. À paroles lourdes, oreilles sourdes. (부담스러운 말은 들으려하지 않는다)
b. ??*Aux* paroles lourdes, *les* oreilles sourdes.

이러한 현상은 무관사 한정 무동사 속담의 상대적으로 높은 고정도를 보여주고 있는데, 그 구조적 불변성은 결과적으로 무동사 속담의 형태적 고정성을 보장해주고 있다 할 수 있다.

이처럼, 무관사 한정 무동사 속담은 높은 수준의 총칭성을 약정적으로 견인함으로써 무동사 속담의 권위적 가치를 높여주고 그 논증 기능을 활성화하는데 기여한다고 할 수 있다.

3.3. 평가형용사의 약정적 논증작용

다음으로 우리는 무동사 속담에 사용된 평가형용사(adjectif évaluatif)를 중심으로, 속담 자체의 내재적 논증 지향성을 강화, 전도, 결정하는 평가형용사의 다양한 논증작용을 형용사들의 자체 기능과 상호 논증관계 분석을 통하여 살펴보고자 한다. 이처럼 무동사 속담 내에서 이뤄지는 형용사의 논증작용은 결과적으로 속담의 논증력을 배가함으로써 논증에 있어 속담의 권위적 위상을 언어 약정적으로 보장해준다 할 수 있다.

무동사 속담의 명사를 현동화하는데는 무관사를 포함한 관사들뿐 아니라 다양한 수식어들도 작용하고 있다. Bally(1965: 295–296)는, 한정사 부재, 즉 무관사 사용과 관련하여 고어 용법 이래로 무관사 실사는 수식어에 의해 한정되어야 하며 총칭적 의미로 사용된다는 두 가지 제약을 받고 있는 바, 첫 번째 제약의 영향으로 실사가 수식어에 의해 확장됨으로써 관사 부재의 생소함(l'étrangeté de l'absence d'article)이 해소된다고 설명한다.

무관사 명사구의 수식어로는 대체로 '형용사'나 '과거분사', 'de N 형식의 명사보어', '관계절'이 사용되고 있는데, 우리는 이 수식어들 중 출현 빈도가 가장 높은 형용사의 논증작용을 검토하기로 한다. 우리의 분석 결과에 따르면, 형용사의 출현 빈도는 59%(257개)에 달할 정도로 높기 때문이다.

Marquez(1998)가 분석한 바에 따르면, 프랑스어의 심리 화용 범주 형용사들은 평가형용사가 65%, 감정형용사(adjectif affectif)가 10%, 객관적 형용사(adjectif objectif)가 18%, 기타 7%의 분포율을 보이고 있는데,[34] 무동사 속담의 명사구에 출현하는 형용사의 유형들도 비슷한 분포율을 보이는 것 같다. 한편 분석 결과, 출현 빈도가 높은 형용사들은 가치평가 형용사인 bon, mauvais, beau, doux, dur, 비가치평가 형용사인 grand, petit, loin, long, court, 감정형용사인 pauvre, con-

34 Kerbrat–Orecchioni(1980: 83–100)는 언어에 내재한 주관성 표지의 하나로 형용사를 제시하고, 형용사를 주관적 형용사와 객관적 형용사로 대별하며 전자를 감정형용사, 평가형용사로 분류한 다음 평가형용사는 다시 가치평가 형용사(évaluatif axiologique)와 비가치평가 형용사(évaluatif non–axiologique)로 세분하는데, Marquez의 분포율 분석은 Kerbrat–Orecchioni의 분류에 기초하고 있다.

tent, heureux, joyeux, 객관적 형용사에 속한 blanc, noir 등의 색깔 형용사였다.

그런데, 명사구에 출현하는 평가형용사의 분포율이 높다는 사실은 무동사 속담의 논증적 성향을 잘 드러내주고 있다 할 수 있다.[35)]

논증은 근본적으로 화자의 주관적 논증의도가 개입된 화용 행위이나 Moeschler(1985: 57)가 지적한대로 논증을 활성화하는 언어표지의 도움을 받는다. 그 표지로는 가치표지(marques axiologiques), 논증연산자(opérateurs argumentatifs), 논증연결사(connecteurs argumentatifs)가 있는데[36)] 이것들 중 대표적인 가치표지로 평가형용사를 거론할 수 있다.

(55) a. Achille est *intelligent* et *sympathique*. (아쉴르는 *머리 좋고 친절하다*)
b. Je crois qu'il vous conviendra. (그는 당신에게 적합한 사람이라고 생각한다)

예를 들어, (55a)에 있어 Achille에 대한 긍정평가를 함의하는 형용사 *intelligent*과 *sympathique*는 (55a)가 (55b)의 결론으로 논증추론되는데 있어 결정적 역할을 하고 있음을 알 수 있는 것이다.

한편, Lenepveu(2007)는 Ducrot(1995b)와 Anscombre(1995c)의 '실

35 확대 해석하면, 이는 프랑스어의 논증적 성향을 잘 드러내주는 현상으로 볼 수도 있다. 실제로 프랑스인들의 논증적 토론문화는 형용사와 같은 프랑스어 품사분포에도 잘 반영되어 있는 것이다. 흥미로운 점은 한국어 형용사의 분포율이, 분류기준은 다소 다르지만 유현경(2000)에 따르면, 주관적 형용사가 13.5%, 객관적 형용사가 86.5%로 프랑스어와 정반대의 결과를 보이고 있다는 사실이다.

36 논증연산자로는 bien, presque, ne...que, peu, un peu 등이 있으며, 논증연결사는 car, parce que, même, mais, d'ailleurs 등을 예로 들 수 있다.

현적 수식어(modificateurs réalisants)'와 '반실현적 수식어(modificateurs déréalisants)'가설을[37] 차용하여, 주로 평가형용사에 속한 강세형용사(adjectif intensif)를[38] 긍정 평가형용사와 부정 평가형용사로 구분하고,[39] 전자는 실현적 수식어로서 명사에 내재한 긍정적 논증지향성이나 부정적 논증지향성을 강화하는 반면, 후자의 형용사는 명사의 내재적 논증지향성을 약화하거나 전도시키는 기능을 가지고 있다고 설명한다. 다음 예들을 살펴보자.

(56) Les pays ont enregistré une *forte amélioration* de leurs résultats économiques. (그 나라들은 경제성과의 *괄목할 성장*을 기록했다)

(57) Je vais vous accorder trois minutes, mais ce sera tout, car nous accusons déjà un *gros retard*. (3분을 더 주겠다. 그러나 그게 전부다. 우리는 이미 *엄청 늦었다*)

(58) Nous tablons toutefois sur une *faible amélioration* de la consommation pour l'année prochaine. (우리는 내년에는 소비의 *낮은 성장*을 예상한다)

(59) Même des exigences explicitement cycliques ne peuvent

---

37 이들은 수식하는 술어(명사, 동사, 형용사)의 논증 지향성을 강화하거나 방해하는 역할을 하는 형용사와 부사들을 각각 실현적 수식어와 반실현적 수식어로 규정하고 있는데, 예를 들어, très intelligent(아주 영리한)에 있어 très(아주)가 실현적 수식어라면 peu intelligent(별로 안 영리한)에서 peu(별로 안)는 반실현적 수식어라 할 수 있다.

38 Lenepveu(2007: 45, 57)는 grand/petit, bon/mauvais 류의 형용사들은 명사의 속성을 표상하여 강세적 가치를 가지며 많은 경우 전치 형용사에 속한다고 설명한다.

39 긍정 평가형용사에는 높은 등급의 형용사(bon, grand, large, gros, long 등)와 호의형용사(adjectifs mélioratifs et laudatifs) 등이, 부정 평가형용사에는 낮은 등급의 형용사(mauvais, petit, étroit, court 등)와 경멸형용사(adjectifs dépréciatifs) 등이 포함된다 할 수 있다.

fournir au mieux qu'une *faible amélioration*. (가시적인 반복적 제약들조차도 기껏해야 낮은 성장만을 제공할 수 있다)

(56)에서 형용사 *fort*는 실현적 수식어로서 명사 *amélioration*의 긍정적 논증지향성을 강화하고 있으며,[40] (57)에서는 형용사 *gros*가 *retard*의 부정적 지향성을 강화하고 있음을 알 수 있다. 반면, (58)의 형용사 *faible*는 반실현적 수식어로서 *amélioration*의 긍정적 논증지향성을 약화하기도 하고 (59)에서처럼 동일한 명사구 내에서 명사의 긍정적 논증지향성을 전도시켜 부정적 결론으로 유도할 수 있음도[41] 주목할 수 있다.

한편, 내재적 논증지향성이 중립적인 명사들의 지향성은 다음 예들처럼 단순하게 평가형용사의 영향을 받아 긍정적 논증지향성과 부정적 논증지향성으로 결정됨을 볼 수 있다.

(60) Pour obtenir une réponse importante, il faut poser une *question importante* et la formuler avec finesse. (진중한 응답을 얻기 위해서는 *진중한 질문*을 정교하게 해야 한다)

(61) Je l'ai déjà dit précédemment, il devait s'agir d'une *question stupide*. Aucun ministre n'y donc répondra. (이미 이전에 말했던 것처럼, 그것은 *어리석은 질문*임에 틀림없다. 어떤 장관도 응답하지 않을 것이다)

---

40 그 결과로 이 발화체의 논증가치는 Il vaut mieux donc investir progressivement dans ces pays(그러므로 그 나라들에는 투자를 늘려가는 것이 좋다)와 같은 강화된 긍정적 결론으로 구성될 수 있다.

41 예를 들어, 이 발화체의 논증가치는, *amélioration*의 긍정적 지향성에도 불구하고 *faible*의 전도적 기능에 의해, 부정적 결론인 On ne peux pas en espérer le succès(성공을 기대할 수 없다)로 구성 가능하다.

예를 들어, 위의 두 발화체에서 명사 *question*의 내재적 논증 지향성은 중립적이지만 (60)의 경우는 긍정 평가형용사 *important*의 영향을 받아 '응답'을 함축하는 긍정적 논증지향성을 갖게 되나, 반대로 (61)의 경우는 부정 평가형용사 *stupide*의 영향을 받아 '무응답'을 함축하는 부정적 논증지향성을 갖게 되는 것이다.

이상과 같은 평가형용사의 약정적 논증작용을 정리하면 다음과 같다

(i) 긍정 평가형용사는 실현적 수식어로서 명사에 내재한 논증지향성을 강화한다.
(ii) 부정 평가형용사는 반실현적 수식어로서 명사에 내재한 논증지향성을 약화하거나 전도시킨다.
(iii) 내재적 논증 지향성이 중립적인 명사는 평가형용사의 긍정성과 부정성의 영향을 받아 각각 긍정적 논증지향성과 부정적 논증지향성을 가지게 된다.

다시 속담으로 돌아와, 평가형용사가 명사의 논증 지향성에 미치는 영향과 작용을 살펴보기로 한다. 다음 속담들 중 각 번호의 a는 일반속담이고 b는 무동사 속담인데, 이항구조로 되어있는 무동사 속담은 대부분 형용사가 쌍을 이루고 있다.

(62) a. *Bonne* amitié est une seconde parenté. (좋은 우정은 제2의 친족관계이다)
b. À *bon* salut, bon accueil. (인사를 *잘 하면* 대접받는다)
(63) a. *Grand* abandon fait les gens larrons. (*지나친* 포기는 사람을 악인으로 만든다)
b. À *beau* mensonge, longue mémoire. (거짓말을 *잘 하려면* 기억이 좋아야한다)

(64) a. Une *méchante* paix est pire que la guerre. (*악의적* 평화는 전쟁보다 나쁘다)

b. À pain *dur*, dent aiguë. (*딱딱한* 빵에는 날카로운 이빨)

(65) a. *Bon* fermier fait la bonne terre. (*좋은* 농부는 땅을 비옥하게 한다)

b. *Bon* champ semé, bon blé récolté. (*잘 뿌려놓은* 밭에 밀 수확이 풍성하다)

(66) a. *Mauvais* ouvrier ne trouve jamais bon outil. (*서툰* 일꾼이 연장 탓한다)

b. De *fou* juge, brève sentence. (*경솔한* 재판관으로부터 졸속한 판결이 나온다)

그런데 조사 결과, 우리는 일반문에서 평가형용사의 논증작용에 의한 논증지향성의 실제적 구현, 즉 논증가치는 각주 40, 41의 예와 설명에서 볼 수 있듯이 발화체들 간의 관계에 의해 이루어지지만, 속담은 많은 경우 속담 발화체 내에 논증관계 형식으로 구조화되어 있다는 사실을 발견할 수 있다. 예를 들어, (62a)의 속담 내적 구조로부터 논거인 On a une bonne amitié와 결론인 On est de la même famille 간의 논증관계를 추론할 수 있는데, 이 관계는 *amitié*와 *parenté*로 어휘화하여 *bonne amitié* → *parenté* 식으로 속담 발화체 내에 구조화되어 있는 것이다.

구체적으로, (62)는 긍정 평가형용사가 명사의 긍정적 논증지향성을 강화하는 예이며, (63) 역시 긍정 평가형용사가 부정적 논증지향성을 강화하는 예들인 반면, (64)는 부정 평가형용사가 명사의 내재적 논증지향성을 전도시키는 예들이다. 한편 명사의 논증 지향성이 (65)는 긍정 평가형용사의 영향을 받아 결정되고 (66)은 부정 평가형용사의 영향을 받아 결정되는 예들이라 할 수 있다.

위의 몇몇 속담들에 대해, 속담 발화체 내에 내재화한 논증관계와 논증지향성 결정을 도식화하면 다음과 같다.[42]

(62) a'.

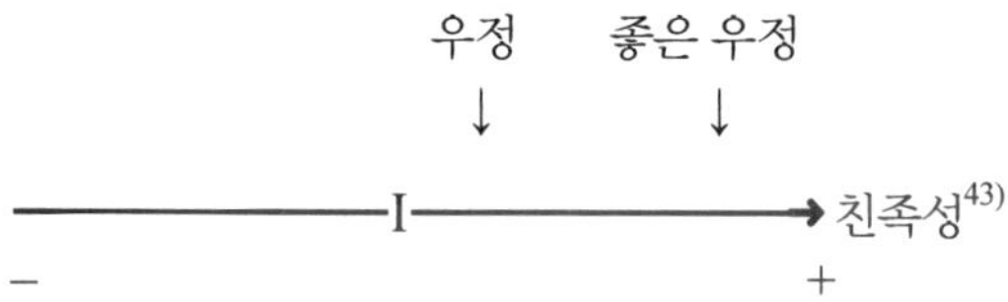

(63) a'.

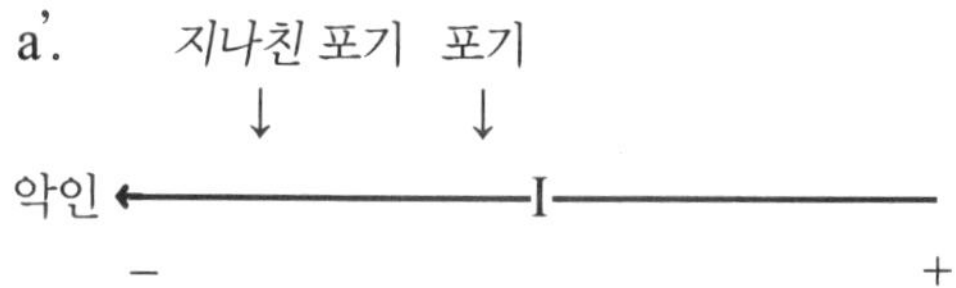

(64) b'.

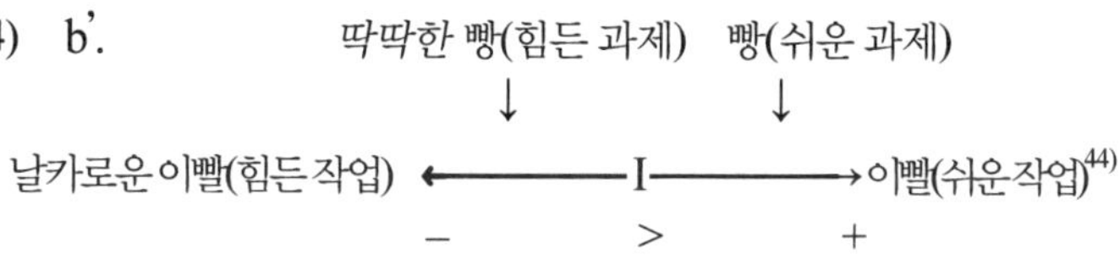

(65) b'.

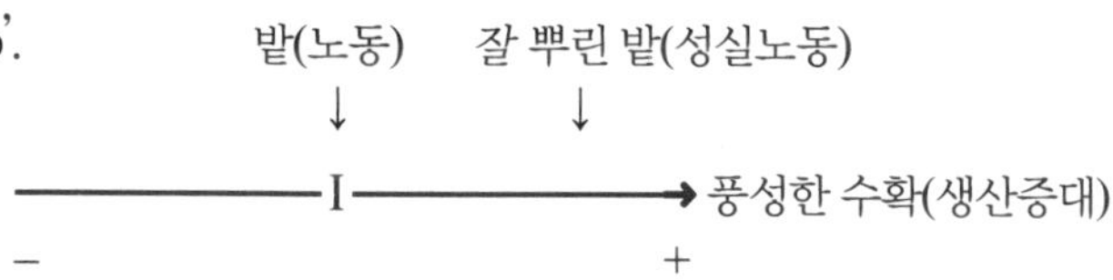

42 굵은 화살표(➔)는 결정적으로 실현된 발화체의 논증지향성이며, 가는 화살표(→)는 실현되지 못한 내재적 논증지향성을 뜻한다. 기호 >는 논증력(force argumentative)의 강도 차이를 나타낸다.

43 이 도식에 근거하여, (62a) 속담의 전체 의미구조는 총칭성을 표상하는 ∀x (x est 'bonne amitié' → x est 'parenté') 식의 함축관계로 표현할 수 있다.

44 괄호 속은 은유적 의미이다.

우리의 조사 결과에 의하면, 무동사 속담에 있어 위의 (i)의 논증작용에 따라 긍정 평가형용사가 명사의 긍정적 논증지향성을 강화하는 예는 (62b)를 제외하고 찾지 못하였으며 (63b)처럼 긍정 평가형용사가 부정적 논증지향성을 강화하는 사례도 희귀했다. 또한, (64)의 예들처럼 (ii)의 논증작용에 의해 부정 평가형용사가 명사의 논증지향성을 약화하거나 전도시키는 사례도 많지 않았는데, 가장 많이 눈에 띄는 사례들은 (65), (66)의 예들처럼 (iii)의 논증작용이 반영된 것들이었다.

이처럼, 평가형용사는 수식대상 명사의 내재적 논증지향성을 긍정적으로나 부정적으로 결정하고 강화함으로써 속담 전체의 논증지향성 구성과 논증력 강화에 중요한 영향력을 행사하고 있음을 알 수 있다.

한편 무동사 속담에 있어, 평가형용사의 논증작용이 (i)-(iii)의 유형과 다른 경우들이 적지 않았는데, 그 이유는 쌍을 이루는 두 형용사의 병렬방식과 관련이 있다 할 수 있다.

(67) a. *Grande* fortune, *grande* servitude. (큰 부자는 큰 종노릇)
b. Aux *grands* maux, les *grands* remèdes. (중한 병에는 독한 약)

(68) a. *Longue* langue, *courte* main. (*긴* 혀에 *짧은* 손/ 말 잘 하는 사람은 믿기 어렵다.)
b. *Bon* pays, *mauvais* chemin. (*좋은* 고장에 *나쁜* 길)

가장 눈에 띄는 경우는 이항구조를 이루는 형용사나 명사 쌍의 대립관계로부터 비롯되는 논증관계들이다. 이 경우는 대체로 이항 간에 논증연결사 mais나 donc이 함축적으로 생략되었다 할 수 있으며, (67)처럼 명사 쌍(*fortune/servitude, mal/remède*)이 대립되고 동일 형용사가 반복 사용되는 사례들이 많았다. 또한 이와 달리, (68)처럼 형용사들(*long/court, bon/mauvais*)끼리 대립 쌍을 이루고 있는 사례들도 적지 않았다.

그 결과, (67)의 속담들에서 형용사 *grand*은 명사들의 대립으로 인해 (i)의 논증작용을 못하여 그에 대한 반작용으로 논증지향성이 전도되고 있으며, (68)에서는 형용사들의 대립으로 인해 역시 (iii)의 논증작용이 영향을 미치지 못하고 논증지향성이 전도되고 있다. 예를 들어 (67a), (68a)의 논증관계와 지향성 결정을 도식화하면 다음과 같다.

(67) a'.

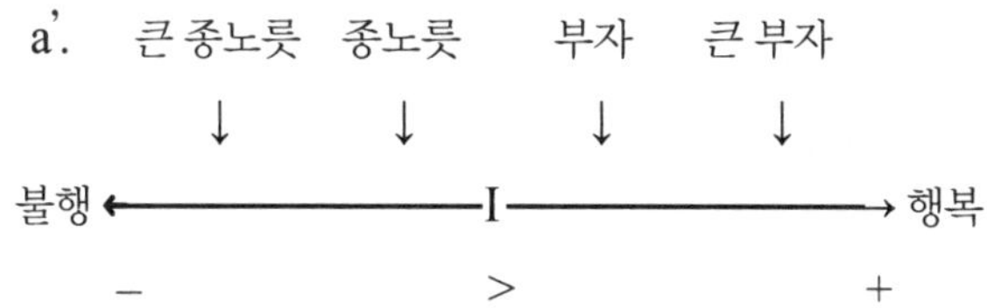

(68) a'.

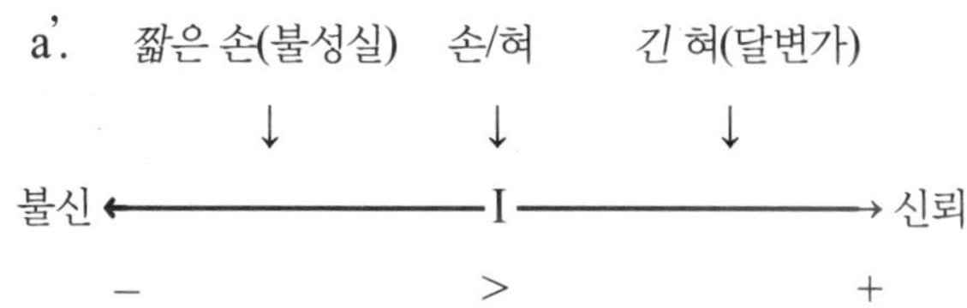

(67a')의 도식에서, 전항의 논거 '갑부(*grande fortune*)'는 '행복(*bonheur*)'을 결론으로 지향하는 긍정적 논증지향성을 가지고 있으나,[45] 이 지향성은 생략된 mais의 역논증 기능에 의해 후항 '큰 종노릇

45 이러한 대립구조에서 추론되는 논증가치는 앞의 속담들과 달리 명시적이지 않고 함축적이다.

(*grande servitude*)'이 지닌 부정적 논증지향성으로 전도되고 있는데, 이 때 후항 형용사 *grande*는 명사 *servitude*의 부정적 지향성을 강화하는 작용을 하고 있음을 알 수 있다.

또한 (68a')에서는, '긴 혀(*longue langue*)'에 대한 논증결론 '신뢰(*confiance*)'를 지향하는 전항의 긍정적 논증지향성이 '손(*main*)'에 대한 '짧은(*courte*)'의 부정적 영향에 의해 '불신(*méfiance*)'을 지향하는 부정적 논증지향성으로 전도되고 있는 것이다.[46)]

한편 특이한 점은, 형용사 대립의 경우 (68) 예들에서 볼 수 있듯이 대부분 전항의 평가형용사가 긍정 형용사였으며, 후항의 부정 형용사가 전항의 긍정적 논증지향성을 부정적 논증지향성으로 전도시키고 있다는 사실이다.[47)]

따라서, 우리는 평가형용사에 부여한 기존의 세 약정적 논증작용에 다음 두 유형을 추가하고자 한다.

(iv) 동일 평가형용사가 반복된 명사대립 병렬구조에서, 형용사는 전항 명사의 논증지향성을 후항 명사의 논증지향성으로 전도시키며 동시에 전도된 지향성을 강화한다.

(v) 대부분의 평가형용사 대립 병렬구조에서 후항의 부정 형용사는 전항의 긍정적 논증지향성을 부정적 논증지향성으로 전도시킨다.

이처럼 무동사 속담에서 동일 형용사 반복과 명사대립, 형용사 대

46 여기에서 *langue*와 *main*의 내재적 논증지향성은 논증작용 (iii)에서처럼 원래 중립적이라 할 수 있다.

47 예를 들어, 평가형용사 grand과 petit에 대한 우리의 조사 결과 두 형용사가 대립 병렬되는 무동사 속담은 11개였는데, *Petites* causes, *grands* effets(작은 원인 큰 결과), En *petit* homme, *grand* cœur(작은 사람에 큰 마음)를 제외한 9개의 속담에서 전항에 grand이 후항에 petit가 출현하고 있었다. 이 조사에는 분석대상 자료체의 관련 사례 부족으로, 속담 사이트 http://www.dico-proverbes.com/에 실린 grand/petit 관련 241개의 속담을 별도로 참고하였다.

립 방식의 병렬구조가 빈번하게 사용되고 있으며, 이로 인한 부정적 논증지향성 귀결과 기존 가치관의 전도현상은[48] 경고나 교훈의 함축효과에 의해 언중의 시선끌기와 긴장감을 유도함으로써 교훈기능과 풍자기능을 부각시키고 결과적으로 속담의 권위적 논증력을 강화한다 할 수 있다.

결과적으로, 무동사 속담에 사용되는 형용사, 특히 평가형용사들은 약정적으로 속담의 내적 논증지향성을 강화하거나 전도시키고, 결정짓는 작용을 함으로써 속담의 논증력을 강화하는 의미효과를 파생시키며 속담의 권위적 위상을 보장해주고 있다 할 수 있는 것이다.

3.4. 정리

총칭성과 권위적 논증력은 무동사문의 내재적 속성임과 동시에 속담의 대표적 의미특성에 해당하기 때문에, Benveniste가 지적한대로 무동사문이 속담을 담는 최적의 통사적 틀에 해당한다는 견해에 대해서는 이론의 여지가 없다.

본 절에서 우리는 무동사 속담의 두 의미특성인 총칭성과 권위적 논증력을 언어 약정적으로 견인하고 활성화하는 표지로서 무관사와 평가형용사가 갖는 의미·화용 기능과 작용을 고찰하였다.

첫째, 이를 위해 우리는 먼저 무동사문으로서 무동사 속담이 지닌 범주적 위상을 정립하고, 무동사 속담의 본질적 의미특성과 일치하

48 예를 들어 (67a)의 경우, '돈이 많으면 행복할 수 있다'가 '돈이 많으면 돈의 노예가 되어 행복할 수 없다'란 가치관으로 전도되어 있으며, (68a)도 '말 잘 하는 자는 신뢰할 만하다'는 가치관이 '말 잘 하는 자는 잘 실행하지 않아 믿을 수 없다'로 전도되고 있는 것이다.

는 무동사문의 내재적 속성인 총칭성과 권위적 논증력을 추출하여 정리하였다.

둘째, 무동사 속담을 이루는 명사구 구조에는 무관사가 광범위하게 이용되어 속담의미 구성에 있어 총칭성과 논증력을 약정적으로 강화하며 활성화하고 있다. 이를 규명하기 위해 우리는 고어로부터 비롯된 무관사 고유의 총칭적 용법이 속담에 적용되어 무동사 속담을 배태하고 형태적 고정성과 함께 높은 수준의 총칭성을 구축하게 된 이유와 과정을 살펴보았고, 그 결과 무동사 속담의 권위적 논증력이 강화되고 논증기능도 확보되어있음을 강조하였다.

셋째, 무동사 속담의 무관사 명사 수식어들 중 가장 높은 빈도를 갖는 평가형용사를 중심으로, 속담 자체의 내재적 논증지향성을 강화, 전도, 결정하는 평가형용사의 약정적 논증작용을 형용사들의 자체 기능과 상호 논증관계 분석을 통하여 살펴보았다. 이처럼 무동사 속담 내에서 이뤄지는 형용사의 논증작용은 결과적으로 속담의 논증력을 배가함으로써 논증에 있어 속담의 권위적 위상을 구조적으로 보장해준다 할 수 있다. 또한, 분석과정을 통하여 무동사 속담에 사용되는 평가형용사의 논증작용은 일반 평가형용사의 경우보다 더 복잡하고 다양하다는 사실도 확인할 수 있었다.

4. 대칭적 이항속담

4.1. 대칭적 이항속담의 정의와 통사구조 분류

이항성(binarité)은 다음 예들처럼 어느 언어권의 속담이든지 전형적 특성가운데 하나로 간주되고 있다.

(69) Qui terre a, guerre a. (땅은 싸움의 근원)
(70) Best to bend while it is a twig. (잔가지일 때 굽히는 것이 좋다)
(71) 되로 주고 말로 받는다.

프랑스어 생략형 속담들 역시 상당수가 이항구조로 되어 있으며, 어휘적 대칭관계에 의해 운율성을 갖추고 음향의 조화와 시적 쾌미감을 부여한다.

이항구조는, Mejri(2001: 10)와 Nguyen(2008: 62) 등에 따르면, 완전문이든 생략문이든 속담 내 이항요소 간의 관계를 바탕으로 형성된 구조로서 다음과 같은 경우들을 포함한다.

(72) Longue langue, courte main. (Adj. N, Adj. N)
(73) À Pâque ou à la Trinité. (Prép. N ou Prép. N)
(74) Quand le fer est chaud, il le faut battre. (Conj. P, P)
(75) Chose bien commencée est à demi achevée. (N Adj. être (N) Adj.)
(76) L'exception confirme la règle. (Art. N Vt. Art. N)

위의 경우들을 통해 볼 수 있듯이, 속담의 이항구조는 (72)–(74)처럼 쉼표(또는 휴지), 접속사 등에 의해 분리되는 요소들 간의 등가적 병렬관계(juxtaposition équivalente)로 구성될 수도 있고, (75), (76)처럼 단일 문장 내에서 요소들 간의 상호 의존관계에 의해 구성될 수도 있는데, 우리는 전자의 경우처럼 요소들 간에 등가적 관계를 갖는 이항 속담만을 고려 대상으로 삼고자 한다. 왜냐하면, 생략형 속담의 이항구조들 중 대부분이 등가적 관계에 기초한 대칭적 이항구조를 갖기 때문이다.

다음으로 이항속담의 대칭성(symétrie)에 대해 살펴보자. Lorian(1988: 500–501)은 수사학에서 균형과 조화의 개념은 symétrie(AB / BA)와 parallélisme(AB / AB)의 구조로 구현된다고 설명함으로써 대칭을 교차대칭(chiasme)과 동일시하고 있으나,[49] Bacry(1992: 123–124)는 교차대칭은 거울대칭(symétrie en miroir)에 해당한다고 설명하면서 symétrie를 parallélisme과 동일시하고 있다.[50] 이들의 견해를 종합하면, 교차대칭도 대칭의 한 양상이라 할 수 있으므로 우리는 대칭성을 chiasme과 parallélisme을 포괄하는 개념으로 규정하고자 한다.

이러한 대칭개념 정립에 따라 다음 속담들의 대칭구조 구성 여부를 살펴보기로 하자.

(77) Chose défendue, chose désirée. (못하게 하면 더 하고 싶어진다)
a b ‖ a b’

(78) La tête au ciel, les pieds sur la terre. (이상은 높게 삶은 현실적으로)
a b c ‖ a’ b’ c’

49 왜냐하면 Lorian은 교차대칭 관계인 AB / BA의 구조를 symétrie로 칭하기 때문이다.

50 Mazaleyrat et Molinié(1989: 346)도 symétrie를 parallélisme과 동일시하고 있다.

(79) L'amour fait passer le temps, le temps fait passer l'amour. (사랑 따라 세월 가고 세월 따라 사랑 간다)

a b c ‖ c b a

(80) Belle tête, peu de sens, belle bourse, peu d'argent. (빛 좋은 개살구)

a b ‖ a' b' ‖ a c ‖ a' c'

(81) Après la pluie, le beau temps. (고생 끝에 낙이 온다)

a b ‖ c b'

(82) Qui aime bien, châtie bien. (귀한 자식 매로 키워라)

a b c ‖ b' c

단적으로 말해서 (77)-(80)의 속담들은 대칭구조를 이루고 있다 할 수 있으나, (81), (82)는 대칭구조를 구성하고 있지 못하다. 다시 말해서, 전자의 속담들에서는 전항과 후항의 어휘들이 대칭관계를 이루고 병렬되어 있으나 후자의 속담들에서는 각 항의 어휘들 간에 대칭관계를 찾아볼 수 없다.

(81)은 기본적으로 전치사구와 명사구가 등가적으로 결합되어 있어 문법기능이 다른 전치사 *après*와 형용사 *beau*가 대칭관계를 이룰 수 없는 경우이다. 또한 (82)는 후항에 없는 관계대명사 *qui*가 전항에는 있어 비대칭관계를 나타내는 속담이라 할 수 있는 것이다. 한편, (79)의 속담은 교차대칭이 적용된 대칭구조를 이루고 있으며, (80)은 두 개의 대칭적 이항구조가 병렬되어있는 4항 속담이라 할 수 있다.

따라서, 우리는 대칭적 이항속담을 다음 (83)의 세 부류의 구조를 갖는 속담으로 규정하고자 하며 향후 우리의 분석작업도 이러한 구조의 속담들을 대상으로 삼을 것이다.

(83) a. <a... b... ‖ a'... b'...>

b. <a... b... ‖ a... b'...> 또는 <a... b... ‖ a'... b...>

c. <a... b... ‖ b... a...>

우리는 이상과 같은 정의에 따라 대칭적 이항속담들의 통사구조, 즉 통사적 결합구조를 유형별로 다음과 같이 분류할 수 있다.

(84) 절 ‖ 절

a. Le jour a des yeux, la nuit a des oreilles. (낮에는 눈이 있고 밤에는 귀가 있다)

b. Tant vaut l'homme, tant vaut la terre. (사람이 가치 있는 만큼 땅도 가치 있다/ 땅은 사람이 공을 들인 만큼 값이 나간다)

(85) 명사구 ‖ 명사구

a. Longue langue, courte main. (긴 혀에 짧은 손)

b. Larrons perdus, biens perdus. (도둑을 놓치면 재산을 잃는 것)

(86) 형용사구 ‖ 형용사구

a. Heureux au jeu, malheureux en amour. (노름에 행복하면 사랑에 불행하다)

b. Net de corps, net d'âme. (육신이 없으면 영혼도 없다)

(87) 부사구 ‖ 부사구

a. Aujourd'hui à moi, demain à toi. (오늘은 내 것 내일은 네 것)

b. Aussitôt dit, aussitôt fait. (말하자마자 그렇게 행하기)

(88) 양화구 ‖ 양화구[51)]

a. Jamais deux sans trois. (두 번 있던 일은 세 번 있게 마련이다)

b. Autant de têtes, autant d'avis. (머리 수 만큼 의견도 각양각색)

---

51 양화구는 syntagme quantificateur로서 수량적 어휘들로 구성된 구를 뜻한다.

(89) 분사구 ‖ 분사구

a. Danger passé, saint moqué. (위험이 지나가자 성인을 조롱한다)

b. Morte la bête, mort le venin. (죽은 자에게는 위험이 없다)

(90) 전치사구 ‖ 전치사구

a. De grand train, sur l'estrain. (호사스런 삶의 끝은 거지 신세)

b. Selon l'oiseau le nid, selon la femme le logis. (새집은 새 나름 집은 여자 나름)

이 유형들에서 볼 수 있듯이 대칭적 이항속담은 두 절이 병렬하는 경우를 제외하고 대부분 동사생략에 의한 축약형 불완전문인 무동사 속담이라 할 수 있다. 이러한 축약형이 선호되는 이유는 Sguenfle(2010: 155)가 지적하고 있듯이 축약에 의해 적은 수의 어휘로 속담 이미지를 환기시킬 수 있을 뿐 아니라 기억을 용이하게 할 수 있기 때문이다.

> 결국, 속담 발화체는 실제로 축약형과 운율구조로 인하여 용이한 기억을 가능하게 한다. 사실 속담이 짧을수록 이미지를 더 환기시키고 기억 속에 깊이 정착될 수 있도록 하기 때문이다.

또한 Fournet(2005a: 92)에 따르면, 속담의 생략법은 병립한 두 사실 간의 분리요소를 제거함으로써 상호 대조를 용이하게 할 뿐 아니라 발화체의 이항구조와 운율성을 부각시키고 표현의 생동감을 불러일으킨다.

> 생략은 두 사실을 분리시키는 요소들을 제거함으로써 두 사실의 병립을 용이하게 하고, 그로 인하여 발화체의 이항구조와 운율을 더 부각시킨다. 게다가 이러한 문채는 짧아져서 훨씬 생동감 있는 표현을 유도하고 빠른 운율을 가능하게 한다.

위의 (84)–(90)의 속담들 중 각각의 첫째 속담은 두 항의 어휘들이 대칭적으로 상호 대조를 이루는 <a... b... ‖ a'... b'...> 형식의 완전 대칭구조를 이루는 반면, 둘째 속담은 두 항의 일부 어휘가 반복된 <a... b... ‖ a... b'...>나 <a... b... ‖ a'... b...>형식의 불완전 대칭구조를 갖고 있는 이항속담들이다.[52)]

한편, 통사구조 유형별 분포 빈도로는 명사구 대칭속담이 가장 많이 눈에 띄며 전치사구 대칭속담은 거의 찾아보기 힘들뿐 아니라 완전 대칭구조를 이루는 경우는 (90a) 하나 밖에 발견할 수 없었다. 또한 절 대칭속담들 중 (84b)와 같은 불완전 대칭구조를 갖는 속담도 희귀했다.

4.2. 대칭 어휘쌍의 대조적 의미관계와 동일어 반복관계

대칭적 이항속담은, 위에서 살펴본 바대로, (83a)처럼 두 항이 대칭적으로 상호 대조를 이루는 완전 대칭구조를 가질 수도 있고 (83b), (83c)처럼 두 항의 일부 어휘 또는 전체 어휘가 반복되는 불완전 대칭구조를 가질 수도 있다. 즉, 완전 대칭구조는 어휘쌍들이 모두 대조적 대칭관계를 가지게 되나, 불완전 대칭관계의 어휘쌍들은 대조적 대칭관계와 동일어 반복 방식이 혼합되거나 동일어 교차반복만으로 구성된다 할 수 있다.

따라서 대칭구조에 따라 전항의 모든 어휘가 후항에서 대조적인 다른 어휘들로 교체되기도 하고, 전항 어휘들의 일부가 교체될 뿐 동일 어휘가 후항에서 반복 사용되거나 전체 어휘가 반복될 수도 있다.

52 첫째 속담들은 (84)–(90)의 각 a에 해당하며, 둘째 속담들은 각 b에 해당한다.

(91) *Noël* au *balcon*, *Pâques* au *tison*. (발코니에서 *성탄절* *깜부기불*에 *부활절*/ 성탄절에 따뜻하면 부활절에 춥다)

(92) Autres *temps*, autres *mœurs*. (*시대*가 다르면 *풍속*도 다르다)

예를 들어, 완전 대칭구조인 (91)에서는 전항의 *Noël*이 *Pâques*로, *balcon*이 *tison*으로 후항에서 모두 대조적으로 교체되어 있으나, 불완전 대칭구조인 (92)에서는 *temps*이 *mœurs*로 교체되었을 뿐 *autres*는 두 항에서 반복 사용되고 있는 것이다.

4.2.1. 대조적 의미관계

완전 대칭구조와 불완전 대칭구조 어느 경우에나, 어휘 교체에 의해 어휘쌍이 대조관계를 이룰 때, 관련 어휘쌍은 대체로 동일한 어휘장에 속한 것들이거나 다양한 유추관계에 의해 의미적 공통분모를 갖게 된 어휘들로 이루어진다 할 수 있다. 그 내적 의미관계의 유형을 살펴보면 다음과 같다.

(93) 대립관계

a. Les *paroles s'en vont*, les *écrits restent*. (*말*은 *사라져도* *글*은 *남는다*)

b. Les *pauvres* ont la santé, les *riches* les remèdes. (*가난한 자*들에겐 건강이 있고 *부자*들에겐 약이 있다)

c. Bon *maître*, bon *serviteur*. (좋은 *주인*에 좋은 *하인*)

(94) 은유관계

a. Trois *frères*, trois *châteaux*. (삼 *형제*면 *성채* 셋과 같다)

b. *Maison* sans *flamme*, *corps* sans *âme*. (*열정* 없는 *가정*은 *영혼* 없는 *육체*)

c. *Amitié* de *gendre*, *soleil* d'*hiver*. (*사위 정*은 *겨울 햇살*이다)

(95) 환유관계

a. Tel *juge*, tel *jugement*. (그 *판사*에 그 *판결*)

b. Passé la *fête*, adieu le *saint*. (*축일*이 지나면 *성인*도 잊는다)

c. *Ville* gagnée, *château* perdu. (*도시*가 함락되면 *성*은 잃은 것이다)

(96) 점층적 관계

a. Secret de *trois*, secret de *tous*. (*세* 사람의 비밀은 *모두*의 비밀)

b. Parler est *bien*, se taire est *mieux*. (말은 *은*이요 침묵은 *금*이다)

c. Donner un *œuf* pour avoir un *bœuf*. (*달걀* 주고 *황소* 얻기)

(97) 인과관계

a. Vieux *péché*, nouvelle *honte*. (오랜 *죄*에 새로운 *수치심*)

b. Tel *arbre*, tel *fruit*. (그 *나무*에 그 *열매*)

c. Pas de *course*, pas de *prix*. (*경주*하지 않으면 *상*도 없다)

(98) 문화적 관계

a. Bon *chantre*, bon *ivrogne*. (노래 잘 하는 *성가대원*은 대단한 *술꾼*)

b. Loin de *cité*, loin de *santé*. (*도시*에서 멀어지면 *건강*도 멀어진다)

c. Pas d'*argent*, pas de *Suisses*. (*돈*이 없으면 *스위스 용병*도 없다)

(99) 단순 연상관계[53)]

a. *Larrons* perdus, *biens* perdus. (*도둑*을 놓치면 *재산*을 잃게 된다)

b. Plus de *morts*, moins d'*ennemis*. (*죽은 자*가 많을수록 *적*은

---

53 여기에서 연상관계란, Lerot(1993: 173–174)에 의하면, 우리 기억 속에 존재하는 낱말들 간의 잠재적 관계라 할 수 있는데, 연상작용을 유도하는 유인어(terme inducteur)가 우리 기억 속에 저장되어 있는 피유인어(terme induit)를 유추해내는 관계이다. 예를 들어, 유인어 '나비'는 피유인어 '꽃', '날다', '여름', '애벌레' 등을 연상하게 한다 할 수 있다.

적어진다)

c. Heureux au *jeu*, malheureux en *amour*. (노름에 행복하면 사랑에 불행하다)

위의 각 유형별로 대칭어휘들 간의 관계적 특성을 분석하여 보기로 한다. 이들 중 가장 빈번하게 발견되는 관계 유형은 대립관계라 할 수 있는데, Lyons(1978: 218–227)가 분류한 세 부류의 대립관계가 모두 반영되어 있음을 알 수 있다.[54)]

먼저, (93a)의 예에서 *parole*과 *écrit*, *s'en aller*와 *rester*는 모두 상보적 대립관계를 가지고 병렬되어 있으며, (93b)에서는 *pauvre*와 *riche*가 단계적 대립관계를 가지고 있고, (93c)의 *maître*와 *serviteur*는 전환적 대립관계를 가지고 있는 것이다.[55)] 그러나, 우리의 분석 결과에 따르면 대칭적 이항속담의 어휘쌍에 있어 전환적 대립관계는 찾아보기 힘들었다.[56)]

물론 이 모든 경우에서 대립관계를 갖는 어휘쌍들은 각각 동일한 어휘장에 속한다 할 수 있다. 즉, *parole*과 *écrit*는 '의사소통'이란 어휘장에, *pauvre*와 *riche*는 '재산'이라는 어휘장에, *maître*와 *serviteur*는 '사회계층'이라는 어휘장에 속한다 할 수 있는 것이다.

---

54 그는 대립관계를, 상보적이면서도 상호 배척하는 상보적 대립(complémentarité)(예를 들어, célibataire/marié, mâle/femelle 등), 대립의 양극 간에 중간 단계가 있는 단계적 대립(antonymie)(예를 들어, aimer/détester, heureux/malheureux 등), R(x, y) ≡ R'(y, x)와 같은 상호 전환관계를 갖는 전환적 대립(converse)(예를 들어, mari/femme, vendre/acheter 등)으로 분류하고 있다.

55 왜냐하면, *pauvre*와 *riche*는 중간 단계인 *ni pauvre ni riche*의 상태가 존재하기 때문이며, *maître*와 *serviteur*는 '(X est maître de Y) ≡ (Y est serviteur de X)'의 상호 전환관계를 갖기 때문이다.

56 그러나 비대칭적 이항속담에서 전환적 대립 쌍은 적지 않게 눈에 띈다. 예를 들어, À *père* avare, *fils* prodigue, À trop *acheter*, il n'y a qu'à *revendre* 등과 같은 속담들의 어휘쌍은 전환적 대립관계를 갖는 것들이다.

다음으로, (94)의 대칭 어휘쌍들은 은유관계를 갖는 경우이다. (94a)의 *frère*는 과거에 '재산'의 원형으로 간주되던 *château*를 은유추론하며, (94b)에서 *maison*과 *flamme*는 각각 *corps*와 *âme*와 은유적 유사성에 의해 개념적 대응관계를 이루고 있다. 또한, (94c)에서 *amitié*와 *gendre* 역시 각각 *soleil*와 *hiver*에 의해 개념적으로 은유사상되고 있음을 볼 수 있다.

(95a)의 속담에 있어 *juge*와 *jugement*은 '행위자'와 '행위' 간의 환유관계를 갖는 어휘쌍이며, (95b)에 있어 *saint*은 *fête*의 속성 중 하나로서 두 어휘 역시 환유관계를 갖는다 할 수 있다. 또한, (95c)의 *château*도 *ville*와 상호 포함관계에 의해 환유관계를 갖는다.

한편, 대칭 어휘쌍이 점층적 관계를 갖는 경우도 다수 발견되는데, (96a)의 *trois*와 *tous*는 상위어(hyperonyme)인 '수량'의 하위어(hyponyme)에 속한 자매어들로서 이 관계에 해당하며, (96b)의 자매어 *bien*과 *mieux*의 관계도 마찬가지이다. 또한, (96c)에 있어 *œuf*와 *bœuf*도 의미상 점층적 관계를 갖는다 할 수 있다.[57)]

대칭 어휘쌍이 인과관계를 갖는 경우들도 발견된다. 예를 들어, (97a)의 *péché*와 *honte*, (97b)의 *arbre*와 *fruit*, (97c)의 *course*와 *prix*의 관계가 이에 해당한다.

(98)의 속담들은 대칭 어휘쌍이 문화적 관계에 의해 의미적 공통분모를 갖게 됨을 보여준다. 즉, (98a)의 속담은 16세기부터 사용되어 온 속담으로 그 당시에 교회 소속 성가대원들이 목청관리를 위해 포도주를 즐겨 마셨다는 데서 그 근원을 찾아볼 수 있는 바,[58)] *chantre*와

57 대칭 어휘쌍이 점강적 관계를 갖는 이항속담은 *Tout* par amour, *rien* par force(모든 일은 힘보다 사랑으로 하라) 외에는 발견할 수 없었다.

58 http://jean.morenon.fr

*ivrogne*는 문화 · 어원적 유추관계를 갖는다 할 수 있다.

(98b)의 속담은 현대 도시문화가 발달하면서 건강 유지에 도시생활이 더 유리하다는 문화적 통념을 반영한 속담으로, *cité*와 *santé*의 관계는 이로부터 비롯된 문화적 관계를 보여주는 어휘쌍이라 할 수 있다. (98c)는 과거의 용병제도를 배경으로 생성된 속담으로 주로 스위스인인 용병들을 고용하려면 돈이 많이 든다는 축자적 의미를 나타낸다.[59)]

마지막으로, (99)의 속담들에 있어 대칭 어휘쌍인 *larron*과 *bien, mort*와 *ennemi, jeu*와 *amour*는 각각 의미적 공통분모도 없고 내포적 의미상으로도 아무런 연관이 없어 보인다. 하지만, (99a)의 속담은 '도둑은 돈(재산)을 노린다'는 일상적 통념에 근거하여 형성되어 있기 때문에 '도둑'과 '돈'은 연상관계를 갖는다 할 수 있다.

또한, (99b)는 '죽은 자는 더 이상 적이 아니다'라는 통념에 근거하기 때문에 *mort*와 *ennemi*가 연상관계를 가지며, (99c)는 '노름에 빠지면 여자를 멀리 하게 되어 사랑에 실패한다'라는 관점에 근거하여 *jeu*와 *amour*가 역시 상황적 연상관계를 갖는다 할 수 있다.[60)]

우리는 지금까지 대칭적 이항속담의 어휘쌍이 갖는 대조적 의미관계의 여러 유형을 분류하고 그 의미적 특성을 일별하였다. 속담구성에 있어 이러한 다양한 대칭관계들은 의미적으로 대립되거나 인접한 어휘들의 이원적 대조를 통하여 일상 경험과 지혜를 범주화함으로써 속담의 총칭성과 준보편성을 부각시키는 효과를 가져다준다 할 수 있다.

59 실제 은유적 속담의미는 '돈 없으면 적막강산' 정도의 뜻이다.

60 사실, 은유, 환유 등에는 문화적 요소와 연상작용의 개입이 필연적이므로 경우에 따라 은유관계, 환유관계와 문화적 관계, 단순 연상관계가 중복 실현될 수도 있다.

더 나아가 이 관계들은 이항속담의 심미적, 유희적 기능을 활성화하는 문체적 효과를 부여한다 할 수 있다. 따라서, 이항속담의 어휘쌍 중 하나를 생략하면 대조관계를 통한 총칭성의 가치가 상실되어 속담의 위상은 사라지게 될 것이다.

4.2.2. 불완전 대칭구조의 동일어 반복관계

대칭적 이항속담의 불완전 대칭구조는 대조적 어휘쌍과 동일어 반복 어휘쌍이 혼합되거나, 교차대칭을 이루는 동일어 반복 어휘쌍 만으로 구성됨을 알 수 있었다. 그런데, 반복 어휘쌍은 반복의 위치와 관련하여 다음과 같은 네 반복관계를 갖는 것으로 판단된다.[61]

(100) 어두반복: <a.... ‖ a....>

a. *Parois* blanches, *parois* fendues. (하얀 *벽*은 금간 *벽*)

b. *Plus* il gèle, *plus* il étreint. (추울수록 *더* 껴안는다)

(101) 어말반복: <....a ‖ ....a>

a. Pas de *nouvelles*, bonnes *nouvelles*. (무*소식*이 희*소식*)

b. Amour vainc *tout*, argent fait *tout*. (사랑은 *모든 것*을 이기고 돈은 *모든 것*을 할 수 있다)

(102) 어중반복: <...a... ‖ ...a...>

a. Œil *pour* œil, dent *pour* dent. (눈*에는* 눈, 이*에는* 이)

b. Bien dire *fait* rire, bien faire *fait* taire. (말 잘하는 것은 *웃게*

61 Bacry(1992: 164–170)는 반복위치에 따른 반복관계를 단순반복, 어두반복(anaphore), 어말반복(épiphore), 연속반복(anadiplose), 양극반복(épanadiplose), 연쇄반복(concaténation)으로 구분하고 있으나, 대칭적 이항속담에는 이들 중 주로 어두반복, 어말반복만 이용되고 있다.

하나 잘 행동하는 것은 침묵*하게* 한다)

(103) 교차반복: <...a...b... ‖ ...b...a...>

a. *Bouche* en *cœur* au sage, *cœur* en *bouche* au fou. (현자는 *마음*에 *입*이 있고 바보는 *입*에 *마음*이 있다)

b. L'*amour* fait passer le *temps*, le *temps* fait passer l'*amour*. (*사랑* 따라 *세월* 가고 *세월* 따라 *사랑* 간다)

우리의 분석에 의하면, 이 관계들 중 어두반복의 출현 빈도가 압도적으로 높고, 다른 반복 유형들은 위에 제시한 경우들을 제외하고는 그 예를 발견할 수 없을 정도로 빈도가 아주 낮은 편이다.

반복의 문체적 효과는, Fontanier(1977: 329)의 견해에 따르면, 담화를 장식하기도 하고 감정을 훨씬 힘차고 강하게 표현해주는 것이라 할 수 있는데,[62] 동일어 반복이 속담 발화체에 가져다주는 문체적 효과도 이와 유사하다 할 수 있다.

4.3. 이항속담 전체의 의미구조

이제 우리는 지금까지 분석한 대칭 어휘쌍의 내적 관계들에 의해 형성되는 전체 의미구조의 유형을 구분하고 그 의미적 특성을 밝히고자 한다.

(104) 조건구조

a. Passé la fête, adieu le saint. (축일이 지나면 성인도 잊는다)

62 "반복은 담화를 단순히 장식하거나 감정을 보다 더 강하고 역동적으로 표현할 목적으로 동일한 요소들이나 동일한 요소를 여러 번 사용하는 것이다."

b. Bonjour lunettes, adieu fillettes. (안경 쓸 때가 되면 사랑은 끝나게 된다)

c. Péril passé, promesses oubliées. (위험이 지나가면 약속은 잊혀진다)

(105) 인과구조

a. Plus on a de poules, plus on a d'œufs. (암탉이 많을수록 계란도 많다)

b. Jeunesse oiseuse, vieillesse disetteuse. (젊어서 게으르면 늙어서 가난하다)

c. Tel arbre, tel fruit. (그 나무에 그 열매)

(106) 비유구조

a. Table sans sel, bouche sans salive. (소금 없는 식탁은 침 없는 입이다)

b. Trop gratter cuit, trop parler nuit. (너무 긁으면 화끈거리고 너무 말이 많으면 해롭다)

c. On prend le peuple par les oreilles, comme on prend un pot par les anses. (남비를 손잡이로 잡듯이 민중은 귀로 조종한다)

(107) 등위구조

a. Chez toi priser, au marché vendre. (집에서 평가하고 시장에서 팔아라)

b. Nul lait noir, nul blanc corbeau. (검은 우유도 없고 흰 까마귀도 없다)

c. Le prix s'oublie, la qualité reste. (가격은 잊혀지지만 품질은 남는다)

(108) 역설구조

a. Pas de nouvelles, bonnes nouvelles. (무소식이 희소식)

b. Loin des yeux, près du cœur. (눈에서 멀어져도 마음은 가까워진다)

c. Miel sur la bouche, fiel sur le cœur. (입에는 꿀, 가슴에는 쓸개)

Kleiber(2000a)와 Mejri(2001; 2008)는 속담의 일반적 의미구조를 'A → B'(즉 Si A, B) 방식의 이항적 추론구조(structure implicative)로 설명한다. 예를 들어, 속담 *De noble plante, noble fruit*(질 좋은 나무에서 질 좋은 과일이 나온다)의 의미구조를 '질 좋은 나무'와 '질 좋은 과일'의 추론관계로 설명하고 있다.[63)]

이러한 주장은 우리가 분류한 조건구조와 인과구조를 포괄하는 관점이라 할 수 있으나, 두 구조는 엄밀히 말해서 다른 성격의 의미구조이다. 왜냐하면, 조건구조에서 조건과 결과의 관계는 담화상황에 따른 임의적 관계인 반면 인과구조의 원인과 결과 간의 관계는 다소 필연적 관계라 할 수 있기 때문이다.

예를 들어, (104a)의 속담은 '원하는 바를 이루면(A) 조력자는 잊어버린다(B)'는 은유적 의미를 가지는데 일상적 경험에 비추어 A와 B의 관계가 필연적이지 않고 임의적인 반면, (105a) 속담의 은유적 의미인 '자본이 많을수록(A) 이윤도 많다(B)'에서 A와 B의 관계는 경험논리에 비추어 일반적으로 당연시되는 관계라 할 수 있는 것이다.

설사 Mejri 식으로 속담의 의미구조를 조건구조와 인과구조를 포괄하는 추론구조로 인정한다 하더라도 속담의 모든 의미구조가 추론구조로만 구성되는 것은 아니다. 우리가 분석한 바에 따르면, 적지

63 다시 말해서, 이 추론관계는 '나무의 질이 좋다 → 과일의 질이 좋다'는 식이다.

않은 속담들의 의미구조가 비유구조로 구성되어 있음을 볼 수 있기 때문이다.

비유구조는 이항 간의 은유관계나 직유관계에 근거하여 성립된 구조라 할 수 있다. 비유 구조는 비유항과 피비유항으로 구성되는데, (106a)의 구조는 피비유항 '소금 없는 식탁'과 비유항 '침 없는 입'간의 은유관계를 보여주고 (106b)의 구조는 반대로 비유항 '너무 긁으면 화끈거린다'와 피비유항 '너무 말이 많으면 해롭다'간의 은유관계를 보여주고 있다. 여기에서 비유항은 부차의미, 피비유항은 중심의미의 성격을 띠고 있으나 피비유항이 비유항의 도움을 받지 못하면 속담은 서술적 차원에 머물러 속담 본연의 생동적 어감을 나타낼 수 없다. (106c)의 비유구조는 이항 간의 직유관계를 보여주고 있는데 여기에서도 역시 비유항 '남비는 손잡이로 잡는다'가 피비유항 '민중은 귀로 조종한다'를 직유적으로 장식함으로써 속담 의미의 논증기능을 강화해주고 있다.

다음으로 (107)의 속담들은 앞의 다른 경우들과 달리 이항 간의 관계가 인접성에 근거하지 않고 독립적이어서 속담 전체 의미는 두 항의 일대일 의미의 합이라 할 수 있는 것들이다. 다시 말해서, 전체 의미구조 상 이 속담들은 두 항 사이에 각각 접속사 et, ni, mais가 생략되었다 할 수 있는 것이다.

마지막으로, (108)의 속담들은 병렬된 두 항이 경험논리 상 의미적 모순관계를 갖는 경우들이다. 즉, '무소식'과 '희소식'의 관계, '만나기 어려움'과 '애정의 심화'의 관계, '감언'과 '적개심'의 관계는 모순관계로서 속담의 역설구조를 성립하는 것이다. 이 역설구조는 일상적 경험지식과 배치될 수 있는 정보를 일반화함으로써 언중의 시선을 강하게 견인하는 효과를 부여한다 할 수 있다.

지금까지 대칭적 이항속담이 갖는 다양한 의미구조들은 궁극적으로 속담의 논증기능과 화용기능을 강화함으로써 교훈이나, 풍자, 설득 등의 효과를 증대시키고 수사적 생동감을 고취하는데 이용된다 할 수 있다.

4.4. 정리

우리는 본 절에서 프랑스어 대칭적 이항속담의 개념 정립과 함께 그 통사적 결합구조의 유형들을 분류하고, 대칭 어휘쌍의 어휘들이 갖는 내적 관계로서 대조적 의미관계와 동일어 반복관계의 양상들을 분석하였다.

첫째, 대조적 의미관계의 경우 대칭 어휘들 간의 다양한 내적 의미관계를 분석하였는데, 이 내적 관계들을 통하여 속담의 총칭성과 보편성이 강화되며 문체적 심미감과 유희성도 증대되는 효과가 발생한다. 또한, 동일어 반복에 의한 반복쌍의 구성 관계로는 네 관계를 분석하였고 이 관계들 역시 속담의 수사적 표현력과 논증력을 높여주는 효과를 가져다준다 할 수 있다.

둘째, 우리는 이러한 내적 관계들을 바탕으로 구축된 속담 전체의 의미구조 유형도 분석하였는데, 이 다양한 구조들은 속담의 보편적 의미 구성을 활성화함으로써 속담의 논증기능과 화용기능을 강화한다 할 수 있다.

셋째, 지금까지 우리가 분석한 작업이 대칭적 이항속담의 통사·의미적 유형과 특성을 모두 보여준다고 할 수 없으며, 향후 보다 광범위한 자료체를 대상으로 세밀한 분석이 뒷받침되어야 할 것이다. 또한, 분석 결과를 (81), (82)와 같은 비대칭적 이항속담에 확대 적용 가능한지를 살펴보고, 더 나아가서 본 연구와 연계하여 축약형 불완전문의 구조적 특성과 내적 요소들 간의 통사·의미적 관계도 분석하는 것이 필요하다고 판단된다.

넷째, 대칭적 이항속담은 고유의 언어학적 특징에 의해 생략형 속담과 더불어 간결함, 응축성, 운율성, 생동감, 쾌미감 등을 잘 드러내주는 속담 유형이라 할 수 있다.

5. 마무리

본 장에서 우리는 간결성을 본질로 삼는 프랑스어 생략형 속담에 초점을 맞추어 구조 유형들을 분류하고 다양한 언어학적 특징을 고찰하였으며, 그 유형들 중 축약력이 가장 두드러진 생략형 속담인 무동사 속담을 대상으로 구성요소인 무관사와 평가형용사의 의미·화용 기능과 작용을 분석하였다. 또한, 많은 생략형 속담들이 대칭적 이항구조로 구성되어 있음에 비추어 대칭적 이항속담의 통사구조를 분류하여 대칭 어휘쌍이 갖는 내적 의미관계와 반복관계를 규명하였고 이항속담 전체의 의미구조 양상들도 분석하였다.

정형문 생략형 속담의 대표적 유형인 무동사 속담은 강한 축약력으로 인하여 총칭적 의미구성 활성화와 논증기능 강화 효과를 유발하며, 대부분 이항구조로 율동적 운율방식에 의해 다양한 문체적 표현가치를 파생하고 있음도 확인할 수 있었다.

무관사 구문은 특히 문두의 명사구에서 규범적 성격으로 높은 수준의 총칭성을 구축하는 작용을 하며, 고어용법인 qui 구문 역시 총칭적 해석을 자연스럽게 유도하고 이항구조를 통하여 율동적 리듬감과 문체적 심미감을 활성화하는데 기여함을 알 수 있었다.

무동사 속담의 두 의미특성인 총칭성과 권위적 논증력은 무관사나 평가형용사와 같은 언어약정 표지의 도움을 받아 강화된다 할 수 있는데, 특히 무관사 고유의 총칭적 용법이 무동사 속담의 총칭성을 높은 수준으로 활성화하며 그에 따라 논증력도 강화된다는 사실을 밝혀보았다. 평가형용사는 무동사 속담 내에서 내재적 논증지향성을 강화, 전도, 결정하는 작용을 수행함으로써 속담의 논증력을 배가하며 논증에 있어 속담의 권위적 위상을 약정적으로 보장해준다는 사실도 규명하여 보았다.

마지막으로, 프랑스어 생략형 속담의 주된 이항구조인 대칭적 이항구조의 결합구조 유형들을 분류하고, 대칭 어휘쌍의 어휘 간에 형성된 대조적 의미관계와 동일어 반복관계의 양상, 속담 전체의 의미구조 유형들을 분석하여 보았다. 궁극적으로 이러한 내적 관계와 의미구조들은 총칭성을 강화하고 문체적 심미감을 증대시킴으로써 속담의 논증기능과 화용기능을 활성화함을 알 수 있었다.

제 4장

속담과 논증

1. 도입

우리가 살펴본 대로 속담은 언중들에게 사회·문화적으로 통념화한 고정관념으로 공유되고 있기 때문에, 화자나 필자는 논증자로서 개인적 담화전략에 따라 자신의 논증을 강화하고 보장하는 수단으로 즐겨 인용하고 있다. 즉 논증자는 자신의 관점과 견해를 수사학적으로 논증하거나 장식하기 위해 담화맥락에 부합하는 최적의 속담을 의식적으로 선택하여 사용하는 경우가 많은 것이다.

이처럼, 속담은 담화 내의 인용을 통하여 담화의 논증작용에 영향을 주기 때문에 속담인용과 속담의 논증기능은 불가분의 관계에 있다. 따라서, 속담인용에 따라 작용하는 속담의 다양한 논증기능 연구를 위해서는 담화 차원의 사용양상 분석이 필수적이라 할 수 있다.

한편, 대부분의 속담 연구가들은 속담의 논증기능을 화자의 논증을 강화해주는 수단으로 간주하는데 그치고 있는데, 이는 속담이 논증을 보증해주는 담화 틀(cadre du discours)이나 대전제로 기능한다고 보기 때문이다.

예를 들어, Anscombre(1994: 101; 1995b: 72)는 속담은 논거나 결론이 될 수 없고 담화연쇄 속에서 논증을 가능하게 해주는 담화 틀로 인용된다고 설명하며, Fournet(2005b: 39–40)는 논증이란 일반 명제와 특수 명제를 연결하는 작용인데 속담이 대전제가 되는 연역기제에 의해 가능하다고 주장한다.

> 속담은 개인의 모든 행위를 창출하는 공인된 규범의 명시적 표상이다. 사실, 속담은 윤리적이든 실제적이든 교훈이나 충고를 표현하는 익명의 고정문(phrase figée)이다. (...) 일반 명제로 부터 특수 명제로 이행하

는 것은 속담 발화체가 대전제가 되는 삼단논법과 유사하면서 자연논리에 속한 연역기제를 작용함으로써 일반적으로 가능하게 된다. (Fournet, ibid.: 40)

또한, 대전제를 총칭적 전제(prémisse générique)로 규정한 Eggs (1994: 33)는 이 전제가 현실에 대해 설득력 있는 전형화한 가설로 특수 토포스(topoï spécifiques)에 해당한다고 설명하면서 특수 토포스의 유형에 속담을 포함시키고 있다. 특수 토포스에는 속담 외에도 보편적 진리, 자연법칙, 여론, 격언, 금언, 통념, 고정관념 등이 포함되어 있다.

그렇지만 속담이 담화 내에서 항상 논증강화 기능만을 수행하는 것은 아니다. 속담의 권위와 보편성이 부정되거나 반박되어 그 논증력이 약화하고 논증기능이 훼손되는 경우가 적지 않기 때문이다. 논증 연결사 mais는 속담과 결합할 때 바로 이러한 속담 기능의 상반된 두 양상을 모두 보여주고 있다.

본 장에서 필자는 일차적으로 담화 내에서 작용하는 속담의 논증기능에 초점을 맞춰 담화맥락에 따라 구현되는 다양한 논증양상을 분석하고 분류하고자 한다.

이를 위해, 우리는 우선 논증의 몇 가지 일반적 특성을 추출하여 정리하고, 논증과정과 논증요소들의 논증관계에 따라 세 유형의 논증, 즉 논리적 논증, 화용적 논증, 언어적 논증을 분류하며, 논리적 논증은 다시 연역논증인 생략삼단논법(enthymème), 귀납논증인 유비논증(argumentation par analogie) 및 단순 귀납논증으로 구분할 것이다. 우리는 이 세 유형의 논증 가운데 실제담화에 작용하는 논리적 논증과 화용적 논증만을 다루기로 하겠다.

이러한 이론적 고찰에 이어, 우리는 속담인용 담화에 작용하는 논리적 논증의 각종 양상을 생략삼단논법과 유비논증, 단순 귀납논증별로 분석하고자 한다. 그리고, 화용적 논증양상을 화행적 관점에서 분석하겠는데, 분석과정을 통하여 논리적 논증과 화용적 논증이 별개의 영역이 아니라 유기적 연계관계를 가지고 있다는 사실을 확인할 수 있을 것이다.

다음으로, 우리는 논증연결사 mais의 역논증(contre-argumentation) 작용에 의해 속담 논증기능이 강화되기도 하지만 반대로 논증기능이 훼손되거나 속담의 보편성이 상실되기도 한다는 사실을 밝혀볼 것이다.

논증에 이용되는 mais는 연결되는 발화체들 간에 역논증 대립관계를 구축해줌으로써 화자의 역논증 의지를 실현해주는 작용을 하는데 이 작용에 의해 속담의 논증기능이 이중적으로 변화하는 바 그 실현 양상을 분석하고자 한다.

또한 속담이 대전제로만 사용되지 않고 논거로도 사용될 수 있기 때문에 단언의 대상이 되기도 한다는 사실을 mais의 반박기능(fonction réfutative)을 이용하여 밝힘으로써 속담이 대전제로서 단언의 대상이 될 수 없다는 기존의 견해를 수정하고자 한다.

우리는 분석대상 자료체로서 담화 내의 논증관계가 비교적 명확하며 논증요소들 간의 거리가 가까운 논증 성향의 인터넷 글담화(discours écrit)들을 이용하였다.

2. 속담의 논증양상

2.1. 속담인용 담화의 논증 성격과 유형

속담은 언중의 지혜가 담긴 권위있는 경험적 진리로 개별 화자가 자신의 견해와 주장을 논증하기 위해 일상담화에서 사용하거나 인용하는 경우가 많다. 이처럼 속담인용 담화는 논증담화의 범주에 속하며 작용하는 논증기능은 설득과 수용을 목적으로 삼는 수사학적 논증(argumentation rhétorique)의 특징을 지니고 있다 할 수 있다.

수사학적 논증은, 아리스토텔레스 식의 전통적 관점에 따르면, 청중을 설득하는데 주로 작용하는 로고스(logos)를 중시하기 때문에 논리적 추론의 유형으로 간주되고 있다.[1] 그러나, 수사학적 논증은 논리적 추론작용을 기반으로 삼고 있다 하더라도 논리적 증명(démonstration logique)과 달리 기본적으로 다음 다섯 가지 일반적 특성을 가지고 있다.[2]

첫째, 논증은 화자가 자신의 주장과 견해를 정당화하고 상대방의 판단과 행동에 영향을 미치도록 하는 설득기법이다.

둘째, 반드시 논증의 대상이 되는 대화자가 있어야 한다. 이때 대화자는 담화맥락에 따라 개별적, 집단적, 잠재적, 보편적 성격을 가질 수 있다. 논증에 있어 대화자의 존재가 필수조건인 것처럼, 논증담화는 전제적으로 항상 대화적이어야 한다. 이러한 관점에 따라,

1 왜냐하면, 로고스는 설득에 일차적으로 동원되는 담화와 이성을 포함하기 때문이다. 한편, Amossy(2000: 4)는 설득기제에 있어 윤리적 규범인 에토스(ethos)와 감성적 영역인 파토스(pathos)의 역할도 강조하고 있다.

2 cf. Amossy(ibid.), Eggs(1994), Grize(1990), Plantin(1996), Reboul(1984).

Kerbrat–Orecchioni(1980: 24) 역시 대화자의 존재양상과 관련하여 '존재+실재'(말대화), '존재+잠재'(강연), '부재+실재'(전화통화), '부재+잠재'(글대화)의 네 유형을 구분하고 있다.

셋째, 논증은 관습적, 규범적 성격의 대전제에 근거하여 작용하는데, 대전제를 포함한 전제들은 명확하거나 필연적으로 증명된 진리가 아니고 다수의 대화자들로부터 '진리임직한(vraisemblable)'것으로 인정되는 명제들이다.

넷째, 논증은 형식언어가 아닌 자연언어와 관련된 추론작용이기 때문에 이용되는 논증요소의 명제가 담화맥락에 따라 중의적일 수 있다.[3)]

다섯째, 논증은 논리적 증명처럼 전제와 결론간의 논리관계가 필연적이지 않기 때문에 논리관계가 다양하게 실현될 수 있으며, 전제나 논증 자체가 반박될 수도 있다. 그래서, Perelman(1983)은 이러한 관계를 '준논리적(quasi–logique)'이라 규정하고 있기도 하다.

논증의 이러한 특성들은 속담인용 담화에서 실현되는 논증에서도 발견할 수 있다.[4)]

(1) Dans votre cas, votre chien est peut–être méfiant(R). Le chien jappe, car il veut avertir lorsqu'il croit qu'il y a un danger(P). On dit qu'«**un chien qui aboie ne mord pas**»(PM), il demande de l'aide, il veut défendre ses proches(Q). Méfiez vous par contre d'un chien qui montre les crocs. Ceci est un signe d'agressivité et il risque de mordre. Les chiens sont

3 cf. Robrieux(1993), 38.

4 논리적 논증에 있어 논증은 AT, 대전제는 PM, 소전제(또는 논거)는 P, Q... 결론은 R로 표기하기로 한다.

souvent méfiants envers les étrangers qui entre dans leur demeure.
(http://pattespoilus.actifforum.com/t41–mon–chien–jappe–trop)
(당신의 경우, 아마도 당신 개는 경계하는 것 같습니다(R). 개가 위험하다고 생각할 때는 경고하기 위해 짖습니다(P). '**짖는 개는 물지 않는다**'(PM)는 속담처럼, 그 개는 도움을 요청하고 주위 사람들을 보호하고자 하는 것입니다(Q). 그러나, 이빨을 드러내는 개는 조심하세요. 그것은 공격신호이며 물 위험이 있습니다. 개들은 자기 처소에 들어오는 모르는 사람들에 대해 경계하기도 합니다.)

(2) Fabien a sorti son couteau. Arnaud a reculé. Je m'interpose entre les deux en regardant Fabien dans les yeux à distance du couteau. Il profère des menaces de mort envers Arnaud(P) qui est retenu par d'autres derrière moi. "**Chien qui aboie ne mord pas**"(PM), dit un proverbe chez moi. Fabien ne fera rien, j'en suis sûr(R). Cependant, je gueule plus fort que lui pour le distraire de l'autre.
– Sors–toi de là , Pedro. Je vais le pointer, ce con !
(http://passouline.blog.lemonde.fr/2008/06/05/le–virtuel–sauvera–la–culture/)
(파비앙이 칼을 꺼내들었다. 아르노는 뒤로 물러섰다. 나는 칼이 닿지 않을 만큼 떨어져 파비앙의 눈을 보면서 두 사람 사이에 끼어들었다. 그는 내 뒤에서 다른 사람들이 붙들고 있던 아르노를 향해 죽이겠다고 소리질렀다(P). 우리 속담에 '**짖는 개는 물지 않는다**'(PM)라고 한다. 확신컨대 파비앙은 아무 짓도 안할 것이다(R). 그러나 나는 그의 주의를 분산시키기 위해 더 크게 소리쳤다. – 페드로야 물러서, 내가 그 머저리를 찌르게!)

(3) En fait il y a problème lorsque les aboiements surviennent la nuit, ou dans la journée en l'absence du maître(R)... «**Chien qui aboie ne mord pas**» : ce vieil adage n'est pas toujours vérifié, car l'aboiement peut encore être la manifestation d'un conflit entre deux réactions instinctives : la fuite et l'attaque(P).

(http://dalmatiensansfamille.forumpro.fr/t3092-le-chien-aboyeur)

(사실, 개가 밤에 갑자기 짖거나 주인이 없는 낮에 갑자기 짖어대면 문제가 있다(R). '**짖는 개는 물지 않는다**'는 옛적 속담은 항상 확증되는 것은 아니다. 왜냐하면, 짖는 것은 도망과 공격이라는 두 본능적 반응 사이의 갈등의 표현일 수 있기 때문이다(P).)

위의 담화 (1), (2)는 필자들이 '짖는 개는 물지 않는다'란 속담을 논증전개에 인용함으로써 자신들의 견해와 주장에 대한 논증력을 강화하고자 하고 있다. 또한 설득 대상인 독자는 (1)의 경우 특정 개인인데 반하여 (2)의 독자는 보이지 않는 독자들, 즉 잠재적 독자라 할 수 있으며, 대전제에 해당하는 이 속담은 자명한 진리가 아니라 진리임직한 통념의 성격을 띤다 할 수 있다.

(1)의 담화에서 필자는 이 속담의 축자적 의미를 그대로 대전제로 이용하여, "개가 우는 것은 위험을 알리고(P), 도움을 바라거나 주위 사람들을 보호하고자 하기"(Q) 때문에 상대방의 개가 물려는 것이 아니라 "경계심이 많은 것"(R)이라는 견해를 정당화하고자 한다.

이와 달리 (2)의 담화는 '목소리 큰 자는 실속이 없다'라는 동일 속담의 은유적 의미가 이용된 예로서, (1)의 담화와 비교할 때 속담이

중의적으로 사용되고 있으며 다음 도식처럼 논증요소들 간의 논리 관계도 다르게 실현됨을 확인할 수 있다.

(1)' AT : (P + Q) → R	(2)' AT : P → R
↑	↑
축자적 속담	은유적 속담

한편, (3)의 담화에서는 필자가 "개가 짖는 것은 도망과 공격 간의 갈등의 표출일 수 있기"(P) 때문에 "밤에 갑자기 짖거나 낮에 주인이 없을 때 짖는 것은 문제가 있다"(R)는 주장을 펼침으로써 이 속담의 권위를 부정하고 있는데, 이를 통하여 대전제의 반박 가능성을 엿볼 수 있다.

결국, (3)과 같이 속담의 권위를 부정하는 특수한 경우를 제외하고 대부분의 속담인용 담화들의 목적은 논증자가 관습적 통념인 속담을 이용하여 자신의 견해를 정당화하고 대화자의 판단과 행동을 자신의 논증의도대로 유도하는 데 있다 할 수 있으므로, 속담인용 담화는 논증담화의 대표적 전형이라 판단할 수 있을 것이다.

한편, 논증의 적용 및 분석 대상에 대해서는 여러 관점들이 있어 왔는데, 각 관점에 따라 논리적 논증, 화용적 논증, 언어적 논증(argumentation dans la langue)으로 유형화할 수 있다.[5]

먼저 논리적 논증에 있어서, 논증은 전개방식에 따라 연역논증인 생략삼단논법과 귀납논증인 유비논증과 단순 귀납논증으로 분류할 수 있다.[6]

5 cf. Amossy(2000), 1–23; Plantin(1996).

6 cf. Amossy(op.cit), 115–140; Plantin(op.cit.), 47–51; Reboul(1984), 67–71.

논리적 논증에서 가장 많이 사용되는 생략삼단논법은 보편적으로 인정되는 대전제를 근거로 미확증적 결론을 연역적으로 추론하는 논증 방식이다. 연역추론이라는 점에서는 삼단논법(syllogisme)과 유사하나 후자와 달리 대전제와 전제가 명증적 진리가 아닌 진리임직한 성격의 것이며, 이 전제들이나 결론이 경우에 따라 생략될 수 있다는 점에 차이가 있다.

다음으로 귀납논증에 속하는 유비논증은 어느 특수한 현상이나 사건을 유사하지만 상이한 과거의 다른 사실에 비유하여 예시적으로 설명하는 방식이 있고, 그러한 현상이나 사건들을 통념화한 관습적 규범에 빗대어 예시함으로써 그 규범의 보편성을 유추적으로 추론하는 방식이 있는데 우리의 관심사는 후자의 유비논증이다.[7)]

단순 귀납논증은 이미 통념화한 규범과 관련된 특수 사례를 통하여 직접적으로 그 규범의 보편성을 추론하는 방식이라 할 수 있다.

화용적 논증의 관점에서는 논증을 대화자들 간의 의견대립이나 논쟁을 해결하고자 설득하고 납득시켜가는 과정에 수행되는 복합적 화행과 합리적 상호작용의 논법(dialectique)이라고 규정한다. 이러한 일련의 논증과정에는 전제암시(prémisse sous–entendue)나 간접화행(acte de langage indirect) 등이 수행되기도 하는데, 화용적 논증 연구는 주로 복합적 화행의 구조와 전개의 분석에 초점이 모아져 있다. 우리는 화용적 논증 연구방법의 다양성을 단순화함으로써, 언어학에서 가장 일반적으로 연구되어온 화행의미에 초점을 맞추어 직접화행과 간접화행으로 실현되는 논증과정에 관심을 갖고자 한다.

---

7 Grize(1990: 101–103)는 전자의 유비논증을 '설명유추(analogie–illustration)', 후자를 '예증유추(analogie–preuve)'로 구분하고 있으며, Plantin(op.cit.: 51)도 이와 유사하게 '설명유추(analogie explicative)'와 '논증유추(analogie argumentative)'로 구분하고 있다.

언어적 논증이론에 따르면,[8] 논증에 있어서 논거와 결론간의 논증 연쇄는 논증지향성(orientation argumentative)의 양상으로 문장이나 어휘 의미에 내재해 있으며 논증지향성을 결정해주는 토포스의 기능이 중요시된다. 그러나, 이 관점은 논증을 언어학적 이상담화(discours idéal)의 틀에 국한시키고 있기 때문에, 실제담화 상 수행되는 각종 의미·화용적 논증양상을 설명하기 어렵다.

필자가 분석대상으로 삼고 있는 속담인용 담화는 이상담화가 아닌 실제담화이므로, 앞의 세 유형 중 논리적 논증과 화용적 논증에 초점을 맞추어 논증양상들을 분류하고 분석하겠다. 한편 우리는 수사학적 논증을 언어학적으로 고찰하고자 하기 때문에, 논증의 언어외적 차원에 속하고 사회·심리적 접근이 불가피한 담화기법은 논외 대상으로 배재하였다.

2.2. 논리적 논증의 양상

2.2.1. 생략삼단논법

이제 우리는 속담인용 담화 내에 작용하는 논증양상들을 논리적 논증의 관점에 따라 분석적으로 제시하고자 한다. 먼저 생략삼단논법의 적용 방식을 살펴보자. 생략삼단논법은 수사학적 논증에서 가장 많이 사용되고 있는 연역논증 유형으로 그 논증전개는, 논증담화 (2)의 예를 들어 설명하자면, 일반적으로 다음과 같은 연역추론 방식으로 이루어진다.

---

8 cf. Anscombre et Ducrot(1983); Anscombre(1995a; 1995b).

대전제(PM) : 짖는 개는 물지 않는다 (= 목소리 큰 자는 실속이 없다)
소전제(P) : 파비앙은 아르노에게 죽이겠다고 위협한다
결론(R) : 그는 아무 짓도 안할 것이다

위의 추론은 생략삼단논법의 전형적 경우라 할 수 있는데, 이 논법의 전제들은 삼단논법과 달리 진리임직한 명제로서 Amossy(2000: 117)가 지적하고 있듯이 담화맥락에 따라 대전제와 결론이 암시적으로 생략될 수 있다.

> 생략삼단논법은 무엇이며 삼단논법과 어떤 관계를 가지고 있을까? 일반적으로, 가장 타당한 구분은 생략삼단논법을 결함 삼단논법 즉 모든 요소가 존재하지는 않는 삼단논법으로 제시하는 구분이다. (...) 이것이 우리가 생략삼단논법을 대전제와 결론이 생략될 수 있는 부분삭제 삼단논법(syllogisme tronqué)으로 간주할 수 있는 근거이다.

따라서, 속담은 대전제로서 생략되더라도 논증자가 자신의 논증 의도와 담화맥락에 맞추어 논증을 무리 없이 적절하게 수행할 수 있다. 다른 예를 들어, (1)의 논증담화에서 속담을 제거해도 필자가 상대방의 개를 경계심이 많은 개로 논증하는 과정에 지장을 초래하지는 않는 것이다. 속담은 준보편적 지식으로 논증자의 논증력을 강화해주는 권위적 논거로만 기능하기 때문이다.

생략삼단논법의 논증작용에 있어 일반적으로 발견할 수 있는 양상은 물론 세 논증요소가 모두 출현하는 경우이다. 실례를 들어보기로 한다.

(4) Les envoyés allèrent vers le roi Charles et lui firent part de leur message. Le roi Charles entendant cela se dit à lui–

même : «Enfin le voilà donc réalisé, ce dont tu t'étais toujours méfié(P), et le proverbe est bien vrai qui dit : «**On meurt du mal dont on a peur**»(PM) Tu ne peux désormais, tant que tu existeras, vivre en paix(R), car tu as affaire au meilleur chevalier et au plus grand cœur du monde(P). Mais à présent, advienne que pourra, il faut que ce soit ainsi.»
(http://www.mediterranees.net/moyen_age/sicile/muntaner/untaner61.html)
(사신들이 샤를르 왕에게 나아가 메시지를 전해주었다. 샤를르 왕은 그 말을 듣고 다음과 같이 속으로 생각했다: "항상 두려워하고 있던 일이 마침내 벌어졌군(P). '**걱정스러운 고뇌는 죽도록 힘들게 한다**'(PM)는 속담이 정말 맞다. 세상에서 가장 훌륭하고 용맹한 기사와 상대해야 하기 때문에(P), 이제부터 네가 살아있는 한 평화롭게 살수는 없겠구나(R). 그러나, 될 대로 되라지. 하는 수 없지.")

(5) Voilà deux pays qui représentent ensemble un tiers de la population mondiale et qui concluent un accord de coopération ! Et nous, les Européens, que faisons–nous ? Nous sommes sur la bonne voie(R), même si ce n'est jamais assez et jamais totalement, mais nous sommes sur la bonne voie, comme le dit proverbe : **l'union fait la force !** (PM) (...) Que nous soyons un grand État ou un petit État, nous sommes tous sur un pied d'égalité dans cette Union. Nous unissons nos forces dans un cadre qui nous permet de coopérer économiquement, socialement et démocratiquement d'égal à égal avec d'autres régions du monde(P), afin de sauvegarder les droits de l'homme et la paix dans le monde(R). Tel est le

but de ce traité !

(http://www.europarl.europa.eu/sides/getDoc.do?pubRef=-//EP//TEXT+ CRE+20080220+ITEMS+DOC+XML+V0//FR&language=FR)

(여기 전 세계 인구의 3분의 1을 차지하고 협력합의를 체결한 두 나라가 있다. 그럼 우리 유럽인들은 어찌 해야 할까? 우리는 바르게 잘 나아가고 있다(R). '**단결하면 힘이 된다**'(PM)는 속담에서 말하듯이 설사 충분하지 않고 완전하지 않더라도 우리는 올바로 가고 있다. (...) 큰 나라든 작은 나라든 우리는 이 연합 안에서 모두 동등하다. 우리는 인권과 세계평화를 보호하기 위해(R) 세계의 다른 지역들과 동등하게 경제, 사회, 민주적으로 협력할 수 있는 틀 속에서 우리의 힘을 결집하고 있다(P).)

위의 두 담화는 논증전개에 있어 대전제, 소전제, 결론 모두가 구현된 예라 할 수 있다. 먼저 (4)의 담화를 분석해보면, Charles왕이, "가장 훌륭하고 용맹한 기사와 상대하는 것을 두려워했는데 결국 그 두려움이 현실이 되어"(P) "앞으로 삶의 평화가 사라지게 될 것"(R)이라고 혼자말로 예측 추론하면서 자신의 논증력의 강화 수단으로 '걱정스러운 고뇌는 죽도록 힘들게 한다'(PM)란 속담을 인용하고 있음을 알 수 있다.

(5)의 담화에서도 필자는 "유럽연합 내의 모든 국가들이 경제, 사회, 민주적으로 힘을 결집하고 있어"(P) "인권과 세계평화를 보호하는데 있어 바르게 나아가고 있다"(R)는 견해를 '단결하면 힘이 된다'(PM)란 속담을 대전제로 이용하여 논증하고 있다. 따라서, 이 담화들은 논증의 세 요소가 모두 상호관계를 갖고 논증에 작용하는 예로 볼 수 있다.

다음은 결론이 생략되는 양상을 살펴보자.

(6) Il faut bien en faire le constat : les représentantes de la scène féminine blues françaises ne sont pas légion. “**Nul n'est prophète en son pays**”(PM) dit le proverbe. À cet égard la trajectoire musicale de Lise Hanick en est un bien bel exemple. Originaire de Nanterre, après avoir fait ses premières armes dans la rue (street busking) en Angleterre à l'époque de ses vingt ans, Lise Hanick part pour le Québec en 1999, guitare au dos et harmonicas en poche.

(...) Encouragée par des artistes qu'elle admire, et en outre par Bob Walsh qui l'invite à jouer à ses côtés, elle laisse libre cours à son talent naturel. (...) Le résultat en est généreux et original. On y trouve ses influences blues, folk, funk et africaines. Lise Hanick dit se nourrir de la richesse et de la diversité des musiciens qu'elle rencontre et c'est ainsi que ses chansons évoluent avec toujours une couleur folk, une âme blues et un groove résolument funk(P).

(http://bluesland.zikforum.com/la–scene–blues–francophone–f21/lise–hanick–le–blues–au–feminin–t3057)

(다음과 같은 사실을 확인해야 한다: 프랑스 여성계의 블루스 풍 대표 가수들은 많지 않다. 속담에 이르기를 '**아무도 자기 고향에서는 예언자가 될 수 없다.**'(PM) 이 점에 있어서, 리즈 아닉의 음악여정은 하나의 좋은 예가 되고 있다. 그녀는 낭테르 출신으로 20세 때 영국의 길거리에서 경력의 첫발(길거리 버스킹)을 내디딘 후 1999년 기타를 등에 메고 하모니카를 주머니에 넣은 채 퀘벡으로 떠난다. (...) 그녀가 존경하던 아티스트들과 특히 자기 옆에서 연주

를 허용한 밥 월쉬로부터 격려를 받아 자신의 타고난 재능을 맘껏 발휘하게 된다. 그 결과는 대박이었고 참신했다. 그녀의 음악에서는 블루스, 포크, 펑크, 아프리카 풍의 영향을 발견할 수 있다. 리즈 아닉은 자신이 만난 풍부하고 다양한 음악가들로부터 자양분을 흡수하였다고 말하고 있는데, 이처럼 그의 노래는 한결 같이 포크 음색, 블루스 음악 혼, 과감한 펑크 풍 그루브 음악과 함께 진화하고 있다(P).)

(7) "Une croissance chinoise stable et rapide est en soi une contribution importante (...) à la croissance mondiale." Le président chinois Hu Jintao, en marge du G20, n'a pas manqué de rappeler le poids déterminant de son pays dans l'économie mondiale. À elle seule, la Chine représente 27% de la croissance mondiale, selon Bloomberg. (...) **"Quand l'Amérique tousse, c'est le monde entier qui s'enrhume"**(PM)[9] dit le proverbe. Et quand la Chine attrape la grippe ?(P)
(http://www.journaldunet.com/economie/magazine/dossier/l-economie-chinoise-en-2008-et-2009)
("안정적이고 신속한 중국의 성장은 그 자체로서 세계의 성장에 중요한 기여가 되고 있다." 중국 주석 후진타오는 G20 정상회담 말미에 세계경제 있어 자국의 결정적 영향력을 상기시키는 것을 잊지 않았다. 블룸버그 통신에 따르면, 중국은 혼자서 세계성장의 27%를 차지하고 있다. **'미국이 기침하면 전 세계가 감기 걸린다'**(PM)란 속담이 있다. 그런데, 중국이 감기에 걸리면?(P))

9 이 속담은 시류에 따라 생성된 변조속담에 속한다. 변조속담에 대해서는 다음 장에서 고찰할 것이다.

먼저 (6)의 담화는 블루스 풍 여가수 Lise Hanick의 가수 경력을 소개한 글인데, 여기에서 필자는 열거한 "가수로서 선구자적인 화려한 경력"(P)에도 불구하고 "자신의 모국인 프랑스에서는 각광을 받지 못한다"(R)는 사실을 '아무도 자기 고향에서는 예언자가 될 수 없다'(PM)란 속담을 이용하여 논증하고자 하나 결론 R는 명시적으로 거론하지 않고 생략하여 독자의 간접 해석에 맡긴 채 함축하고 있다.

또한 (7)의 담화에서도 필자는 '리더가 흔들리면 조직에 악영향을 미친다'(PM)는 은유적 속담을 인용하여 "경제적 주도국인 중국 경제가 흔들리면"(P) "세계 경제에 엄청난 결과가 초래될 것"(R)이라는 논증을 전개하고 있지만 결론 R를 독자의 판단에 맡김으로써 함축하고 있는 것을 볼 수 있다.

한편, 일반적인 생략삼단논법의 경우와 달리 속담인용 담화에서는 소전제에 해당하는 논거가 생략되는 양상이 가끔 눈에 띈다.

(8) Le proverbe «**Mieux vaut prévenir que guérir**»(PM) s'applique également aux actes juridiques. La formation interne à la rédaction de textes législatifs a été et continuera d'être dispensée au personnel chargé de la rédaction de propositions législatives. <u>Il s'agit bien entendu de garantir la rédaction de textes clairs et simples dès le début du processus législatif(R)</u>.
(http://eur–lex.europa.eu/LexUriServ/LexUriServ.do?uri=COM:2009:0128:FIN:FR:PDF)
('**치료보다 예방이 더 낫다**'(PM)는 속담은 법률행위에도 적용된다. 입법 문서작성을 위한 내부연수는 입법 제안서 작성을 담당한 직원에게 제공되어 왔고 지속적으로 제공될 것이다. <u>물론, 입법과정 초</u>

기부터 명확하고 단순한 문서작성을 보장하는 것이 필요하다(R).)

(9) Apprenez comment bien déguster un vin, découvrez les petits secrets des œnologues en vous plongeant dans deux guides de référence réalisés par des experts courtiers ou sommeliers, aidez–vous d'un cd–rom pour gérer au mieux votre cave et, pour accompagner votre verre de vin, n'hésitez pas à déguster toutes les variétés de fromages de chèvre. Et si, comme dit le proverbe, "**le bon vin réjouit le cœur de l'homme**"(PM), consommez–le avec délectation mais, toujours, avec modération(R).
(http://www.e–leclerc.com/royan/dyn/conso/infoprat_06_art02.asp)
(와인을 어떻게 잘 맛볼 수 있는지 배우고 중개인 전문가나 소믈리에가 제작한 두 참고자료를 숙독해서 와인 제조자들의 세밀한 비법을 발견해보세요. 와인 지하저장소를 가장 잘 관리하도록 시디롬을 이용하고 와인잔과 곁들여 모든 다양한 종류의 염소치즈도 주저하지 말고 맛보세요. 속담에 이르기를, 만일 '**좋은 와인은 인간의 마음을 즐겁게 해준다**'(PM)면, 심취해서 그러나 항상 절제하며 마시도록 하세요(R).)

예를 들어 (8)의 담화에서 필자는 유럽연합 내의 공동 농업정책(PAC) 관련 입법문서 작성을 위한 내부교육에 있어 "입법과정 초기부터 명확하고 단순한 문서작성을 보장해야 한다"(R)는 주장을 강화하기 위해 '치료보다 예방이 더 낫다'(PM)는 속담을 인용하고 있는데, 결론에 대한 직접적 논거인 소전제는 발견되지 않고 있다. 다시 말해서 자신의 결론 유도를 위한 논거는 담화맥락을 통한 독자 해석의 몫으로 돌리고 있다 할 수 있다.

(9)의 담화에서도 필자는 "포도주를 절제와 함께 심취해서 마시라" (R)고 권유하면서 속담의 권위를 이용하여 자신의 권유를 정당화하고 있는데, 역시 관련된 소전제는 생략되어 있음을 볼 수 있는 것이다.

지금까지 분석한 다양한 논증양상에 의하면 생략삼단논법은 속담 인용 담화의 대표적 논증 유형임을 짐작할 수 있다.

2.2.2. 유비논증

생략삼단논법이 연역논증에 해당하는 논증 유형이라면 귀납논증에 속한 유비논증도 논리적 논증의 한 유형으로 간주되고 있다. 유비논증은 각주 7에서 설명한대로 대체로 설명유추와 예증유추로 구분할 수 있는데, 속담인용 담화에는 특수한 현상적 사태를 속담이라는 총칭적, 관습적 규범에 빗대어 일반화하면서 그 규범을 귀납적으로 예증하는 예증유추가 작용한다 할 수 있다.

(10) Ainsi le pauvre, si pauvre forgeron était malchanceux ! Quand il arrivait une calamité publique, le malheureux forgeron était obligatoirement parmi les victimes. Un orage éclatait–il sur le pays ? C'était un des arbres de son verger qui recevait la foudre ! Une gelée désolait–elle la région ? Sa vigne, au bord de la rivière, était toute grillée et pour lui c'était déjà vendanges faites !

(...) Bref, comme dit le proverbe, «**il pleut toujours sur ceux qui sont déjà mouillés**»(R), et le pauvre, si pauvre forgeron,

pauvre comme Job, soumis et courbant le front, laissait passer une tempête et se préparait aussitôt à faire face à une autre.
(http://www.balades–pyrenees.com/le_forgeron_misere.htm)
(이처럼 그 가련한 대장장이는 불운했다! 큰 재난이 닥칠 때면 그 불행한 대장장이는 반드시 희생자들 가운데 있었다. 뇌우가 그 지방에 번쩍였을까? 벼락을 맞은 것은 그의 과수원 나무들 가운데 하나였다. 서리가 그 지역을 휩쓸었을까? 강가에 있던 그의 포도나무는 완전히 말라버려 포도수확이 그것으로 끝나버렸다. 요약해서, 속담에 이르기를 '**비는 항상 젖은 사람에게 내린다**'(R)는데, 그 가련한, 욥처럼 가련하고 유순하면서도 겸손한 그 대장장이는 폭풍우가 지나가도록 체념하고 곧장 다른 폭풍우 맞을 준비를 했다.)

(11) Quand l'OM a obtenu le coup franc sur lequel Taiwo allait marquer ce but surpuissant, Ben Arfa est allé de nouveau prendre le ballon pour tirer ce coup de pied arrêté bien placé. Mais cette fois–ci c'est Cana qui lui a ordonné de laisser le ballon à Taiwo. La tête ballante, Hatem s'est placé pour voir le coup franc. Et sur le but, alors que tout le monde laissait éclater sa joie, le capitaine olympien se tourna vers Ben Arfa pour lui dire les bras écartés : "Et alors !" Tout penaud, Hatem alla taper dans la main de son capitaine et tous deux purent laisser éclater leur joie. Comme le dit le proverbe, "**tout est bien qui finit bien**"(R), pas vrai Hatem ?
(http://www.lephoceen.fr/infos–om/actualite/quand–ben–arfa–se–fait–chambrer–17171)
(오엠 팀이 타이워가 이미 초강력 득점을 기록한 프리킥을 또다시

얻었을 때, 벤 아르파가 유리한 결정적 킥을 하러 공을 잡으러 갔다. 그러나 이번에는 카나가 그에게 타이워에게 공을 넘기라고 말했다. 아템은 머리를 흔들면서 자리를 잡고 프리킥을 보았다. 골인이 되고 모두가 기쁨을 터뜨릴 때 주장이 벤 아르파에게 다가가 팔을 벌리고 다음과 같이 말했다: "잘 됐지!"아템은 아주 당황했지만 주장의 손을 토닥거리고 둘 다 기쁨을 나누었다. 속담에 이르기를, **'무엇이나 결과가 좋으면 좋다'**(R) 아템아, 안 그래?)

예를 들어 (10)의 담화를 살펴보자. 이 담화는 *Le forgeron Misère* 라는 꽁뜨의 한 대목으로 피레네 지방의 한 대장장이가 겪었던 지속적이고 집요한 불운 상황을 소개하고 있는 내용이다. 필자는 연이어 발생하는 불행한 사건들을 예시하면서 불행의 연속성을 '불행은 항상 불행한 자에게 찾아온다'는 은유적 속담에 빗대어 일반화함으로써 이 속담의 준보편적 가치를 귀납적으로 예증하고 있는 바, 이 담화에 작용하는 논증은 예증유추에 해당하는 유비논증이라 할 수 있다.

(11)의 담화는 프랑스 프로 축구팀 OM의 경기 중 Hatem Ben Arfa가 동료인 Taiwo에게 프리킥 기회를 두 번이나 빼앗겼으나 결과적으로 득점했기 때문에 '무엇이나 결과가 좋으면 좋다'는 속담에 빗대어 Hatem을 위로하는 투의 글이라 할 수 있는데, 여기에서도 결과의 중요성을 보여주는 한 사례를 통해 속담의 준보편적 가치를 예증함으로써 상대방을 설득하려하고 있다.

2.2.3. 단순 귀납논증

속담인용 담화에 작용하는 논리적 논증의 마지막 유형은, 드물게 발견되기는 하지만, 단순 귀납논증이라 할 수 있는데, 속담과 관련된 특수 사례를 통하여 속담의 준보편적 가치를 직접적으로 귀납추론하는 방식이다. 다음 예들을 분석하여 보자.

(12) Au Sénégal, quand on déménage, on doit faire le tour de tout le quartier pour se présenter et quand on le quitte, on doit en refaire le tour. Donc le proverbe : «**Chaque fois que tu changes de site, tu dois augmenter le nombre de tes amis**»(R).

(http://unesdoc.unesco.org/images/0006/000678/067807f.pdf)

(세네갈에서는 사람들이 이사할 때면 자신들을 소개하기 위해 온 동네를 돌아야 하고 떠날 때도 마찬가지이다. 그래서 속담에 '**지역을 바꿀 때마다 친구는 늘어나는 법**'(R)이라 말한다.)

(13) Parfois, vous avez l'impression que vos investissements ne vous rapportent pas ? C'est clair, si vous restez chez vous à attendre que le destin frappe à votre porte, il y a peu de chance qu'il vienne vous aider. "**Aide–toi, le ciel t'aidera**" (R) dit le proverbe. (http://www.delamour.com/particles2/articles1/10013.asp)

(가끔 당신은 투자가 수익을 가져다주지 않는다는 느낌을 갖는가? 분명한 것은 운명이 당신의 문을 두드려주기를 기대하며 집에 머물러 있으면 운명이 당신을 도우러 올 기회는 거의 없다는 사실이다.

속담에 '**하늘은 스스로 돕는 자를 돕는다**'(R)고 말하고 있다.)

즉, (12)의 담화에서 필자는 세네갈에서 사람들이 이사 올 때나 갈 때 동네를 돌아다니며 인사하는 구체적 현상을 통해 '지역을 바꿀 때마다 친구는 늘어나는 법'이란 속담의 준보편적 가치를 귀납적으로 추론하고 있으며, (13)에서도 역시 투자를 한 후 운에 맡기고 가만히 있으면 수익을 창출할 수 없다는 사실을 통해 '하늘은 스스로 돕는 자를 돕는다'는 속담의 준보편적 가치를 추론하고 있음을 볼 수 있는 것이다.

2.3. 생략삼단논법 재구성의 문제

Amossy(2000: 118–120)는, 논리적 논증의 전형적 논증유형인 생략삼단논법이 실제 의사소통 상의 상호작용 논증과정에 있어 적어도 두 가지 문제점을 노출하고 있다고 다음과 같이 주장한다.

> 다음과 같은 것을 고려해야 한다: 1. 생략삼단논법으로부터 삼단논법의 재구성은 고비용적이어서 만족할만하지 않고 당연한 수준의 분석에도 이르지 못한다. 2. 논증교환은 잠재적 논리작용 내에서 이루어지지 않고 대화자들 간의 관계가 발언에 힘을 부여하는 대화담화 내에서 이루어지기 때문에 이러한 재구성이 성공한다 하더라도 논증교환의 본질을 놓치게 된다. (Amossy, ibid.: 120)

즉 생략삼단논법은 생략된 논증요소들이라든가 뒤얽힌 논증관계가 해석과정을 통해 복원과 함께 재구성되더라도, 그 과정이 복잡하고 지나치게 고비용적이어서 만족스러운 결과에 이르지 못할 뿐 아니라, 의사소통 차원의 상호작용과 담화맥락을 고려하지 못해 논증 교환의 본질을 놓치고 논증효력을 확증할 수 없다는 점이다.

우리는 이러한 두 문제점을 속담이 인용된 글담화를 통해 확인해 보기로 한다. 글담화에서 발견할 수 있는 생략삼단논법 식 고비용적 해석과정의 대표적 예는 하나의 담화 내에 두 논증이 대립하는 경우라 할 수 있다.

(14) Le mot grenelle était devenu un nom commun, signifiant une grande table ronde qui débouche sur un vaste accord entre partenaires. M. Sarkozy l'a repris pour symboliser sa volonté d'élaborer une politique de développement durable qui soit consensuelle. Et l'automne 2007 a effectivement connu de nombreuses rencontres et discussions, sous l'égide du ministre de l'environnement, M. Borloo. Dont il est sorti un catalogue d'intentions et de projets(P) qui vont dans le sens d'une meilleure utilisation des ressources de la planète afin de préserver l'avenir(R). Tout cela est très noble, il est difficile moralement de ne pas y souscrire.

Mais, comme dit le proverbe, **il y a loin de la coupe aux lèvres**.(PM) Autrement dit, les grandes messes et les belles paroles ne sont pas toujours suivies d'effets tangibles et véritables. (...) Et quelques jours après de grandiloquentes préconisations d'économies d'énergie, on voyait les rues de nos villes s'illuminer sans la moindre avarice, sans la moindre retenue. (...) Seulement ça n'a rien à voir avec les économies d'énergie, c'est même exactement le contraire(~R).

(...) Comment peut–on se convaincre, en voyant cela, du bien fondé des conclusions du fameux Grenelle ?(C) Comment ne pas avoir, au contraire, le sentiment que tout cela n'est que belles paroles, discours purement politique, sans sincérité ni volonté réelle ?

(http://www.rnm–aude.com/agenda,detail,2063.html)

(grenelle란 단어는 상대방들과의 거시적 합의를 이끌어내는 대규모 원탁회의를 뜻하는 보통명사가 되었다. 사르코지 대통령은 합의적인 지속적 개발정책 완성을 상징적으로 보여주기 위해 그 회의를 다시 소집하였다. 실제로 2007년 가을에는 환경부장관 보를루의 주재 하에 많은 회의와 토론이 있었고(P), 그로부터 미래보호를 위해 지구자원의 최적 사용(R)을 지향하는 의지와 계획 목록이 출현하였다(P). 그 모든 것은 숭고해서 동의하지 않는다는 것은 도의적으로 어려운 일이다. 그러나, 속담의 말처럼 '**꿈과 현실은 다르다**'(PM). 달리 말해서, 성대한 미사와 아름다운 노래도 항상 가시적이고 진정한 결과가 뒤따르는 것은 아니다. (...) 에너지 절약을 그럴싸하게 권장한 뒤 며칠 지나지 않아 도시의 거리들이 최소한의 절약이나 절제도 없이 불빛으로 찬란한 것을 볼 수 있었다. (...) 단지 그것은 에너지 절약과 아무런 관계가 없는 정 반대의 결과였다(~R). 그러한 현상으로 미루어, 그 유명한 Grenelle이 내린 결론의 타당성을 어떻게 납득할 수 있겠는가?(C) 그 모든 것이 단지 미사여구에 지나지 않고 진실성과 진정성이 결여된 단지 정치적 담화에 지나지 않는다는 느낌을 어떻게 지울 수 있겠는가?)

(14)' PM = 꿈과 현실은 다르다

AT1 : P = 다수의 정책회의를 통해 에너지 절약을 위한 많은
↓ 의지와 계획이 수립되었다
R = 미래보호를 위해 지구자원을 최적 사용할 수 있다

AT2 : P = 다수의 정책회의를 통해 에너지 절약을 위한 많은
↓ 의지와 계획이 수립되었다
~R = 에너지 절약과 무관한 정 반대의 결과가 생겼다

위의 (14)의 담화에서, 첫 번째 논증(AT1)은 "다수의 정책회의를 통해 에너지 절약을 위한 많은 의지와 계획이 수립되었기"(P) 때문에 "미래보호를 위해 지구자원을 최적 사용할 수 있다"(R)는 결론을 추론하지만, 필자가 '꿈과 현실은 다르다'(PM)란 속담을 이용해 그러한 모든 의도와 계획이 정치적 미사여구에 지나지 않고 "에너지 절약과 무관한 정 반대의 결과가 생겼다"(~R)는 반대 결론으로 유도하는 역논증(contre-argumentation)(AT2)을 내세움으로써 논증대립이 발생하고 있는데, 전체 결론은 후자의 논증에 의해 결정되고 있음을 알 수 있다.

그러나, 여기에서 논리적으로 문제가 되는 부분은 동일한 논거 P로부터 정반대의 결론 R와 ~R가 동시에 추론되고 있다는 사실이다. 이 담화의 필자는 상식적으로는 P → R의 관계를 수용하면서도 속담의 권위를 이용하여 그 관계를 배제하고 P → ~R의 논증관계를 선택하고 있는데 이러한 얽힌 관계를 논증적으로 재구성하는 것이 쉽지 않다.

다음으로, 이 논증담화에서 필자가 정작 추론하고자 하는 결론은 논리적 논증의 결론인 "에너지 절약과 무관한 정 반대의 결과가 생겼다"(~R)가 아니고, 함축적으로 추론된 "정책적 결론의 타당성을 납득

할 수 없다"(C)라는 비판적 화행의미라 할 수 있으며, 담화전체의 논증과정은 다음과 같은 논증관계로 도식화할 수 있다.[10)]

(15) (A : (AT1 : P → R) < (AT2 : P → ~R)) → C

이 도식에 따르면, 논리적 논증은 담화맥락에 따라 다시 화행의미를 추론하는 논거로 기능하고 있기 때문에 논리적 논증의 해석기제만으로는 화행의미의 실현과 담화 전체의 논증효력을 설명할 수 없는 것이다.

2.4. 화용적 논증의 양상

논증은 본질적으로 상대방에 대한 설득기법이기 때문에 상호작용과 담화맥락이 중요시되며, 논증요소들 간의 내적 관계, 즉 논리적 논증만으로 상대방의 태도나 행동의 변화를 유도하는 설득과정을 구성할 수 없다. 달리 말해서, 논증은 상대방을 설득하는 화행으로 화자나 필자가 적절한 논거를 내세워 결론을 추론한다 할 수 있는데, 결론은 언표내적 가치와 관련된 화행의미라 할 수 있다. 이처럼 실제 담화에서 논거와 결론간의 논증관계는 담화맥락이 개입된 화행 차원에서 구성되기 때문에 삼단논법 식의 논리적 관계가 아니며, 추론되는 화행결론은 담화맥락에 따라 직접화행 의미이거나 간접화행 의

10 화용적 논증에서 논거는 A로 화행결론은 C로 기호화하겠다. Fournet(2005b)는 논리적 논증의 결론(R, ~R)을 비사실적 결론(conclusion non factuelle)으로, 후자의 결론(C)을 사실적 결론(conclusion factuelle)으로 구분하고 있다.

미일 수 있다.[11)]

그렇다 하더라도 화용적 논증이 논리적 논증과 배타적 관계를 갖는 것은 아니다. (15)의 도식에서 처럼 논증담화 (14)의 화행결론 C의 논거는 논리적 논증 자체라 할 수 있기 때문이다. 따라서, 논리적 논증이 화용적 논증의 논거 역할을 한다는 사실을 추정할 수 있는데, 이를 속담인용 담화의 예들을 통해 검증하고자 한다.

우리가 분석한 바에 따르면, 속담인용 담화에서 발견할 수 있는 화용적 논증양상들은 다음 네 유형으로 구분할 수 있다.

(i) 생략삼단논법의 논증을 논거화하여 화행결론으로 추론하는 경우
(ii) 유비논증이나 단순 귀납논증을 논거화하여 화행결론으로 추론하는 경우
(iii) 논리적 논증을 논거로 사용하나 담화맥락에 맞추어 화행결론을 함축적으로 추론하는 경우
(iv) 논리적 논증 과정을 거치지 않고 속담 자체를 논거화하여 화행결론으로 추론하는 경우

먼저 생략삼단논법의 논증을 논거화하여 화행결론으로 추론하는 양상을 살펴보자.

(16) "**Après la pluie le beau temps**"(PM) dit le proverbe. En effet, <u>le site commençait à être délaissé, n'était plus actualisé(P)</u>... Cependant, grâce à Lapoz (que nous remercions grandement),

11 직접화행은 담화맥락과 무관하게 문장유형에 따른 언표내적 행위가 실현되는 경우이며, 간접화행은 담화맥락에 따라 문장유형 고유의 화행과 다른 언표내적 행위가 실현되는 경우이다. 예를 들어, 의문문이 질문행위를 수행하는데 사용되면 직접화행이 작용한 경우이고 요청행위를 수행하는데 사용되면 간접화행이 작용한 경우이다. 또한, 단언문은 의문형과 같은 언어표지 없이 담화맥락에 따라 단정, 명령, 비판 등의 다양한 간접화행 수행에 이용될 수 있다.

nous avons maintenant accès à la base de données. Ainsi, nous commençons un travail de mise à jour(R) (les parties 'camps', 'effectifs' et 'Journal de Troupe' sont déjà remises à jour et la partie photo devraient arriver avant le camp). Nous comptons sur vous et si vous avez la moindre question, idée, avis,.. n'hésitez pas à nous contacter(C). (http://www.27paris.net/)

(속담에 이르기를 '**고생 끝에 낙이 온다**'(PM)라 했어요. 사실 사이트가 방치되고 더 이상 접속되지 않았습니다(P). 그러나 (정말 고마운) 라포즈 덕에 이제 데이터베이스에 접속 가능하게 되었습니다. 이렇게 우리는 개시작업을 시작하였습니다(R). (camps, effectifs, Journal de Troupe 란은 이미 재개되었고 이미지 란도 캠프 이전에 볼 수 있을 것입니다.) 우리는 당신을 기대합니다. 소소한 질문, 생각, 충고... 어느 것이라도 있으면 주저 말고 우리 사이트에 접속해 주세요(C).)

(4) Les envoyés allèrent vers le roi Charles et lui firent part de leur message. Le roi Charles entendant cela se dit à lui–même : «Enfin le voilà donc réalisé, ce dont tu t'étais toujours méfié(P), et le proverbe est bien vrai qui dit : «**On meurt du mal dont on a peur**»(PM) Tu ne peux désormais, tant que tu existeras, vivre en paix(R), car tu as affaire au meilleur chevalier et au plus grand cœur du monde(P). Mais à présent, advienne que pourra, il faut que ce soit ainsi(C).»
(http://www.mediterranees.net/moyen_age/sicile/muntaner/untaner61.html)

(사신들이 샤를르 왕에게 나아가 메시지를 전해주었다. 샤를르 왕은 그 말을 듣고 다음과 같이 속으로 생각했다: "항상 두려워하고 있던 일이 마침내 벌어졌군(P). '**걱정스러운 고뇌는 죽도록 힘들게 한다**'(PM)는 속담이 정말 맞다. 세상에서 가장 훌륭하고 용맹한 기사와 상대해야 하기 때문에(P), 이제부터 네가 살아있는 한 평화롭게 살수는 없겠구나(R). 그러나, 될 대로 되라지. 하는 수 없지(C).")

(16)의 담화에서, 필자는 파리의 한 "보이스카우트 연맹 사이트가 방치되고 접속 중단되었다가"(P) "작동이 재개된 결과"(R)를 '고생 끝에 낙이 온다'(PM)는 속담을 통해 논증하고, 그 논증 결과를 논거삼아 "문의사항 등이 있으면 주저하지 말고 사이트에 접속할 것을 권유하고"(C) 있다. 이 화행결론은 명령문을 통하여 권유행위가 직접적으로 실현된 직접화행 의미라 할 수 있다.

또한 앞서 제시한 (4)의 담화에서, Charles 왕은 '걱정스러운 고뇌는 죽도록 힘들게 한다'(PM)란 속담을 인용하여 "앞으로 삶의 평화가 사라지게 될 것"(R)이란 결론을 내리고 그 논증을 논거삼아 "될 대로 되라지. 하는 수 없지."라 말하면서 "이제 운명에 맡기고 기다리자"(C)는 권유적 화행의미를 간접화행 결론으로 추론하고 있음을 볼 수 있다.

이처럼, 많은 속담인용 담화에서 생략삼단논법의 논증을 논거화하여 화행결론으로 추론하는 화용적 논증양상을 발견할 수 있다.

다음으로 유비논증이나 단순 귀납논증을 논거화하여 화행결론으로 추론하는 양상의 예들을 보기로 한다.

(17) En ce sens, comme le dit Benoît Hamon, le porte–parole du Parti Socialiste, la mise à disposition d'un avion pour les

vacances de Nicolas Sarkozy en Egypte constitue pour l'industriel «un bon investissement».

Néanmoins, et même si elles sont justifiées, l'angle des attaques socialistes à l'égard du président de la République dit bien la faiblesse argumentaire de l'opposition à Sarkozy. Incapable de faire opposition à la politique de Sarkozy, de lui présenter aujourd'hui une véritable alternative, le PS tombe dans le panneau de la légèreté, regarde là où Sarkozy lui suggère de regarder.

Et comme dit le proverbe, «**quand le doigt montre la lune, l'imbécile regarde le doigt**»(R). (...) Si Rome ne s'est, certes, pas construite en un jour, et à l'évidence le chantier idéologique de la gauche sera aussi un dur labeur, le PS devrait au moins cesser de se faire dicter ses angles de tirs et son calendrier par son principal opposant(C)...

(http://debattons.over–blog.fr/article–15358386.html)

(그런 의미에서 사회당 대변인인 브누아 아몽의 말처럼, 니콜라 사르코지가 이집트 여행에 비행기를 개인적으로 이용한 것은 기업가에게는 «하나의 좋은 투자»이다. 그렇지만 그 공격이 정당화된다 해도 공화국 대통령에 대한 사회당의 공격각도는 사르코지에 대한 반론의 논리 빈약성을 내보이고 있다. 사르코지의 정책에 반대할 수 없고 진정한 대안도 제시할 수 없어 사회당은 경박함의 함정에 빠져 사르코지가 보라고 제시한 곳을 바라보고 있을 뿐이다. 그래서 속담은 '**손가락으로 달을 가리킬 때 바보는 그 손가락을 바라본다**'(R)라고 말한다. 분명 로마는 하루에 이루어지지 않고 좌파 이데올로기의 구축이 고역일지라도 사회당은 자기 당의 주요 반대

의원에게 사격각도와 일정을 결정하게 하려는 것을 최소한 멈춰야 할 것이다.(C))

(13) Parfois, vous avez l'impression que vos investissements ne vous rapportent pas ? C'est clair, si vous restez chez vous à attendre que le destin frappe à votre porte, il y a peu de chance qu'il vienne vous aider. "**Aide–toi, le ciel t'aidera**"(R) dit le proverbe.

(http://www.delamour.com/particles2/articles1/10013.asp)

(가끔 당신은 투자가 수익을 가져다주지 않는다는 느낌을 갖는가? 분명한 것은 운명이 당신의 문을 두드려주기를 기대하며 집에 머물러 있으면 운명이 당신을 도우러 올 기회는 거의 없다는 사실이다. 속담에 '**하늘은 스스로 돕는 자를 돕는다**'(R)고 말하고 있다.)

(17)의 담화에서, Sarkozy 대통령이 부인 Bruni와 이집트 휴가여행에 어느 기업가의 전용비행기를 이용한 사실을 두고 사회당 의원들의 비난이 계속 일자, 필자는 사회당이 대통령의 정책에 반대하거나 대안을 제시하지도 못하면서 사생활만을 문제 삼는 짓을 '본질은 놓치고 비본질을 보는 것은 어리석은 짓이다'란 은유적 속담으로 사회당 정치공세의 어리석음을 일반화하면서 동시에 이 속담의 준보편성을 예증하고 있는데, 궁극적으로는 이 논증을 논거 삼아 "사회당은 야당의원들을 동원한 정치공세를 중단하라"(C)는 명령행위를 간접적으로 수행하고 있다.

(13)의 담화는 앞에서 분석한대로 단순 귀납논증이 적용된 예인데,

여기에서도 필자는 속담으로 귀납 추론되는 논증으로부터 "어떠한 일을 추진했다면 열심히 노력하자"(C)란 권유적 화행을 함축적으로 추론하고 있음을 알 수 있다.[12)]

그러나, 논리적 논증을 논거화하여 화용적 논증을 수행하지만 화행결론을 담화맥락에 따라 함축적으로 추론하는 양상도 있다.

(18) (...) et un proverbe populaire dit aussi que **celui qui sème le vent récolte la tempête**(PM). Jojakin avait semé le mal pendant 3 mois, il en a récolté 37 ans de malédiction dans les geôles de Babylone. Pensez à cet effrayant rapport : 3 mois, 37 ans ! Beaucoup en sont là , ils sèment le péché dans une courte vie(P) et ils récolteront une éternité de malédiction(R). (http://www.info–bible.org/legrand/1.10.htm)

((...) 한 민간속담은 '**바람을 심는 자는 폭풍우를 불러온다**'(PM)고 말한다. 여호야긴 왕은 석 달 동안 악행의 씨를 뿌리고 바빌론 감옥에서 37년의 불행을 겪었다. 석달과 37년, 이 끔찍한 비교를 생각해보라! 많은 사람들이 그와 같아서, 짧은 인생 동안 죄의 씨를 뿌리고(P) 영원한 불행을 수확하게 된다(R).

(1) Dans votre cas, votre chien est peut–être méfiant(R). Le chien jappe, car il veut avertir lorsqu'il croit qu'il y a un danger(P). On dit qu'«**un chien qui aboie ne mord pas**»(PM), il demande de l'aide, il veut défendre ses proches(Q). Méfiez vous par contre d'un chien qui montre les crocs. Ceci est un signe d'agressivité et il risque de mordre. Les chiens sont

12 여기에서는 귀납논증 결론인 속담 자체가 바로 화행결론으로 실현되고 있다.

souvent méfiants envers les étrangers qui entre dans leur demeure.

(http://pattespoilus.actifforum.com/t41–mon–chien–jappe–trop)

(당신의 경우, 아마도 당신 개는 경계하는 것 같습니다(R). 개가 위험하다고 생각할 때는 경고하기 위해 짖습니다(P). **'짖는 개는 물지 않는다'**(PM)는 속담처럼, 그 개는 도움을 요청하고 주위 사람들을 보호하고자 하는 것입니다(Q). 그러나, 이빨을 드러내는 개는 조심하세요. 그것은 공격신호이며 물 위험이 있습니다. 개들은 자기 처소에 들어오는 모르는 사람들에 대해 경계하기도 합니다.)

(18)의 담화는 구약성서에 나오는 유다 왕 Jojakin에 대한 이야기를 담고 있는데, 필자는 '사소한 악이 큰 화를 초래한다'(PM)는 속담을 통해 석 달 간의 폭정 끝에 바빌론의 왕에게 포로로 잡혀가 37년간의 감옥생활을 했던 Jojakin을 예증적으로 묘사하고, 오늘 날에도 "짧은 인생 동안 죄의 씨를 뿌리는 자들"(P)은 "영원한 불행을 수확하게 될 것"(R)을 논증하고 있다. 그런데 담화의 전후 맥락을 살펴보면 필자는 이 논증을 논거 삼아 "죄를 짓지 말자"(C)라는 식의 화행결론을 함축적으로 추론하고 있음을 알 수 있다.

또한 앞서 분석한 (1)의 담화에서도, 필자는 "개가 우는 것은 위험을 알리고(P), 도움을 바라거나 주위 사람들을 보호하고자 하기(Q)" 때문에 "대화자의 개가 경계심이 많은 것"(R)이라는 견해를 논증하면서, 이 논증을 토대로 "당신 개는 정상이니 걱정 말라"(C)는 식의 화행결론을 함축적으로 추론하고 있다 할 수 있다.

마지막으로, 논리적 논증 과정을 거치지 않고 속담 자체를 논거화하여 화행결론으로 추론하는 양상을 살펴보자.

(19) Il y a aussi le cas où tu t'attendais à une explosion, un festival, une sorte de feu d'artifice sexuel, et puis... rien ou pas grand chose, quoi. Alors tu es déçue, et je comprends ta déception. mais sache que pour trouver chaussure à son pied, il faut parfois en essayer plusieurs avant de tomber sur la bonne(C). Enfin n'oublie pas ce proverbe millénaire qui te redonnera espoir les jours de déprime : "**chaque choucroute a sa saucisse**"(A)...

(http://www.i–love–mychoses.com/2008/02/05/j–ai–couche–avec–un–mec–et–c–ete–pa–bien)

(네가 폭발적 열정, 멋진 매너, 일종의 성적 불꽃을 기대했는데, 말하자면 꽝이고 별 일 없었을 수 있다. 그래서 실망하고 있는데, 너의 실망은 이해하지만 자기 발에 맞는 신을 찾기 위해서는 좋은 신이 걸릴 때까지 많이 시도해봐야 한다(C)는 것을 알아야 한다. 의기소침해있는 이 때, 다시금 희망을 주는 '**슈크루트마다 나름대로 맞는 소시지가 있다**'(A)라는 오래 전 속담을 잊지 말아라.)

(20) Comme le dit le proverbe : "**La première impression est souvent la plus bonne !**"(A) Alors, à vous de mettre toutes les chances de votre côté. Ne vous laissez pas intimider par le recruteur(C1), s'il vous a convoqué, c'est que vous l'intéressez. Finalement, il est lui aussi demandeur ! Surtout, il ne faut pas le considérer comme un adversaire(C2). L'entretien est avant tout une occasion pour chacun d'apprendre à se connaître et de déterminer si une collaboration est possible.

(http://contenu.monster.fr/13958_fr_p1.asp)

(속담에 이르기를 **'가끔은 첫 인상이 제일 좋다'**(A)한다. 모든 행운을 당신 것으로 만드는 것은 당신에게 달려있다. 면접관이 당신을 소환한다면 당신에게 관심이 있는 것이니 겁먹지 말라(C1). 궁극적으로 그 역시 요청자이다. 특히 그를 적대시 말아야 한다(C2). 면접이란 무엇보다 각자가 자신을 아는 법을 배우고 협력이 가능한지를 결정할 기회이다.)

(19)의 담화에서는, 새로 만난 남자와 맞지 않아 실망한 젊은 여성을 위로하던 상담자가 '누구나 자기에게 맞는 짝이 있다'(A)란 속담을 논거로 "좋은 남자를 만날 때까지 여러 남자를 사귀어 보라"(C)고 권유하는 간접화행 결론을 수행하고 있는데, 논리적 논증이 전제되어 있지 않음을 볼 수 있다.

(20)의 담화는 취업면접 유의사항 관련 내용인데, '가끔은 첫 인상이 제일 좋다'(A)라는 속담이 논거로 기능하면서 "겁먹지 말라"(C1)라는 직접화행 결론과 "면접관을 적대시 말라"(C2)는 간접화행 결론이 동시에 추론되는 경우라 할 수 있다.

지금까지의 화행결론 양상 분석을 통하여 우리는 화용적 논증이 네 번째 유형을 제외하고 모두 논리적 논증이 논거로 작용하여 전개된다는 사실을 확인할 수 있었다. 따라서, 이 두 논증은 배타적인 관계에 있지 않고 연계적이고 유기적으로 작용하여 담화 전체의 논증을 구성한다 할 수 있다.

2.5. 정리

우리는 지금까지 본 절에서 속담인용 담화 내에 작용하는 다양한 유형의 논리적 논증 양상과 화용적 논증 양상을 관련 인터넷 자료 분석을 통하여 분류하고 그 구체적 논증과정을 밝혀보았다. 이를 정리하면 다음과 같다.

첫째, 수사학적 논증의 일반적 특성들을 정리하고 논증 유형을 논리적 논증, 화용적 논증, 언어적 논증으로 구분하였다. 우리의 관심사는 논리적 논증과 화용적 논증으로 논리적 논증은 다시 연역논증인 생략삼단논법과 귀납논증인 유비논증, 단순 귀납논증으로 세분하였다.

둘째, 속담인용 담화에 작용하는 대표적 논증인 생략삼단논법은 논증요소들인 대전제, 소전제(또는 논거), 결론이 모두 출현하고, 결론이 생략되거나 논거인 소전제가 생략될 수 있음을 구체적 사례 분석을 통해 확인하였다.

셋째, 귀납논증인 유비논증은 대체로 예증유추 작용에 의존하고 있으며, 구체적 사례와 귀납추론에 의해 속담의 준보편적 가치가 확증되는 단순 귀납논증 양상도 발견할 수 있었다.

넷째, 논리적 논증의 해석기제 만으로는 실제담화에 실현되는 화행결론을 설명할 수 없어 화용적 논증작용 분석 필요성을 강조하였고 화용적 논증양상의 네 유형을 구분하였다.

다섯째, 생략삼단논법의 논증을 논거화하여 화행결론으로 추론하는 경우, 유비논증이나 단순 귀납논증을 논거화하여 화행결론으로 추론하는 경우, 논리적 논증을 논거로 사용하나 담화맥락에 맞추어 화행결론을 함축적으로 추론하는 경우, 논리적 논증 과정을 거치지 않고 속담 자체를 논거화하여 화행결론으로 추론하는 경우들을 구체적 화행결론 양상 분석을 통해 확인하였다.

여섯째, 논리적 논증과 화용적 논증은 배타적인 관계에 있지 않고 연계적이고 유기적으로 작용하여 담화 전체의 논증을 구성한다 할 수 있다.

3. mais와 논증기능

3.1. 속담 논증기능의 양면성

앞 절에서 살펴본대로, 속담은 언중의 지혜와 집단의식에 기반을 둔 권위적 발화체로서 논증담화에 있어 담화 틀 또는 대전제의 기능을 수행한다 할 수 있다. 이처럼 속담이 담화 내에서 준보편적 권위성에 의해 논증강화의 수단으로 사용되는 경우가 많은 반면, 그 권위가 부정되어 속담 자체의 논증력이 약화하거나 훼손되는 경우도 많다.

다음 예들처럼, 속담이 논증강화 기능을 수행하지 못하고 상반된 관점에 의해 부정되거나 반박되는 사례가 적지 않은 것이다.

(21) "**La musique adoucit–elle les mœurs**", comme dit le proverbe ? *Pas toujours*, semble–t–il... Si certains types de musique nous apaisent et nous rechargent, d'autres au contraire ont le don de nous énerver ou de nous déprimer. (www.epm–editions.com/plus–sons.html)

(속담의 말처럼 '**음악은 풍속을 순화한다**'는 게 사실일까? *항상 그렇지는 않는* 것 같다. 어떤 유형의 음악은 우리를 편안하게 하고 재충전시켜 주지만 반대로 다른 어떤 것들은 우리를 무기력하게 하거나 의기소침하게 하기도 한다.)

(22) "**Prudence est mère de sûreté**", dit–on. Les marchés ont *cruellement contredit* le proverbe ces derniers mois. Les fonds classés «prudents»ont chuté au moins autant, sinon plus, que ceux des autres catégories. Aucun fonds de notre palmarès n'affiche de performance positive sur un an.
(www.challenges.fr/magazine/0118–002170/)
(사람들은 '**신중함은 안전의 어머니다**'라고 말한다. 최근 몇 달 동안 시장은 이 속담에 *가혹하게 어긋났다*. '신중한' 펀드는 다른 분야의 펀드보다 최소한 그만큼 아니면 더 폭락했다. 우리 순위표에 올라있는 어떤 펀드도 일 년 동안 긍정적 실적을 기록하지 못했다.)

이는 필자가 자신의 주관적 가치판단에 따라 속담의 공인된 준보편성을 거부하는 경우들인데, 예를 들어 (21)의 담화에서 화자는 '음악은 풍속을 순화한다'는 속담을 인용하면서 그 준보편성을 일정 부분 인정하지만 궁극적으로 *Pas toujours*란 표현으로 논증기능을 부정하고 있다.

(22)의 담화에서도 필자는 '신중함은 안전의 어머니다'란 속담이 최근의 주식시장과는 맞지 않다는 반론을 *contredire cruellement*(가혹하게 어긋나다)라는 표현으로 부각시키고 있다. 이 속담은 실제로 상반된 관점을 표상하는 *Qui ne risque rien n'a rien*(모험을 피하는 자는

아무 것도 못 얻는다)을 대립속담으로 갖고 있음을 알 수 있다.

그런데, 속담인용에 사용되는 논증 연결사 mais는 다음 (23)와 (24)의 예처럼 각각 속담의 논증강화 기능을 작용하게 하기도 하고 속담의 권위와 논증력을 훼손하기도 한다.

(23) J'ai toujours été un grand fan des services de Google(P), d'ailleurs j'ai très souvent relayé sur ce blog les dernières news et sorties. *Mais* comme dit le proverbe : "**qui aime bien châtie bien**"(PM). Voici donc mon coup de gueule contre cette publicité russe pour Gmail(Q).
(www.fredcavazza.net/2008/02/23/google-en-manque-dinspiration/)
(나는 항상 구글의 서비스를 활용하는 열성 팬이었다(P). 게다가 나는 최근 뉴스와 출판소식들을 그 블로그에 퍼날랐다. *그러나* 속담에서 말하듯 '**사랑하는 자식 매로 키운다.**'(PM) 그래서 Gmail에 관한 이 러시아 광고에 대해 한 소리 하겠다(Q).)

(24) Un proverbe dit : "**si nous avons chacun un œuf et que nous l'échangeons, nous n'aurons toujours qu'un œuf chacun**", *mais* si nous avons chacun une idée et que nous l'échangeons, nous aurons chacun deux idées. L'une des stratégies du CTA pour promouvoir le développement agricole et rural des pays ACP est de favoriser les échanges d'information entre les différents acteurs. (www.cta.nl/ssd/indexfr.htm)
(속담에 이르기를 '**각자가 달걀을 하나씩 교환하면 각각 하나의**

달걀만 갖게 된다' *그러나*, 우리 각자가 하나의 아이디어를 가지고 서로 교환하면 우리는 각각 두 개를 갖게 될 것이다. ACP 국가들의 농업 및 지방 발전을 촉진하기 위한 CTA의 전략들 중 하나는 서로 다른 당사자들 간의 정보교환을 용이하게 하는 것이다.)

(23)의 담화에서 필자는 "구글의 서비스를 활용하는 열성 팬"(P)이라는 논거를 통해 "구글 이용에 만족한다"(R)는 함축적 결론을 지향하는 논증을 양보적으로 수용하면서도 논증력이 더 강한 논거인 "Gmail에 관한 러시아 광고에 대해 쓴 소리"(Q)를 표출함으로써 담화 전체의 논증을 "불만족스럽다"(~R)는 상반된 결론으로 유도하고 있는데, 필자는 '사랑하는 자식 매로 키운다'(PM)란 속담을 인용하여 후자의 논증을 강화하고 있음을 볼 수 있다.

이와 반대로, (24)에서는 필자가 '농업협력 전문기구(CTA)'의 활동 전략과 관련하여, 속담 – '각자가 달걀을 하나씩 교환하면 각각 하나의 달걀만 갖게 된다' – 의 논증력을 양보연결사 mais의 기능을 통하여 부정함으로써, "각자 아이디어를 하나씩 교환하면 각각 두 개의 아이디어를 갖게 된다"고 역논증하고 있는데, 여기에서는 속담의 논증기능이 훼손되고 있음을 보게 되는 것이다.

이처럼, mais는 논증담화 내에서 속담의 논증강화 효과를 부여하는 논증 연결사로 기능하기도 하지만, 속담의 준보편적 가치를 양보적으로만 수용하도록 유도함으로써 그 논증기능을 약화하거나 훼손하기도 한다는 사실을 알 수 있다.

3.2. mais의 역논증 규칙

mais가 속담의 논증기능에 상반된 영향을 미치는 양상들을 분석하기 전에, 먼저 mais가 갖는 일반적인 논증규칙을 살펴보자.[13)]

Anscombre et Ducrot(1977), Moechler et de Spengler(1982), Maingueneau(1986), Anscombre(2002a) 등에 따르면, 연결사 mais는 논증대립 관계의 두 발화체를 연결할 때 선행 발화체의 논증적 타당성을 인정하지만 후행 발화체에 더 강한 논증력을 부여하여 단언함으로써 선행 발화체의 논증가치를 훼손하는 결과를 낳는데, 이러한 논증작용을 역논증이라 한다. 따라서, 논증작용에 간여하는 mais는 정확히 말해서 역논증 연결사라 할 수 있다.[14)]

그런데 이들에 따르면, mais의 역논증 방식은 직접 역논증(contre–argumentation directe) 규칙과 간접 역논증(contre–argumentation indirecte) 규칙으로 구분된다. Anscombre(2002a: 120)는 두 규칙을 대략 다음과 같이 정의하고 있다.

> 정의: P가 선행 발화체이고 Q가 후행 발화체인 P *Conec* Q를 하나의 담화연쇄라 하고 *Conec*을 연결사라 하자. 이 연쇄의 P가 결론 R에 대한 논거인 반면 Q가 상이한 결론 ~R의 논거가 될 때 이 연쇄에 간접 역논증이 작용하고, P가 ~Q의 논거가 될 때 이 연쇄에 직접 역논증 작용이 일어난다.

13 Anscombre et Ducrot(1977), Maingueneau(1986: 135–140)는 논증 연결사 mais의 상이한 화용적 대립기능에 근거하여 '논증적 mais(mais d'argumentation)'와 '반박적 mais(mais de réfutation)'를 구분하는데, 속담의 논증기능에 관하여는 논증적 mais의 역논증 작용이 미치는 영향이 더 크다.

14 mais는 선행 발화체의 논증을 양보적으로 인정하게 한다는 점에서 양보 연결사(connecteur concessif)로 부르기도 한다.

이 정의에 따르면, mais에 의한 논증대립의 두 규칙을 다음과 같이 도식화할 수 있다.[15]

(25) 직접 역논증(삼각도)

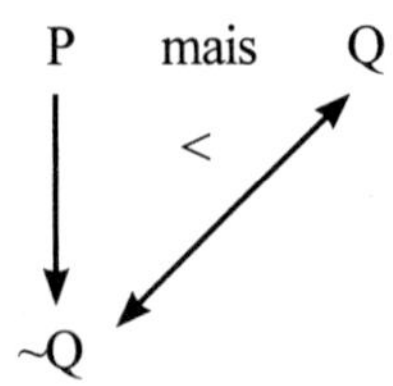

(26) 간접 역논증(삼각도)

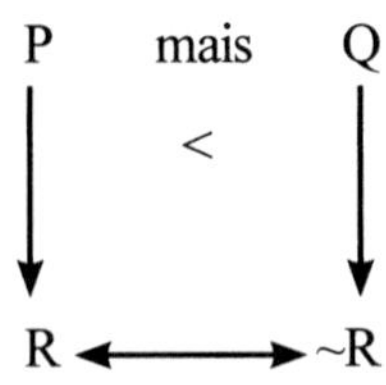

다음 담화연쇄의 예들을 통하여 두 규칙의 적용 결과를 분석하기로 한다.

(27) a. La rivière est en crue, *mais* le pont ne s'est pas effondré. (강물이 불어났다. *그러나* 다리는 무너지지 않았다)

b. Il fait beau, *mais* je ne sortirai pas. (날씨가 좋다. *그러나* 외출하지 않겠다)

(28) Il fait beau, *mais* je suis fatigué. (날씨가 좋다. *그러나* 피곤하다)

(27)의 두 연쇄는 직접 역논증 규칙이 적용된 예들이다. (27a)에서 화자는 논거인 "강물이 불어남"(P)이 "다리가 무너짐"(~Q)의 결론으로 추론됨을 양보적으로 인정하지만 그 결론과 상반된 "다리가 무너지지 않았다"(Q)는 사실을 단언함으로써 이 연쇄에서는 P의 결론 ~Q와 논거 Q 간의 직접대립에 의한 역논증이 이루어지고 있다. 이 때 P와 ~Q 간의 논증추론은 '강물이 불어나면 다리가 무너진다'는 객관

15 P, Q : 논거(또는 소전제), → : 논증추론, ↔ : 논증대립, < 논증력 차이

적 인과관계에 의해 성립이 되므로 논리적 양보(concession logique) 작용이 개입된다 할 수 있다.

(27b) 또한 직접 역논증 규칙이 적용된 예인데, 화자는 "날씨가 좋아서"(P) 당연히 "외출해야 하는데"(~Q) "외출 않겠다"(Q)고 단언함으로써 선행 발화체의 논증을 직접적으로 훼손하고 있다. 이 때 P와 ~Q 간의 논증추론은 '나는 날씨가 좋으면 외출한다'라는 화자의 관습적 행위규범에 근거하므로 논증적 양보(concession argumentative)가 작용한다 할 수 있다.[16]

다음으로, (28)의 예는 (27)처럼 선행 발화체의 논증 결론과 후행 발화체가 직접적으로 대립하지 않고 선행 발화체의 결론과 후행 발화체의 결론이 대립하여 간접 역논증이 실현된 경우이다. 이 연쇄에서 화자는 "날씨가 좋아서"(P) "외출해야 하지만"(R) "피곤해서"(Q) "외출하지 않겠다"(~R)고 단언하고 있는데, 화자는 mais를 통하여 선행 발화체의 논증을 양보적으로 수용하면서도 논증력이 강한 후행 발화체의 논증을 선택하고 있다. 이때 논증대립은 각 발화체의 함축 결론들 사이에 이루어지므로 간접 역논증 규칙이 적용되고 있다 할 수 있는 것이다.

3.3. 속담의 논증강화 기능

이제 우리는 속담이 논증 연결사 mais와 결합할 때 속담의 논증강화 기능이 역논증 규칙에 의해 어떤 양상으로 구현되는지 분석하기

16 논리적 양보와 논증적 양보의 추론적 차이는 Moechler et de Spengler(1982: 15–17)를 참고할 것.

로 한다. 이 때 관련 발화체는 *P mais Q (comme) Prov*의 구조를 갖는다.[17]

먼저 담화연쇄에서 속담의 논증강화 기능이 직접 역논증 규칙에 의해 작용하는 경우를 분석하기로 하자.

(29) À l'heure actuelle, il n'y a plus beaucoup de musiciens en France qui pratiquent ce merveilleux instrument. C'est pourquoi j'ai été surpris de voir en 1990 au Festival de Dore l'Eglise, Nadine Marinelli du défunt stringband old time français "Appalaches" en jouer et ma foi fort bien.

Ce que peu de gens savent, c'est qu'en France nous avons en la personne de Patrick Couton l'un des meilleurs autoharpistes du monde(P) *mais* comme dit le proverbe : "**Nul n'est prophète en son pays**"(PM), il est beaucoup plus connu aux Etats–Unis que chez nous(Q).

(www.france–bluegrass.org/autoharp.htm)

(오늘날 프랑스에서 이러한 멋진 악기를 연주하는 음악가는 그리 많지 않다. 그 때문에 1990년 도르 레글리즈 축제에서 프랑스 이전 세대 현악단 «아팔라쉬»의 나딘 마리넬리가 그것을 연주하는 것을 보고 정말이지 놀랐다. 사람들이 잘 모르는 사실이지만, 프랑스에서 파트릭 쿠통이란 인물은 세계에서 가장 뛰어난 오토하프 연주자들 중 하나이다(P). *그러나*, '**아무도 자기 고향에서는 예언자가 될 수 없다**'(PM)라고 속담에서 말하듯이 그는 프랑스보다 미국에서 훨씬 더 잘 알려져 있다(Q).)

17 물론, *P mais (comme) Prov Q*와 같은 변이형도 해당된다. Prov = proverbe

이 담화는 프랑스에서 잘 알려지지 않은 오토하프 연주자 Patrick Couton에 대한 소개 글인데, 필자가 이 연주자는 "세계적으로 뛰어난 연주자이기"(P) 때문에 "프랑스에서 유명해야함에도"(~Q) "프랑스보다 미국에서 더 잘 알려져 있다"(Q)고 평함으로써 mais의 직접 역논증 규칙이 적용된 논증담화라 할 수 있다. 이 담화에 인용된 '아무도 자기 고향에서는 예언자가 될 수 없다'(PM)란 속담은 대전제로서 이 역논증의 논증기능을 강화하고 있음을 알 수 있다.

다시 말해서, 필자는 세계적 수준의 연주자는 프랑스에 잘 알려지는 것이 당연하다는 논증을 mais를 통하여 함축적으로 인정하면서도 현실적으로 그렇지 못함을 역논증하고 있는 것이다. 이 논증과정은 다음과 같이 도식화할 수 있다.

(29)' PM = 아무도 자기 고향에서는 예언자가 될 수 없다
AT : P = 파트릭 쿠통은 세계적으로 뛰어난 오토하프 연주자이다
↓(함축적)
~Q = 프랑스에서 유명하다
↕ ∧ 역논증
Q = 프랑스에서 덜 알려져 있다

다음으로 속담이 간접 역논증 규칙에 대전제로 개입하여 논증기능을 강화하는 경우를 살펴보자.

(30) Et nous, les Européens, que faisons–nous ? Nous sommes sur la bonne voie, même si ce n'est jamais assez et jamais totalement(P), *mais* nous sommes sur la bonne voie(Q), comme le dit proverbe : **l'union fait la force !**(PM) (…)

Nous unissons nos forces dans un cadre qui nous permet de coopérer économiquement, socialement et démocratiquement d'égal à égal avec d'autres régions du monde, afin de sauvegarder les droits de l'homme et la paix dans le monde(Q). Tel est le but de ce traité !

C'est pourquoi, nous les sociaux-démocrates et les socialistes de ce Parlement, souhaitons approuver ce traité et l'avis de nos rapporteurs sur ce traité par conviction profonde(~R) car nous pensons qu'il indique la bonne voie.

(http://www.europarl.europa.eu/sides/getDoc.do?pubRef=-//EP //TEXT +CRE+20080220+ITEMS+DOC+XML+V0//FR&language=FR)

(그럼 우리 유럽인들은 어찌 해야 할까? 우리는 바르게 잘 나아가고 있다. **'단결하면 힘이 된다'**(PM)는 속담에서 말하듯이 설사 충분하지 않고 완전하지 않다(P) 하더라도 *그러나* 우리는 올바로 가고 있다. (...) 우리는 인권과 세계평화를 보호하기 위해 세계의 다른 지역들과 동등하게 경제, 사회, 민주적으로 협력할 수 있는 틀 속에서 우리의 힘을 결집하고 있다(Q). 그래서 이 국회 내의 사회민주주의자들인 우리와 사회주의자들은 이 조약이 바른 길을 보여준다고 믿기 때문에 전적인 확신을 가지고 이 조약을 비준하고 이 조약에 대한 우리 보고자들의 의견에 동의하고자 한다(~R).)

(30)의 담화에서, 화자는 유럽연합의 개혁 조약인 리스본 조약(Traité de Lisbonne)의 국회 비준 필요성과 관련한 발언가운데, "아직 준비가 불충분하고 완전하지 않아"(P) "조약의 국회 비준이 시기상조다"(R)라는 주장을 함축적으로 인정하지만 그래도 "회원국들 간의 경제, 사회, 민주적 협력을 위한 힘의 결집이 잘 되어 있어"(Q) "조

약의 비준과 보고서 의견에 대한 동의를 원한다"(~R)고 단언하고 있는데, 자신의 역논증을 강화하기 위한 방편으로 '단결하면 힘이 된다'(PM)는 속담을 사회 통념적 대전제로 인용하고 있음을 알 수 있다.

이 경우는 mais의 간접 역논증 규칙이 적용된 예로서 논증도식은 대략 다음과 같다.

(30)' PM = 단결하면 힘이 된다
AT1 : P = 준비가 불충분하고 완전하지 않다
↓ (함축적)
∧ R = 조약의 국회 비준이 시기상조다
AT2(역논증) : Q = 회원국들 간의 경제, 사회, 민주적 협력을 위한
↓ 힘의 결집이 잘 되어 있다
~R = 조약의 비준과 보고서 의견에 대한 동의를
원한다

이처럼 속담은, mais가 사용된 (29), (30)의 담화연쇄를 통해 알 수 있듯이, 직접 역논증이든 간접 역논증이든 필자의 논증을 강화하기 위해 대전제의 위상을 가지고 인용되고 있다.

이는 Anscombre(1995b: 73)의 주장대로 속담은 추론의 고리, 즉 논거나 결론과 같은 논증요소가 될 수 없을 뿐 아니라 단언될 수 없고 대전제로만 인용되는 특성을 가진다는 견해를 방증한다 할 수 있다.

> 우리는 속담이 왜 언어에 있어 추론의 고리가 아닌지를 이해한다. 우리는 속담을 단언하지 않고 오히려 원용하고 내세운다. 그로부터 속담에는 인용과 유사한 성격이 부여되고 있다.

같은 맥락에서 Gómez–Jordana Ferary(2009b: 169)도 속담은 "논거가 될 수 없고 추론모형(modèle de raisonnement)이나 보증문(garant)이 될 뿐"이라고 주장하고 있다.

그러나, 자료체 분석 결과 속담 자체가 논거로서 화자나 필자의 단언의 대상이 되는 경우를 발견할 수 있다. 다음의 예들을 살펴보자.

(31) Notre amour va–t–il survivre aux kilomètres qui nous séparent ? Le poète Roger Bussy Rabutin nous rassure : «l'absence est à l'amour ce qu'est le vent au feu. Il éteint le petit il allume le grand»(P). *Mais* le proverbe dit aussi «**loin des yeux loin du cœur**»(Q)... Adage populaire ou homme de lettres, qui a raison ?

Etudes, raisons professionnelles ou simplement âme voyageuse, les raisons de partir vivre ailleurs sont multiples. Du coup, celles de vivre un amour à distance aussi. (...) Et ceux qui sont séparés au firmament de leur amour sont déchirés. Pour certains, ça passe, pour d'autre, ça casse. En cause ? La nouvelle vie de celui qui part, l'ennui de celui qui reste ou au contraire, ce manque immense auquel on reconnaît les vraies passions. Mais dans ce cas, mieux vaut ne pas rester séparés trop longtemps(~R).

(www.femmemag.tv/spip.php?page=article&id_article=118&id_rubrique=2)

(사랑은 우리를 갈라놓은 수 킬로의 거리를 극복할 수 있을까? 시인 로제 뷔시 라뷔탱은 우리에게 다음과 같이 확신을 준다 : '사랑과 부재의 관계는 불과 바람간의 관계와 같다. 불씨가 작으면 꺼지

지만 크면 타오른다'(P) *그러나* 속담에 이르기를 '**안 보면 마음도 멀어진다**'(Q)... 민중 속담과 문인, 누가 옳을까? 공부, 직업적 이유나 단지 여행의 감정, 떨어져 살고 싶은 이유 등 다양한 이유들이 있다. 또한 멀리서 사랑을 느끼고픈 이유도 있다. (...) 사랑의 세계에서 떨어져 있는 사람들은 몹시 고통스럽다. 어떤 사람들에게는 그것이 별일 아니지만 다른 사람들에게는 타격이 된다. 문제가 될까? 떠난 자의 새로운 삶과 남은 자의 지루함, 또는 반대로 진정한 열정을 인식하게 해주는 기나긴 공백. 그러나 이런 경우 너무 떨어져있지 않는 것이 더 좋다(~R).)

(32) Il m'a aussi fallut accélérer mes travaux de fond sur Gheb (...) pour pouvoir améliorer la page de présentation d'un adhérent. Et ces travaux risquent de se poursuivre quelques temps, si je veux aller au bout de mes idées... Cela dit, nos travaux rédactionnels doivent aussi se poursuivre. J'ai donc profité de la venue de Marius pour réaliser mon article mensuel de *À la tribune*, et j'ai encore trouvé un peu de temps pour faire progresser le dossier sur la Décroissance volontaire. De ce côté, il est clair que le travail est immense(P), *mais* "**un pas après l'autre**", comme dit le proverbe(Q).

(http://www.vierurale.com/EditoMC.php?tCible=vrEdito&Id=0505)

(나는 한 회원의 소개 면을 수정할 수 있도록 갭에 대한 초고작성에 속도를 내야했다. 그런데, 내 생각을 그대로 반영하려면 시간이 길어질 위험이 있었다. 그렇지만 나는 우리 편집 작업을 계속해야 했다. 그래서 나는 논단에 매월 기고하는 기사를 작성하기 위해 마리위스의 도착을 이용하였고, '의도적 감소'에 대한 원고작성을

진척시키는데 있어 다시 다소간의 시간을 벌게 되었다. 이러한 점에서 볼 때 업무가 과중한 것은 분명한 사실이다(P). 그러나, 속담의 말처럼 **'한 걸음 한 걸음씩'**(Q).)

(31)의 담화는 멀리 떨어져 지내야 하는 두 연인 사이의 애정 문제를 다루고 있는데, "사랑과 부재의 관계는 불과 바람간의 관계와 같다. 불씨가 작으면 꺼지지만 크면 타오른다"(P)란 시인 Roger Bussy Rabutin의 말과 '안 보면 마음도 멀어진다' (Q)란 속담을 mais로 대립시키며 논증 연결하고 있다. 여기에서 필자는 이 두 통념 중 어느 것이 옳은지 독자에게 선택을 유도하면서 자신의 주장을 펼치고 있는데, 두 관점에 대한 여러 보충설명을 한 끝에 P로부터 함축적으로 추론할 수 있는 "사랑이 크면 떨어져 있어도 좋다"(R)란 결론보다 "너무 오래 안 떨어져 있는 것이 좋다"(~R)는 반대 결론을 추론함으로써 간접 역논증을 통하여 속담의 관점을 선택하고 있다.

관련된 논증도식은 다음과 같이 정리할 수 있다.

(31)' AT1 : P = 부재상황에서 사랑의 불씨가 작으면 꺼지지만 크면 타오른다

∧ ↓(함축적)

R = 사랑이 크면 떨어져 있어도 좋다

AT2(역논증) : Q(속담) = 안 보면 마음도 멀어진다

↓

~R = 너무 오래 안 떨어져 있는 것이 좋다

또한 (32)의 담화에서, 필자는 시간에 쫓길 정도로 자신의 기사편집 업무가 과중하다는 사실을 구체적 예를 들어 토로하면서, 자조적

으로 "편집업무가 과중한 것은 사실이기"(P) 때문에 "시간 내에 일을 못 끝낼 수도 있다"(R)와 같은 결론을 함축적으로 논증하면서 그래도 '한 걸음 한 걸음씩'(Q) 하다보면 "일은 끝낼 수 있을 것이다"(~R)라고 역시 함축적으로 역논증하고 있다. 여기에서도 두 결론은 상호 함축적으로 추론되며 속담은 역논증 과정의 논거로 사용되고 있음을 알 수 있는 것이다. 관련 논증도식은 대략 다음과 같다.

(32)' AT1 : P = 편집업무가 과중한 것은 사실이다
↓ (함축적)
∧ R = 시간 내에 일을 못 끝낼 수도 있다
AT2(역논증) : Q(속담) = 한 걸음 한 걸음씩
↓ (함축적)
~R = 일은 끝낼 수 있을 것이다

이처럼 이 두 담화연쇄에서 속담은 분명히 대전제로 인용되면서도 동시에 필자의 단언의 대상인 논거로 사용되고 있는데, 우리의 분석 결과 이러한 경우에는 대부분 mais의 간접 역논증 규칙이 작용하는 것 같다.[18)]

3.4. 속담의 논증기능 훼손

이제 우리는 속담 자체가 mais에 의해 부정의 대상이 됨으로써 그 권위와 논증력이 약화하여 논증기능이 훼손되는 사례들을 고찰하기

18 그러나, 속담이 대전제이면서 결론으로서 논증강화 기능을 수행하는 사례는 발견하지 못했다.

로 한다. 이러한 경우 속담은 논증연쇄 전체에 영향을 미치는 대전제로 작용하지 못하고 선행 담화나 발화체 내에서 양보적 논증의 논거로 인용될 뿐이라고 간주할 수 있는데, 이 때 속담은 *P (comme) Prov mais Q*의 연쇄구조를 갖는다.

먼저 다음의 예를 분석해보기로 한다.

(33) Au Guatemala, nous sommes au cœur même de l'Amérique indienne, à l'épicentre de la discrimination, des massacres, de la militarisation et de la politique de la terre brûlée qui a fait couler tant de sang, provoqué tant de souffrance dans mon pays ces dix dernières années.

"**Un peuple qui a faim est un peuple qui ne connaît pas la paix**"(P) comme le dit l'un de nos proverbes, *mais* il ne fait aucun doute que la justice est elle aussi importante(Q). En d'autres termes : égalité devant les lois ; jugement et punition pour ceux qui enfreignent les droits les plus élémentaires de l'homme ; liberté d'expression et d'organisation ; et droit pour les personnes de participer pleinement à la construction de leur avenir. (http://unesdoc.unesco.org/images/0014/001475/147530f.pdf)

(우리 과테말라는 인디언 아메리카의 중심부에 있고 인종차별, 학살, 군국주의화, 초토화 정책의 진앙지인데 최근 십여 년 동안 엄청난 피를 흘렸고 극심한 고통을 유발하였다. 우리 속담들 중 하나의 말처럼 **'배고픈 민족은 평화를 모른다.'**(P) *그러나*, 정의 역시 중요하다는 사실은 의심의 여지가 없다(Q). 다시 말해서, 법 앞에 평등, 가장 기본적 인권을 위반하는 자들에 대한 심판과 징벌, 표현

과 결사의 자유, 자신들의 미래구축에 참여하는 자들의 권리가 그러한 것들이다.)

위의 담화에서 속담은 선행 담화에 대한 양보적 논증요소로 인용될 뿐 mais를 통한 필자의 역논증에 있어 논증강화 기능을 전혀 발휘하지 못하고 있다. 즉, 필자는 Guatemala에서 최근 십여 년 동안 자행된 인종차별, 학살, 군국주의화, 많은 피를 흘리고 고통을 유발한 초토화 정책의 현실을 지칭하기 위해 '배고픈 민족은 평화를 모른다'(P)란 속담을 논거로 인용하고 있는데, 이 논거에 근거하여 "이러한 민족에게 정의는 무용지물이다"(~Q)라는 함축적 결론을 내세우면서도, mais의 직접 역논증 규칙을 통해 부정함으로써 그렇다 하더라도 "그들에게 정의 역시 중요하다"(Q)라고 단언하고 있는 것이다.

이 경우의 논증과정은 다음과 같이 도식화할 수 있다.

(33)' AT : P(속담) = 배고픈 민족은 평화를 모른다
↓ (함축적)
~Q = 이러한 민족에게 정의는 무용지물이다
↕ ∧ 역논증
Q = 그들에게 정의 역시 중요하다

이처럼 mais에 의해 속담의 논증기능이 훼손되는 현상은 다음과 같이 간접 역논증 규칙이 적용된 담화연쇄에서도 발견할 수 있다.

(34) Le proverbe dit que <u>**l'alcool aide à noyer le chagrin**</u>(P), *mais* <u>en réalité, il ne fait que le prolonger</u>(Q), révèle une étude

menée par des chercheurs de l'université de Tokyo. L'équipe dirigée par le professeur en pharmocologie Norio Matsuki, explique que l'éthanol contenu dans l'alcool ne fait pas oublier, comme on le croit généralement, mais au contraire conserve les souvenirs bien encrés dans la mémoire. «Pour oublier quelque chose de négatif, il vaut mieux l'effacer par quelque chose de positif le plus vite possible et ne pas toucher à l'alcool(~R)», a conseillé Matsuki.
(www.leconomiste.com/article.html?a=84448)
(속담에 이르기를 **'술은 시름을 달래준다'**(P) 한다. *그러나* 실상은 그 시름을 연장시킬 뿐이라(Q)고 도쿄대학의 연구진들에 의한 연구에서 밝혀졌다. 약리학 교수인 노리오 마츠키씨는 알코올에 함유된 에탄올은 일반적 믿음처럼 잊게 해주는 것이 아니라 반대로 기억에 내장된 추억들을 보존해준다고 설명한다. "부정적인 무언가를 잊기 위해서는 가능한 빨리 긍정적인 무언가로 그 것을 지우고 술을 입에 대지 않는 것이 좋다(~R)"고 마츠키씨는 권장했다.)

위의 담화에서 필자는 일차적으로 '술은 시름을 달래준다'(P)란 속담을 인용하고 이를 논거 삼아 "시름을 달래기 위해서는 술을 마시는 것이 좋다"(R)란 결론을 함축적으로 추론하고 있다. 그러나 필자는 이 추론을 양보적으로만 인정할 뿐, "술은 시름을 연장할 뿐"(Q)이라는 논증력이 더 강한 다른 논거를 내세워 "술을 입에 대지 않는 것이 좋다"(~R)라는 상반된 결론으로 역논증하고 있음을 알 수 있다. 여기에서 속담은 선행 발화체 내에서만 양보적 논증의 논거 역할을 할 뿐 mais의 역논증 작용에 의해 부정됨으로써 그 권위와 논증력 자체가 훼손되는 결과를 갖게 되는 것이다.

이 논증과정의 도식은 대략 다음과 같다.

(34)' AT1 : P(속담) = 술은 시름을 달래준다
↓ (함축적)
∧ R = 술을 마시는 것이 좋다
AT2(역논증) : Q = 술은 시름을 연장할 뿐이다
↓
~R = 술을 입에 대지 않는 것이 좋다

이처럼, *P (comme) Prov mais Q* 연쇄에서 속담은 mais의 역논증 규칙에 의해 그 준보편적 통념의 위상이 훼손되어 대전제로서 논증강화 기능을 수행하지 못하고 양보적 논증의 논거로만 이용됨을 알 수 있다. 따라서, 속담이 담화의 틀로서 대전제의 위상을 가지고 있어 논거로 사용될 수 없다는 Anscombre나 Gómez–Jordana Ferary의 견해는 수정이 불가피하다.

그런데, mais의 역논증 작용에 의해 고유의 준보편성과 함께 논증기능이 훼손되는 속담 대부분은 부분적 양화 속담이나 ∃LOC형 속담에 속한다 할 수 있다. 예를 들어, (34)의 담화에 인용된 속담 *L'alcool aide à noyer le chagrin*(술은 시름을 달래준다)에 대해 우리는 역시 *Le vin entre, la raison sort*(술이 들어가면 이성은 나간다)와 같은 대립속담을 찾아볼 수 있기 때문이다.

궁극적으로 속담 부정에 의해 속담의 논증기능이 훼손되는 경우는, 특정 인생관이나 가치관을 반영하는 속담의 화용적 준보편성을 화자가 양보적으로 인정하여 인용하지만 궁극적으로 속담과 다른 이데올로기를 표방함으로써 속담의 의미적 준보편성을 거부한 결과라 할 수 있다.

3.5. 속담의 보편적 가치 상실

논증자가 자신의 선행 발화체에 인용한 속담을 인정하지 않고 후행 발화체에 의해 반박함으로써 자신의 담화세계 내에서 속담의 준보편적 가치와 대전제의 위상이 상실되는 현상이 발생하기도 하는데, 이때 수행되는 mais의 화용기능은 역논증 기능이 아니라 반박기능(foction réfutative)이라 할 수 있다.

반박적 mais(mais de réfutation)는 다음 (35)처럼, 선행 발화체를 양보적으로 인정하는 것이 아니라 부정하여 반박하고 후행 발화체에 의해 정정하는 특징을 가지고 있다.[19]

(35) Ce n'était pas un défilé unitaire, *mais* une juxtaposition de groupes aux slogans contradictoires et aux objectifs disparates.
(그것은 단일 대오 행렬이 아니고, 상반된 구호와 잡다한 목적을 가진 집단들이 뒤섞인 행렬이었다.)

즉, 화자는 언급 대상이 된 행렬이 단일 대오 행렬이 아니라고 반박하고 상반된 구호와 잡다한 목적으로 뒤섞인 집단들의 무질서한 행렬이라는 사실로 정정해서 단언하고 있는 것이다.

우리는 *P (comme) Prov mais Q* 연쇄에서도 이와 유사한 반박기능이 작용한다고 간주되는 사례를 발견할 수 있다.

19 cf. "(...) 반박적 mais는 단일 발화의 전개에 있어 부정과 정정을 결합하는 일종의 대화의 출현을 전제로 한다." (Maingueneau, 1986: 136)

(36) *Nous ne pensons pas* que **la fin justifie les moyens**, *mais* que les moyens utilisés annoncent la fin. Nous avons une vieille expression : la fin justifie les moyens. Je ne pense donc pas que notre politique de la pêche doive être machiavélique et que la fin justifie les moyens.
(http://www.babla.fr/francais–anglais/la–fin–justifie–les–moyens)
(우리는 '**목적이 수단을 정당화한다**'고 *생각하지 않고* 사용한 수단들이 목적을 밝혀준다고 생각한다. 우리 옛 표현에 목적이 수단을 정당화한다는 말이 있다. 그래서 나는 우리의 어업정책이 아마도 권모술수적이고 목적이 수단을 정당화한다고는 생각하지 않는다.)

(37) Il y a un proverbe qui dit que **les jours passent et ne se ressemblent pas**. *Mais c'est faux*, car les jours passent et je pense toujours à toi. (http://louisette056.skyrock.com/)
('**날이 지나가면 달라진다**'라는 속담이 있다. 그러나 *그 말은 틀렸다*. 날이 지나가도 나는 여전히 너를 생각하기 때문이다.)

예를 들어서, (36)의 담화에서 필자는 자신의 주관적 가치판단(즉 *Nous ne pensons pas*)에 따라 담화세계 내에서 '목적이 수단을 정당화한다'란 속담을 반박하며 '사용한 수단들이 목적을 밝혀준다'고 정정하여 단언하고 있으며, (37)에서도 필자는 주관적 가치판단에 의해 '날이 지나가면 달라진다'란 속담이 "틀렸다"고 반박하면서 "날이 지나가도 나는 여전히 너를 생각하기"때문에 "날이 지나가도 달라질 것이 없다"라고 함축적으로 추론하여 정정하고 있는 것이다.

따라서 이 경우에 속담은 어떤 식으로든 논증에 개입하지 못하고

mais에 의해 반박되어 그 권위와 보편성을 상실하게 되는데, 이러한 속담들 역시 상반된 가치관을 표방하는 언중에 의해 그 의미적 보편성이 거부됨으로써 부분적 양화 속담이나 ∃LOC형 속담에 속한다 할 수 있다.[20]

3.6. 정리

우리는 지금까지 담화 내에서 속담이 논증 연결사 mais와 결합하여 인용될 때 그 논증기능에 어떤 영향을 받는지 분석하였는데, 많은 경우 대전제로서 화자나 필자의 논증을 보장하고 강화해주는 기능을 하지만 반대로 논증력이 약화하여 훼손되거나 그 준보편성을 상실하는 결과를 갖기도 한다는 사실을 알 수 있었다. 이를 정리하면 다음과 같다.

첫째, *P mais Q (comme) Prov*의 논증연쇄에서 속담은 mais의 직접 역논증과 간접 역논증 작용에 의해 후행 발화체의 논증을 강화하는 대전제의 기능을 발휘한다.

둘째, Anscombre(1995b)와 Gómez–Jordana Ferary(2009b)의 주장과 달리, 위의 논증연쇄에서 속담은 mais의 간접 역논증 작용에 의해 대전제와 동시에 논거로서 단언의 대상이 되기도 한다.

셋째, *P (comme) Prov mais Q*의 논증연쇄에서 속담은 mais의 역논증 작용에 의해 대전제의 위상과 논증력이 약화하여 선행 발화체 내에서 양보적 논증의 논거로 인용될 뿐 그 논증기능이 훼손된다.

20 예를 들어, 속담 *La fin justifie les moyens*에 대해 정반대의 가치관을 표방하는 *La fin ne justifie pas les moyens*이란 속담도 속담사전에 공인속담으로 등재되어 있음을 볼 수 있다.

넷째, 논증자가 mais의 반박기능을 이용하여 선행 발화체의 속담을 직접 반박함으로써 특정 담화세계 내에서 속담의 권위와 준보편성이 상실되는 경우도 있다.

다섯째, 논증기능이 훼손되거나 의미적 보편성이 상실되는 속담들은 대부분 부분적 양화 속담이나 ∃LOC형 속담이다.

이러한 고찰을 통하여, 우리는 속담인용 담화 내에서 속담의 두 모순적 논증기능 – 논증강화, 자체 논증기능 훼손 및 준보편성 상실 – 의 다양한 실현 양상을 확인할 수 있었고, 그에 따라 논증과 관련한 속담의 의미 · 화용적 위상을 재정립할 수 있었다.

4. 마무리

속담은 일반적으로 담화에 인용되어 논증자의 논증에 어떤 식으로든 영향을 미치게 되는데 본 장에서 우리는 속담의 주도적인 논증강화 기능과 함께 논증기능 훼손 및 속담 보편성 상실 양상을 밝혀보았다.

분석과정을 통하여, 우리는 먼저 속담의 논증강화 기능으로 작용하는 논리적 논증과 화용적 논증의 다양한 실현양상을 고찰하고자 하였다. 논리적 논증의 대표적 유형인 생략삼단논법에 있어 논증의 세 요소, 즉 대전제, 소전제, 결론은 모두 실현될 수 있고 담화맥락에 따라 생략될 수도 있음을 분류 근거가 되는 관련 사례들을 분석하여 밝혀보았다. 또한, 구체적 현상이나 사건들을 통하여 속담의 준보편성을 유추적으로 추론하는 담화 사례들을 분석함으로써 유비논증의 실현을 확인하였고, 속담의 내용과 관련된 구체적 현상이 귀납적으로 속담의 준보편성을 추론하는 경우도 예시하였다.

다음으로 화용적 논증양상을 화행적 관점에서 분석하였는데, 다양한 논리적 논증 유형을 논거화하여 화행결론으로 추론하는 경우, 논리적 논증을 논거로 사용하나 화행결론을 담화맥락에 맞추어 함축적으로 추론하는 경우, 논리적 논증 개입 없이 속담 자체를 논거화하여 화행결론으로 추론하는 경우 등의 양상을 밝혀보았다.

결과적으로 논리적 논증과 화용적 논증은 속담인용 담화 내에서 유기적 연계 관계를 가지고 담화전체의 논증을 구성하고 속담의 논증강화 기능을 뒷받침한다는 사실을 인지할 수 있었다.

그러나, 속담이 담화 내에서 항상 논증강화 기능만을 수행하는 것은 아니라 논증력이 약화하여 논증기능이 훼손되거나 그 권위와 준보편성이 반박되는 경우가 많음을 논증 연결사 mais의 역논증 기능에 의해 확인할 수 있었다.

다시 말해서, 속담이 담화 내에서 논증 연결사 mais와 결합하여 논증연쇄를 구성할 때, 연쇄의 유형에 따라 대체로 대전제로서 논증자의 논증을 보장하고 강화해주는 기능을 하지만 반대로 논증기능이 약화하여 훼손되거나 준보편성을 상실하는 결과를 갖기도 함을 실제 속담인용 담화 분석을 통해 알 수 있었다.

제5장

변조속담

1. 도입

속담은 언어처럼 생성과 변화, 소멸의 과정을 밟아 가는 유기체적 현상이다. 어휘들이 사회적 필요성 여하에 따라 소멸되거나 변형되고 새로 생겨나듯이, 한 때 유행하던 속담들도 시대의 흐름에 따라 사라져 감과 동시에 언중의 담화요구에 따라 새로운 속담들이 끊임없이 생성되고 있다. 이처럼 한 언어의 속담은 고정되어 있는 것이 아니라 유동적이라고 할 수 있으므로, 우리는 어떤 발화체가 새로운 속담으로 사용되고 그러한 속담의 언어학적 특징과 생성과정은 어떠한가라는 질문을 던질 수 있다.

이러한 관점에서, 본 장에서는 기존의 공인속담(proverbes attestés)이 변형된 변조속담(proverbes détournés)[1]을 중심으로 속담 변이형들의 유형을 분류하고, 변조속담의 통사·의미·화용적 특성들을 추출한 뒤 속담생성 과정의 메카니즘을 밝힐 것이다. 이러한 일련의 분석작업에 앞서 우리는 속담의 고정성 문제에 초점을 맞추어 속담변조 현상에 대한 이론적 관점을 정립하고자 한다.

지금까지의 언어학적 속담연구는 주로 공시적 관점에서 랑그 차원의 속담 특징 및 기능 규명에 집중되어 왔으나, 속담생성에 대한 고찰은 공시적 차원에서 변조속담의 다양한 언어학적 특징을 밝힘과 동시에 변조속담이 랑그 차원으로 약정화되는 과정을 통시적 차원에서 정리하려는 시도라 할 수 있다.

다음으로, 변조속담이 가장 활발하게 이용되는 분야의 하나인 광

1 '변조속담'은 프랑스어 속담에 있어 '모조속담(proverbes inventés)', '신속담(proverbes nouveaux)', '위속담(faux proverbes)' 등을 포함하는 개념이며 송재선(1994)이 사용한 바 있는 '신조속담'과 유사하다.

고에 있어 변조속담인 속담형 광고문이 노정하는 언어학적 특징을 밝혀보고자 한다.

광고 의사소통에 있어 광고어의 설득기능을 강화할 수 있는 다양한 언어·수사학적 기법들이 사용되고 있는데, 그 기법들 중 상당수가 기존 속담구성 원리와 유사하여 속담을 이용하거나 모방한 광고문들이 많이 사용된다는 사실을 어렵지 않게 유추할 수 있다. 이처럼 속담형 광고문에 이용되는 변조속담의 언어학적 특징으로서 속담구성 기법을 포함하여 어떠한 의미·화용적 특성들이 있는지 분석하고, 그 특성들이 광고의 설득기능 강화와 광고효과에 어떠한 영향을 미치고 있는지 살펴보고자 한다.

2. 변조속담과 속담생성

2.1. 속담 고정성과 비합성성

프랑스의 대표적 속담 연구가인 Kleiber(1994; 1999a; 2000b)는 속담을 '아주 아주 특별한 지칭어(dénominations d'un type «très très spécial»)'로 규정하고 있다. 왜냐하면, 속담은 지칭어이면서도 동시에 문장이라는 언어학적 단위에 속하기 때문이다. 다시 말해서, 속담은 문장으로는 구조를 이루고 있는 반면 지칭어로서는 약호화한 기호라는 모순된 양면성을 지니고 있기 때문이다. 문장의 의미는 그 구성성분들의 의미조합에 의해 구성되나, 기호의 의미는 기호 전체로서 지칭하는 하나의 지시체로 구성되므로 이 두 단위들 간의 의미구성 방식에 차이가 있는 것이다. Kleiber는 이러한 양면성을 지닌 속담을 문장 지칭어(dénominations phrastiques)라는 아주 특별한 지칭어로 분류하고 있다.

Kleiber의 속담 정의는 결국 속담의미가 일반 문장들처럼 합성성의 원리에 의해 구성되는 것이 아니라, 관용어처럼 전체로서 하나의 의미를 선험적으로 지칭한다는 것을 강조하고자 하는 것이라 할 수 있다. 즉, 속담은 일반 문장들처럼 구성 낱말들의 의미가 모여 전체 의미를 형성하는 것이 아니라, 그 의미는 전체 구조 상태로 사전에 등재되어 있으며 화자들의 선구성 지식에 포함되어 존재하고 있다는 것이다. 속담의미는 그 대상 개념이 지칭기능에 의해 불변적으로 지시됨으로써 지시적 고정성을 갖게 되었기 때문이다.

(1) casser sa pipe (담뱃대를 부수다/죽다)

(2) Qui dort dîne. (잠자는 자는 배고픈 줄 모른다)

예를 들어, (1)의 관용어가 각 낱말들의 조합적 의미와 무관한 '죽다'란 뜻을 갖고 있으며 이 뜻은 사전이나 화자의 기억 속에 이미 존재하는 것처럼, (2)의 속담의미도 구성 낱말들(*qui*, *dormir*, *dîner*)의 의미조합에 의해 형성되는 것이 아니라 전체 구조 속에서 선험적으로 '잠자는 자는 배고픈 줄 모른다'란 뜻을 갖는다는 것이다.

또한 그는 속담 의미의 비합성성의 원인이 속담의 고정형에 있다고 설명한다. 이와 같은 고정형의 원인인 형태적 고정성은 고어적 표현법에 근거한 다양한 비문법적 구조 사용과 속담 환언에 의한 변이 불가능성으로 특징지을 수 있다. 다시 말해서, 속담은 비문법 구조의 고정성 때문에 구성성분들의 의미조합이 불가능하며, 그 결과 한번 고착된 속담은 사용된 낱말이나 구조를 변형시킬 수 없다는 것이다.

(3) Qui dort dîne.

(4) a. Qui dort bouffe/mange/déjeune.

b. Qui roupille/sommeille dîne.

c. Les dormeurs dînent.

예를 들어, 다음 (3)의 속담의 낱말이나 구조를 바꾼 (4)의 풀이말들은 더 이상 속담이 될 수 없는 것이다.

이처럼 Kleiber는 속담의 형태적 고정성과 지시적 고정성을 속담의 지칭기능을 입증해주는 필수적인 특성으로 간주하고 있으며, 특히 후자의 고정성은 의미적 불변성으로서 모든 화자들간의 약정에 의해 이루어지기 때문에 합성성의 원리와 무관하다고 설명한다.

> 속담의 지칭기능에 대해 말하고자 할 때 다음 한 가지만 이해하면 된다. 속담은 관용표현 또는 고정표현이라는 사실, 즉 형태적 엄격성 또는 형태적 고정성과 지시적 고정성[2] 또는 의미 안정성을 가진 약호화한 다어휘 단위이라는 사실이다. 이 의미 안정성은 선구성 의미, 다시 말해서 공동 언어약호에 속한 모든 화자에 의해 약정적으로 고착된 의미로 해석된다. (Idem, 2000: 40)

따라서 Kleiber의 관점에 따르면, 속담은 관용어와 유사한 지칭기능을 가지고 있으며 그 지칭기능은 엄격한 형태적 고정성과 의미적 고정성에 의해 보장되고 있기 때문에, 한번 화석화한 속담은 사용된 통사구조나 어휘를 바꿀 수 없다는 뜻이다.[3]

---

2 여기서 '지시적 고정성'은 '의미적 고정성'을 뜻하므로 우리는 두 용어를 혼용하겠다.

3 초기 속담 연구가들은 대부분 고정성을 속담의 본질적 특성으로 간주하고 있다. 예를 들어, Lyons(1970: 136–137)도 속담을 화석화한 관용적 발화체(énoncés tout faits)의 유형으로 분류하며 일반 문장과 달리 합성성의 원리가 지켜지지 않는다는 점을 지적하고 있다.

이에 대해, Michaux(1999; 2000)는 이 두 특성에 대해 반론을 펴고 있다. 즉, 의미적 고정성을 확립해주는 비합성성이 발휘되지 않고 합성성의 원리가 반영된 속담들이 있으며, 속담의 형태도 변형에 의해 변이형이 생겨날 수 있으므로 형태적 고정성도 약화한 고정성(fixité affaiblie)에 지나지 않는다는 것이다.

따라서 그녀는 (4a), (4b)가 공인속담은 아니더라도 그 속담성을 인정할 수 있는 속담의 변이형, 즉 속담형(formes proverbiales)을 구성한다고 설명한다. 더 나아가 그녀(1999: 88)는 "Kleiber는 화자가 이러한 변형 결과에 부여할 수 있는 속담성을 고려하지 않고 있다. 그리고 그는 공인된 속담류 발화체가 아닌 문장은 모두 비속담으로 배제하는데 그치고 있다."고 비난한다.

물론 속담형이 모두 공인속담이 된다고 할 수 없지만, 속담은 어느 정도의 한계범위 내에서 다양한 변이형을 가질 수 있기 때문에 낱말처럼 엄격한 형태적 고정성을 그 특성으로 가지고 있지 않다는 것이 그녀의 주장이다. 그래서 그녀는 속담의 엄격한 고정성을, Kleiber의 주장과 달리, 불변성과 엄격성이 지켜지지 않는 약화한 고정성으로 간주하고 있다.

다음으로, Michaux(1999: 95–96)는 속담의 지시적 고정성을 비합성가설로 연결하여 설명하려는 Kleiber의 시도를 비판한다. 그녀는, Sperber & Wilson의 해석과정(procédure interprétative) 이론에 입각하여, 화자가 속담을 인용하여 말할 때는 물론 사용 이전에 개념화되어 있는 속담의미를 이용하나, 속담을 해석할 때는 항상 그런 것은 아니라고 설명한다. 왜냐하면, 보통명사의 의미를 모를 때는 학습에 의하지 않고 그 의미를 파악할 수 없는 반면, 속담의 개념적 의미를 모르는 경우 다소의 해석작업을 통하여 그 의미를 파악할 수 있기 때문이다. 그런데, 그 작업은 속담 구성성분들의 의미와 속담 자체의 복잡한 구조를 복합적으로 엮는 합성계산(calcul compositionnel) 방식에 의해 이루어진다는 것이다.

이러한 그녀의 주장은 Perrin(2000)에 의해서도 뒷받침되고 있다. Perrin은 속담을 다소 고정된 표현(expressions plus ou moins figées)으로 규정함으로써 Michaux의 약화한 고정성을 이론적으로 정당화해주고 있기 때문이다. 그는 "속담의 합성적 의미는 무가치한 것이 아니고 속담의 지칭기능을 훼손하지도 않을 뿐 아니라 반대로 비속담류 관용표현들과 전혀 다르게 속담의 유연성(motivation)과 존재이유를 제공해준다(p.78)."고 설명함으로써 간접적으로 Kleiber의 비합성 가설을 비판하고 있다.

(5) a. L'oiseau s'est envolé. (사람이 사라졌다)
b. L'habit ne fait pas le moine. (옷이 수도자를 만들지 않는다/겉모습을 보고 판단하지 마라)

예를 들어, '사람이 사라졌다'라는 관용표현 (5a)의 의미해석에는 '자유로워진 새'의 이미지가 작용하지 않지만, 속담인 (5b)의 해석에는 '승복을 입은 사이비 수도자'의 이미지가 개입되어야 한다는 것이다.

한편, 우리의 조사에 의하면 구조변형과 어휘교체에 의해 변조된 속담들 상당수가 공인속담으로 사전에 등재되어 있음을 발견하게 된다.

(6) a. Qui donne tôt donne deux fois. → Qui *tôt donne, deux fois donne*. (어순변형)

b. À laver la tête d'un âne on perd sa lessive. → À laver la tête d'un âne on *ne* perd *que le temps* et sa lessive. (어휘삽입)

(7) Qui ne dit rien, consent. → Qui *se tait*, consent. (동의어 교체)

(8) 꼬리 먼저 친 개 밥은 나중 먹는다. → *먼저 꼬리* 친 개 나중 먹는다. (어순변형, 삭제변형)

(9) 개처럼 벌어서 정승같이 산다. → 개 *같이* 벌어서 정승같이 *먹는다*. (동의어 교체)

이 속담들은 정식으로 사전에 등재된 공인속담들이지만, 통시적 관점에서 볼 때 원형속담에서 변형된 속담 변이형들이 어느 시점에 이르러 공인속담의 위상을 획득한 경우들이라 할 수 있다. 그리고 이러한 속담화의 통시적 과정을 인정한다면, 현재 공시적으로 변형된 속담 변이형들도 당장은 언중으로부터 준보편성을 얻지 못해 비공인 속담에 머물러 있지만 장차 어느 시점에 이르러는 공인 속담화 할 수 있다고 가정할 수 있을 것이다.

이러한 예들은 속담의 형태적 고정성이 약화하여 속담 변이형을 생성할 수 있음을 예견 가능하게 해주며, 결국 우리는 Michaux식의 약화한 고정성이 Kleiber식의 엄격한 고정성 개념보다 이론적 타당성을 가지고 있다고 판단하게 된다. 이처럼 속담의 고정성 약화는 동일속담의 출현을 가능하게 할 뿐 아니라, 사용된 어휘와 다른 어휘의 교체나 통사구조 변형을 통해 유사속담과 변조속담의 생성으로 이어지고 있다.

특히 (7), (9)처럼 속담의 어휘요소들이 동의어로 교체 가능한 경우들이 있다는 사실은 결정적으로 비합성가설을 약화시킨다 할 수 있다. 왜냐하면, 속담의미가 전체 구조에 의해 하나의 사회·문화적 지시체를 지칭한다면 속담에 사용된 어떤 어휘도 동의어이든 이의어이든 다른 어휘로 교체되어서는 안되며 구조변형도 불가능해야하기 때문이다.

(10) (*casser*/**briser*) sa pipe (담뱃대를 *부수다*/**깨뜨리다*)

(11) a. Il faut saisir l'occasion par *les cheveux*. (기회는 *머리카락*을 잡아야 한다/ 기회는 절대 놓치면 안 된다) → *Il faut saisir l'occasion par *la tête*. (*기회는 *머리*를 잡아야 한다)

b. On ne peut sonner les cloches et *aller à la procession*. (종치면서 *미사행렬에 갈 수는 없다*/ 동시에 두 가지 일을 할 수 없다) → On ne peut sonner les cloches et *dire la messe*. (종치면서 *미사를 말할* 수 없다)

c. Pour un point, Martin perdit son *âne*. (점 하나 때문에 마르땡은 *당나귀*를 잃었다)[4] → Pour un point, Martin perdit son *âme*. (점 하나 때문에 마르땡은 영혼을 잃었다)

---

4 이 속담은 중세시대 Asello수도원의 원장이었던 Martin 사제에 관한 이야기에서 비롯되었다. Martin은 자기 수도원에 방문객이 너무 많게되자 수도원 문 글귀의 점을 다음처럼 바꿔버렸다.

PORTA, PATENS ESTO. NULLI CLAUDARIS HONESTRO.(Porte, reste ouverte. Ne sois fermé à aucun homme honnête.) → PORTA, PATENS ESTO NULLI. CLAUDARIS HONESTRO.(Porte, ne reste ouverte pour personne. Sois fermé à l'homme honnête.)

후일 그곳을 지나던 교황이 이 글귀를 보고 화를 내어 Martin의 수도원장 직을 박탈해버렸다. 이 사건으로 *Pour un seul point, Martin perdit Asello*. (점 하나 때문에 Martin은 Asello수도원을 잃었다)란 표현이 생겨났는데, 전승과정에서 Asello(라틴어로 petit âne의 뜻)가 âne로 혼동되어 생성된 속담이다. 오늘날에는 âne가 âme로 대체된 변이형도 공인속담으로 많이 쓰인다. (Montreynaud et al., 1993: 25)

또한, 그 사건 이후 Martin이란 이름은 '어리석음'의 상징적 표현으로 많은 속담에서 사용되고 있다. 예를 들어 *Ce que ne veut Martin veut son âne. On ne dit guère Martin qu'il n'y ait d'âne*란 속담들이 있다.

d. *Noël au balcon Pâques au tison.* (발코니에서 성탄절 깜부기 불에 부활절/ 성탄절에 따뜻하면 부활절에 춥다) → *Scanner à Noël cancer à Pâques.* (성탄절에 방사선 촬영 부활절에 암 발생)

그러나, (10)의 관용어나 (11a)의 속담은 비합성가설이 작용하고 있는 반면, (11b), (11c)는 이의어로 대체된 공인속담이며, (11d)는 이의어 교체 뿐 아니라 문법기능 교체도 일어난 변조속담으로 비합성가설이 지켜지지 않고 있음을 볼 수 있다. 이처럼, 속담의 지칭기능은 많은 경우 오히려 구성요소들의 의미합성에 의해 유발되고 동기화한다 할 수 있다.

2.2. 변조속담의 언어학적 특징

2.2.1. 속담 변이형의 유형 분류

앞에서 살펴본 대로 속담의 형태적 고정성 약화는 속담변조를 유발하여 새로운 속담의 생성으로 이어지게 된다.[5] 달리 말해서, 원형 속담이 과거 어느 시점에서 속담화한 이후 언중은 시대의 흐름에 따

5 프랑스의 속담연구에 있어 속담변조에 대한 체계적인 첫 연구는 Grésillon et Maingueneau(1984)에 의해 시도되었다. 이들은 속담변조와 관련하여 "이러한 관점에 따라 우리는 '변조'를 속담발화의 언어표지들을 지니고 있으나 공인속담 목록에 속하지 않는 발화체를 생성하는 담화방식으로 정의한다"(p.114)라고 설명하고 있다. 또한 변형 주체자의 의도에 따라 속담변조를 오로지 말장난을 목적으로 하는 유희적 변조(détournement ludique)와 속담의 권위를 강화하거나 반대로 훼손할 목적을 가진 공격적 변조(détournement militant)로 구분하였다.

라 이 속담을 변형시켜 여러 속담 변이형들을 만들어 원형속담과 더불어 사용하게 된다. 그 중에는 사전에 등재되어 공인속담의 위상을 갖는 것도 있으나 아직 그러지 못한 것들도 많다.

우리는 원형속담에서 출발하여 형태적 차이 또는 형태·의미적 차이를 드러내는 속담들을 포괄적으로 속담 변이형이라 규정하고자 한다. 그런데, 우리는 차이의 유형에 따라 변이형들이 각기 다른 특성을 나타내는 것을 볼 수 있다.[6]

(12) a. Escargot enfermé crache sa ciguë. → Escargo enfermé *dégorge* sa ciguë. (동구조, 동의어 교체)
b. Qui donne tôt donne deux fois. → Qui *tôt donne, deux fois donne*. (어순변형, 동일어)
c. L'on ne doit pas mettre la charrue devant les bœufs. → *Il ne faut pas* mettre la charrue *avant* les bœufs. (비인칭 변형, 문법어 및 동의어 교체)

(13) a. Il ne faut pas péter plus haut que son cul. → Il ne faut pas *se moucher* plus haut que *le nez*. (동구조, 이의어 교체)
b. Mieux vaut un chien vivant qu'un lion mort. → Un lion mort *ne* vaut *pas un moucheron qui respire*. (어순변형, 부정변형, 이의어 교체)

(14) a. C'est en forgeant qu'on devient forgeron. → C'est en *parlant* qu'on *apprend à parler*. (동구조, 이의어 교체)
b. Noël au balcon Pâques au tison. → *Scanner à Noël cancer à Pâques*. (문법기능 변형, 이의어 교체)

---

6 여기에 제시하는 동일속담, 유사속담, 변조속담의 분류는 필자의 개인적 판단에 근거하여 이루어진 것이다.

c. À vaincre sans péril on triomphe sans gloire. → À *feindre l'imbécile* on *passe pour un connard*. (동구조, 모든 어휘 교체)

먼저, (12)에 있는 예들은 원형속담에 대해 동일속담으로 분류할 수 있는 것들이다. 왜냐하면, 구조변형이나 동의어 교체 후라도 전달되는 속담의미는 축자적 의미나 은유적 의미 차원에서 모두 같기 때문이다. 이러한 동일속담은 전승과정에서 사용 어휘나 통사구조의 착각, 문법어·문법 기능의 혼동, 지역적 오용 등에서 비롯되었다 할 수 있으므로 원형속담에 대해 상이한 속담으로 볼 수 없다.

다음으로, (13)에 소개된 속담 변이형들은 유사속담으로 분류할 수 있는 것들로, 구조변형 여부에 관계없이 사용된 어휘들 중 일부가 다른 뜻의 이의어들로 교체되었어도 속담 전체의 은유적 의미가 유사한 경우들이다.[7] 예를 들어 (13)의 두 속담에 있어, '엉덩이를 들고 방귀를 뀌어서는 안된다', '코를 들고 코풀어서는 안된다'란 축자적 의미는 서로 달라도 '잘난 체해서는 안된다'란 은유적 의미는 유사함을 알 수 있다. 유사속담은 동일속담과 달리 이의어 교체가 특징적이라는 점에서 어휘의 착각에서 비롯된 결과라기보다, 앞의 (11c)의 경우처럼, 특정인이나 특정 집단에 의해 변조속담으로 생성되었다가 공인속담으로 자리잡은 경우가 대부분일 것으로 추정된다.

(14)의 변이형들은 모두 변조속담들로 특정 화자들에 의해 그리고 다양한 화용적 의도에 따라 원형속담에서 파생하여 생성된 결과들이다. 변조속담은 원형속담을 모방하여 만들어지기 때문에 대체로 통

7 어휘교체 차원에서 비교하면, 동일속담은 동일어가 사용되거나 동의어 교체가 된 경우지만, 유사속담은 이의어 교체가 이루어진 경우이다.

사구조가 지켜지고 있으며, 유사속담처럼 일부 요소가 이의어로 교체된 것들도 있고 (14c)처럼 통사적 틀만 유지하고 모든 어휘가 새로 사용된 것들도 적지 않다.

이처럼 변조속담의 구조변형과 관련하여 Michaux(1999: 90–91)와 Schapira(2000: 94–95)는 변조속담을 다음 세 유형으로 분류하고 있다.

- 공인속담을 모방한 변이형
- 공인속담의 기본형은 유지하면서 담화상황에 따라 속담의 일부 요소들을 변화시킨 변이형
- 속담의 전형적인 구조특성들의 집합체인 속담 틀만 유지하고 완전히 새로 만들어진 변이형

속담의미도 새로운 시대상과 특수한 화자의 의도를 담고 있기 때문에 원형속담의 의미와 다른 경우가 더 많다. 또한, 변조속담은 개인이나 특수 집단에 의해 만들어진 후 언중에 의해 아직 그 내용의 보편성을 인정받지 못하여 비공인 속담에 머물러 있으며, 유사속담이 공인속담으로서 사전에 등재되어 있는 반면 사전에 등재되지 못하고 유행어 정도의 수준에서 유포, 사용되는 특징을 가지고 있다.

2.2.2. 변조속담의 통사 · 의미 · 화용적 특성

앞에서 분류한 속담 변이형들 가운데, 우리의 관심 대상인 변조속담은 많은 경우 유사속담과 언어학적 행태가 비슷하다. 또한, 통시적 관점에서 볼 때 유사속담은 변조속담들 가운데서 속담생성 과정을 통해 속담화하여 공인속담으로 정착한 경우로 간주되고 있다. 따라

서, 통사·의미·화용적 차원에서 변조속담의 언어학적 특징을 유사속담과 비교하여 살펴봄으로써 우리는 그 변별적 특성들을 보다 명확하게 파악할 수 있다.

먼저, 변조속담의 통사구조적 특성을 유사속담과 비교하여 살펴보자. 변조속담의 통사구조는 유사속담과 마찬가지로 원형속담 틀을 그대로 사용한 경우가 대부분이나 구조변형을 겪은 예들도 발견되는데, 이 경우 양 속담은 대체로 비슷한 양상을 보이며 다소간의 차이가 있을 뿐이다.

(15) a. Après *la mort*, *le médecin*. (사후약방문) → Après *le dîner*, *la moutarde*. (만찬 후 겨자)

b. Les *loups* ne font pas des *agneaux*. (늑대는 양이 될 수 없다) → Les *chiens* ne font pas des *chats*. (개는 고양이가 될 수 없다)

c. *L'argent va à l'argent*. (돈이 돈을 번다) → *Les rivières retournent* à *la mer*. (강은 바다로 흐른다)

(16) a. À beau *mentir qui vient de loin*. (먼 데서 온 사람은 거짓말을 잘 한다) → À beau *sentir qui reste loin*. (멀리 있는 사람은 잘 느낀다)

b. L'appétit vient en *mangeant*. (식욕은 먹다보면 생긴다) → L'appétit vient en *nageant*. (식욕은 수영하면서 생긴다)

c. *La fin justifie les moyens*. (목적이 수단을 정당화한다) → *Catin purifie les doyens*. (창녀가 사제를 정화한다)

(17) a. Qui mal cherche, mal trouve. → *Le mal* est pour celui qui le cherche. (문법기능 변화)

b. Qui veut la fin, veut les moyens. → La fin justifie les moyens. (문장축약)

c. Bien chaussé, à moitié paré. → Bien chaussé, *bien coiffé* est à moitié habillé. (구절삽입)

d. Mieux vaut un chien vivant qu'un lion mort. → Un lion mort *ne* vaut *pas un moucheron qui respire*. (어순변형, 부정변형)

(18) a. Noël au balcon Pâques au tison. → Scanner *à Noël* cancer *à Pâques.* (문법기능 변화)

b. L'homme propose, Dieu dispose. → L'homme propose, Dieu dispose, *la femme impose*. (구절삽입)

c. Il n'y a pas de fumée sans feu. → Il y a de la fumée sans feu. (부정어 삭제)

d. Il ne faut pas mettre la charrue avant les bœufs + Il ne faut pas vendre la peau de l'ours avant de l'avoir tué → Il ne faut pas *vendre la charrue avant d'avoir tué les bœufs.* (속담합성)

위의 예들 중 (15)의 유사속담들과 (16)의 변조속담들은 모두 원형속담의 통사구조가 그대로 이용된 것들인 반면, (17)의 유사속담들과 (18)의 변조속담들은 원형속담 형에 구조변형이 가해진 것들이다. 우리의 분석에 따르면, 양 속담 모두에 있어 구조변형의 사례는 그다지 많지 않았으며 변형의 양상도 거의 비슷함을 알 수 있다.

다음으로 어휘교체에 따른 의미적 특성을 비교해보면, 변조속담과 유사속담은 모두 원형속담에 사용된 어휘들 중 하나 이상의 어휘가 교체된 결과라는 점에서는 유사하나, 의미론적으로 다른 양상을 보인다. 물론, 양 속담에 있어서 교체되는 어휘는 동일속담과 달리 동의어가 아닌 이의어라야 한다. 먼저, 유사속담의 경우를 살펴보자.

(19) a. *L'habit* ne fait pas *le moine*. (*옷*이 *수도자*를 만들지 않는다)
→ *La barbe* ne fait pas *le prophète*. (*턱수염*이 *예언자*를 만들지 않는다)
b. On ne peut avoir *le beurre et l'argent du beurre*. (*버터*와 *버터 판 돈*을 동시에 가질 수 없다) → On ne peut avoir *le lard et le cochon*. (*비계*와 *돼지*를 동시에 가질 수 없다)
c. Après trois jours, *le poisson* et l'hôte *deviennent puants*. (삼일이 지나면 *생선*과 손님은 *악취를 풍긴다*) → Le hôte et *la pluie* après trois jours *ennuient*. (손님과 *비*는 삼일이 지나면 *지겹다*)

(20) a. *말똥에 굴러도* 이승이 좋다. → *거꾸로 매달아도* 사는 세상이 낫다.
b. *잠을 자야 꿈을 꾸지*. → *산에 가야 범을 잡지*.

앞서 살펴본 대로 위의 속담들이 유사속담인 이유는 바로 원형속담과 은유적 의미가 유사하다는데 있다. 예를 들어 (19a)의 양 속담은 각각 '옷이 수도승을 만들지 않는다'와 '턱수염이 예언자를 만들지 않는다'라는 축자적 의미는 다르지만 속담의미로 실현되는 '외양으로 사람을 판단해서는 안된다'란 은유적 의미는 같다고 할 수 있는 것이다.

그러나, 다음 예들에서 볼 수 있는 것처럼 변조속담은 이의어 교체의 결과로 생성되지만 유사속담과 달리 실현되는 은유적 의미가 원형속담과 같을 수도 있고 다르거나 정반대일 수도 있다. 또한, 원형속담의 은유적 의미가 상실되는 경우도 있다.

(21) a. Qui veut aller loin *ménage sa monture*. (멀리 가고자 하는 자는 *자기 말을 아낀다*/ 큰 일을 도모하는 자는 신중하다) → Qui veut aller loin *pense à faire le plein*. (멀리 가고자 하는 자는 *가득 채울 생각을 한다*) (同 은유적 의미)

b. Loin des yeux loin du cœur. (안 보면 마음도 멀어진다) → Loin des yeux, *près du portefeuille*.[8] (안 봐도 *지갑은 가까워진다*) (異 은유적 의미)

c. Au royaume des aveugles, *les borgnes sont rois*. (장님 나라에서는 *애꾸가 왕이다*/ 조금이라도 능력있는 자가 설친다) → Au royaume des aveugles, *les voyants sont persécutés*. (장님 나라에서는 *잘 보이는 자들이 박해 받는다*/ 능력있는 자들이 왕따 당한다) (反 은유적 의미)

d. Après la *pluie*, le beau *temps*. (*비온 후*에는 날이 갠다/ 고생 끝에 낙이 온다) → Après la *plie*, le beau *thon*. (*가자미* 뒤에 *참치*) (은유적 의미 상실)

(22) a. 발 없는 *말이* 천리 간다. → 발 없는 *가짜 뉴스*가 천리를 간다. (同 은유적 의미)

b. 옷이 날개다. → 속옷이 날개다. (異 은유적 의미)

c. 사촌이 논을 사면 *배가 아프다*. → 사촌이 논을 사면 *덕본다*. (反 은유적 의미)

d. 공든 탑이 *무너지랴*. → 공든 탑에 *방울달기*. (은유적 의미 상실)

8 *Le Figaro.fr*(2018/05/18)에 실린 기사제목으로, 중국에서 소셜 네트워크 사용 규제에도 불구하고 광고를 통해 벌어들이는 수입이 더 많다는 사실을 풍자적으로 빗댄 변조속담.

은유적 의미 실현과 관련한 이상의 네 유형 가운데 원형속담과 유사한 은유적 의미를 갖는 변조속담은 후일 속담으로 정착하는 과정에서 유사속담의 위상을 갖게 될 것이며, 다른 경우들은 상이한 속담으로 자리 매김을 할 것이다. 반면, (21d)는 원형속담에서 *pluie*와 *temps*대신 유사한 음소를 가진 *plie*와 *thon*으로 교체된 변조속담으로 원형속담의 은유적 의미는 사라지고 속담의미 추론이 어려워 말장난(jeu de mots)같은 유희기능만 실현되고 있는데, 이러한 유형의 변조속담도 적지 않다.[9]

한편, 변조속담들 중에는 기존 속담들의 속담 틀만 차용하고 시대상을 나타내는 새로운 어휘들이 사용되어 새로운 사회·문화적 이데올로기를 담고 있는 것들도 있다.

(23) a. Scanner à Noël cancer à Pâques. (성탄절에 방사선 촬영 부활절에 암 발생)
b. Après la pluie, un programme double. (비온 후 더블헤더)
c. Heureux à l'ordinateur, malheureux en amour. (컴퓨터와 행복한 자는 사랑에는 불행하다)
d. À bonne machine, point de publicité nécessaire. (좋은 기계에는 광고가 필요 없다)

(24) a. 의사와 변호사는 허가 낸 도둑놈.
b. 강남에서 용 난다.
c. 아는 길도 네비에게 물어가라.

---

9 같은 유형의 다른 예들을 들어보자.
(1) Donner c'est donner, reprendre c'est voler. → Donner c'est donner, *repeindre ses volets.*
(2) L'hirondelle ne fait pas le printemps. → *La rondelle* ne fait pas le *plein temps.*
(3) Qui trop embrasse mal étreint. → Qui trop embrasse *mâle* étreint.
(http://oferriere.free.fr/provderives.htm)

d. 비핵화에 놀란 가슴, 파이프 보고 놀란다.

다음으로 유사속담은 언중에 의해 그 의미의 준보편성과 총칭성을 인정받고 있기 때문에 공인속담에 속한다 할 수 있으나, 변조속담은 개인이나 특수 집단이 공인속담을 변형하여 창출, 사용하기 때문에 그 의미의 준보편성과 총칭성은 아직 보장받지 못하고 있다는 점에서 속담의미의 위상이 다르다 할 수 있다.

(25) a. Comme on dit, *la barbe ne fait pas le prophète*. (사람들 말처럼 턱수염이 예언자를 만들지 않는다)

b. ??Comme on dit, *à chaque jour suffit sa veine*. (??사람들 말처럼 그 날 재능은 그날로 족하다)

(26) a. ?Je trouve qu'*on ne peut avoir le lard et le cochon*. (?나는 비계와 돼지를 동시에 가질 수 없다고 생각한다)

b. Je trouve que *la maison des castors a toujours un tracteur*. (나는 비버의 집에는 항상 트랙터가 있다고 생각한다)

(27) a. ??À mon avis, *les rivières retournent* à *la mer*. (??내 생각에 강은 바다로 흐른다)

b. À mon avis, *la bible ne fait pas le moine*. (내 생각에 성서가 수도자를 만들지는 않는다)

위의 구체적 예들을 통해 볼 수 있듯이, 속담내용의 준보편성을 보장해주는 comme on dit의 표현은 (25a)처럼 유사속담과는 결합할 수 있으나, (25b)의 변조속담과는 결합이 어렵다. 반대로, 속담내용의 근거를 언중이 아닌 개인에 두는 표현인 je trouve que...나 à mon avis 등의 표현은 (26a), (27a)처럼 유사속담과는 결합하기 어렵고 (26b),

(27b)처럼 변조속담과는 결합이 쉽게 이루어짐을 알 수 있는 것이다.

마지막으로, 변조속담의 화용적 특성을 비교적 관점에서 살펴보기로 하자. 우선 유사속담 사용에 있어서는 대부분의 원형속담들처럼 교훈기능, 풍자기능, 논증기능이 실현됨을 알 수 있다.

(28) a. À l'ouvrage, on connaît l'ouvrier. (작품을 보면 장인을 알 수 있다) (교훈기능)

b. Après le dîner, la moutarde. (만찬 후 겨자 내놓기) (풍자기능)

c. Ne te préoccupe pas de leurs opinions. Sinon, tu ne peut arriver à aucune conclusion. On dit "**Vingt têtes, vingt avis.**", n'est–ce pas ? (그들 의견에 신경쓰지 말아라. 안 그러면 어떤 결론도 내릴 수 없을거야. **'머리가 스물이면 의견도 스물'**이라고들 하는데 사실이잖니?) (논증기능)

반면, 변조속담은 이상의 화용기능들 외에도 유희기능, 반박기능, 상업적 기능 등을 수행하는 것으로 분석된다. 따라서 후자의 세 기능은 유사속담과 변조속담을 구분짓는 변별적 기능들이라 할 수 있다.

(29) a. N'éveillez pas celui qui ne veut pas voir. (보기를 원치 않는 자는 깨우지 마라) (교훈기능)

b. À femme avare, rien d'impossible. (인색한 여자에게 불가능이란 없다) (풍자기능)

c. À l'assemblée nationale, l'habit ne fait pas la révolution. (*Tribune de Genève*, 2017/06/27) (국회에서는 옷차림이 변혁을 이루지 않는다) (논증기능)

(30) a. 암탉이 울면 알을 낳는다. (교훈기능)
b. 내가 하면 로맨스 남이 하면 불륜. (풍자기능)
c. "티끌 모아 티끌"... '영수증' 김생민, N포세대 영수증에 탄식 (『스포츠조선』, 2018/01/20) (논증기능)

(31) a. Plus il y a de fous, moins il y a de riz. (사람들이 많을수록 쌀은 적다) (유희기능)
b. Qui paye ses dettes récolte la tempête. (빚을 갚으면 환란이 몰려온다) (반박기능)[10]
c. Tous les chemins mènent à Google. (모든 길은 구글로 통한다) (상업적 기능)

(32) a. 용산 강아지 삼 년이면 컴퓨터 조립한다. (유희기능)
b. 사람이 어질면 뭇 사람에게 떡이 된다. (반박기능)
c. 색깔은 컬러 비용은 흑백. (상업적 기능)

화용적 양상과 관련한 변조속담의 다른 두 가지 특이성도 발견된다.

첫째로 유희기능과 반박기능, 상업적 기능은 변조속담의 의미가 축자적일 때 훨씬 효과적으로 작용한다는 사실이다. 실제 속담사용 차원에서, 유사속담은 원형속담과 유사한 은유적 의미에 근거하여 화용기능을 실현하므로 그 화용적 효과가 일반적인 반면, 변조속담

10 반박기능은 여러 가지 이해관계 때문에 공인속담의 권위를 뒤엎는 기능을 뜻하며, 주로 공인속담 의미와 상반된 의미를 부여하고자 할 때 수행된다. 예로 제시된 (31b)는 '빚을 갚으면 환란이 몰려온다'란 의미로 공인속담인 *Qui paye ses dettes s'enrichit*(빚을 갚으면 돈이 모인다)에 공격적으로 반박하고 있다. 물론, 이 기능은 담화상황에 따라 풍자기능 등 다른 기능들과 중첩될 수도 있다.

은 대부분 화자의 특수한 화용의도가 강하게 작용하여 생성되므로 속담 틀만 차용한 축자적 속담형들이 이러한 의도를 잘 실현해줄 수 있고 그 결과 은유적 속담형보다 화용적 효과도 훨씬 크다고 할 수 있다. 이는 은유추론에 의한 간접적 의미 전달보다 축자적 해석에 의한 직접적 의미 전달이 화용적 효과를 높일 수 있기 때문이다.

둘째로, 변조속담의 구성 어휘들 사이의 개념적, 은유적 또는 화용적 유연성이 없거나 약할 때는 추론과정을 통한 속담의미 해석이 어려워 결국 속담성을 상실하고 유희적 목적과 말장난으로만 사용됨을 발견할 수 있다.

(33) a. Chose *promise*, chose *due*. (약속한 *것은 지켜야한다*) → Chose *trop mise*, chose *pue*. (*너무 바뀐 것은 할 수 있다*)

b. Chat *échaudé* craint *l'eau froide*. (*덴* 고양이는 *찬 물*도 겁낸다) → Chat *assommé* craint *les pierres*. (*죽은* 고양이는 *돌*을 겁낸다)

c. À quelque *chose malheur* est bon. (어떤 *경우*에는 *불행*도 복이다) → À quelque *rose chasseur* est bon. (어떤 *장미*에는 *사냥꾼*도 복이다)

(34) a. *Un torchon* trouve toujours *sa guenille*. (*걸레*와 *누더기*는 항상 같이 있다) → Chaque *pot* trouve *son couvercle*. (*항아리* 곁에는 *뚜껑*이 있다)

b. Tel *père*, tel *fils*. (*그 아버지에 그 아들*) → Tel *ouvrier*, tel *ouvrage*. (*그 장인에 그 작품*)

c. Il y a *plus d'un âne* qui s'appelle *Martin*. (마르땡이라 불리는 *당나귀는 많다*) → Il n'y a *pas rien qu'un chien* qui s'appelle *Fido*. (피도라 불리는 *개는 하나만 있는 것이 아니다*)

예를 들어, (33a)에서 원형속담의 *promise*와 *due* 간에는 각각 '약속'과 '의무'라는 개념적 유연성을 어렵지 않게 추론할 수 있으나, 변조속담의 *trop mise*와 *pue* 사이의 유연성은 개념적이든 은유적이든 화용적이든 추론하기 힘들기 때문에, 전체 속담의미 해석이 불가능한 말장난으로 그치는 것이다. (33b)에서도 변조속담의 *assommé*(죽은)와 *craint*(겁내다)은 각각 [– 유생성(vivant)]과 [+ 유생성]이라는 모순된 의미자질을 갖고 결합하였을 뿐 아니라 두 어휘간의 어떠한 유연성도 추론하기 어려워 결국 말장난으로 사용될 뿐이다.

그러나, (34)의 유사속담들은 인접 어휘들 사이의 개념적, 은유적 혹은 화용적 유연성을 언어 직관적으로 쉽게 인식할 수 있기 때문에 추론해석이 불가능한 경우는 없다.

지금까지 살펴본 바에 따르면, 변조속담은 다시 화용기능 작용에 따라 세분할 수 있다. 즉, 아직 유행어 수준에 머물러 있지만 시간의 흐름에 따라 새로운 시대적 이데올로기가 언중으로부터 인정받게 되는 변조속담은 공인속담으로 전환될 가능성이 높은 반면, 그렇지 못한 변조속담들과 더불어 유희기능, 상업적 기능만이 주된 기능으로 남아있는 속담은 속담성이 미약하기 때문에 공인속담에 포함될 수 없을 것이다. 따라서, 우리는 전자의 변조속담을 준속담(quasi-proverbes)으로 후자의 변조속담을 위속담(faux proverbes)으로 명명하여 분류하고자 한다.

(35) a. On ne tire pas sur une ambulance. (구급차에는 총을 쏘지 않는다)
b. On ne change pas une équipe qui gagne. (이기는 팀은 바꾸지 않는다)

c. On ne se baigne pas deux fois dans le même fleuve. (같은 강물에서는 두 번 씻지 않는다)

d. La plus belle fille du monde est à demi pardonnée. (세상에서 제일가는 미인은 반은 용서받는 셈이다)

(36) a. Les disquettes de mes amis sont mes disquettes. (내 친구의 디스켓은 내 디스켓이다)

b. Qui va à l'imprimante perd son terminal. (프린터 일을 보러 가다 단말기를 잃게 된다)

c. Mieux vaut arriver en retard qu'en corbillard. (영구차로 가는 것보다 늦게 가는 것이 낫다)

d. Si le vin te gêne dans ton travail, supprime le travail. (술이 일을 방해하면 일을 그만 둬라)

(37) a. 미꾸라지 허리뼈 부러지는 소리한다.

b. 재수없는 마우스는 뒤로 넘어져도 볼이 빠진다.

c. 컴퓨터 켜자 정전된다.

d. 닭 쫓던 개 공중부양 한다.

(38) a. L'appétit vient en flunchant. <Flunch> (식욕은 Flunch를 먹으면서 생긴다)

b. Aide–toi, Contrex t'aidera. <Contrex> (Contrex는 스스로 돕는 자를 돕는다)

c. Tous les métros mènent à Darty. <Darty> (모든 지하철은 Darty로 통한다)

d. Daewoo Micro–Informatique, plus on voit loin, plus on voit proche. <Daewoo> (대우 마이크로컴퓨터, 멀리 볼수록 가깝게 보인다)

(39) a. 소주 위에 소주. <김삿갓>
b. 윗 공기가 맑아야 아랫 공기가 맑다. <한국필립모리스>
c. 낮말은 폰으로 듣고 밤말은 PC로 듣는다. <방동내>
d. 하룻강아지 법 무서운 줄 모른다. <부산지방경찰청>

위의 변조속담들 중 (35)의 예들은 공인속담에 포함될 가능성이 높은 준속담들로 분류할 수 있는데, 이 가운데서도 (35a), (35b)는 몇몇 속담 연구가들에 의해 이미 공인속담으로 인정받고 있다.[11] 위의 (33)과 (36), (37)의 예들은 컴퓨터 관련 속담들을 포함하여 유희기능만이 강조되고 있는 위속담들이며, (38), (39)의 예들은 공익기능을 포함한 상업적 기능이 강조되는 광고카피들로서 역시 위속담에 속한다 할 수 있다.

2.3. 속담생성 과정

속담은 사회적 산물이기 때문에 사회·문화적 이데올로기의 변화, 생활양식 및 의식구조의 변화에 따라 생성과 소멸의 과정을 거쳐왔고 앞으로도 마찬가지일 것이다. 여기에서 우리는 속담의 생성과 정착에 초점을 맞추어 일반적으로 속담이 생성하는 과정과 변조속담이 공인속담화하는 과정을 이원화하여 통시적으로 구축해보고자 한다.

먼저, 우리는 특수한 사태를 묘사한 문장이 속담이 되기 위해 필수적으로 갖추어야 할 통사·의미적 자질로서 [+익명성], [+인간성], [+

11 cf. Arnaud(1991), 7; Schapira(1999), 99.

형태적 고정성], [+총칭성], [+준보편성], [±은유성]들을 제시하고자 한다. 이러한 자질들을 구비한 속담형은 공인속담의 위상을 가질 수 있을 것이다.

이 자질들은 일시에 갖춰지는 것이 아니라 시간의 경과와 더불어 단계적으로 갖춰진다 할 수 있는데, 그 과정은 대략 다음과 같이 추적해볼 수 있으며 바로 우리가 구축하고자 하는 속담생성 과정에 해당한다.

I. 속담생성 과정

A: 어떤 특수 사건이나 사태가 발생한 상황이 존재한다.

B: 어떤 화자가 그 특수 상황에 대해 P1이라 말한다. P1의 형태는 F1이고 그 의미 S1 은 SR(s1,s2,s3...)로 구성된다.[12]

C: 다수의 화자들이 유사한 상황을 묘사하면서 P1이라 말한다.

C': 다수의 화자들이 상이한 상황을 은유적으로 묘사하면서 P1'이라 말한다.[13] 이때 S1으로부터 은유적 의미 S2가 파생된다.

D: 시간의 흐름과 더불어 언중이 P1을 다양한 담화 내에서 반복 인용함으로써, 언어사용의 약정성 원리에 의해 F1은 속담형으로 고정되며,[14] P1은 F1을 통해 S1에 관련된 총칭상황을 지칭하게 된다.

D': 시간의 흐름과 더불어 언중이 P1'을 다양한 담화 내에서 반복 인용함으로써, 언어사용의 약정성 원리에 의해 F1은 속담형으로 고정되며, P1'은 F1을 통해 S2에 관련된 총칭상황을 지칭하게 된다.

E: P1은 언중 대부분이나 상당수 또는 일부 언중에 의해 그 준보편적 진리를 인정받는 축자적 공인속담 P2가 된다.

---

12 SR: structure, s1,s2,s3...: sens1,sens2,sens3.... 여기에서 s1,s2,s3...는 각 구성성분들의 의미를 뜻하며 SR는 구성성분들의 결합구조를 뜻한다.

13 여기에서 P1'는 P1과 형태적으로 동일하나 은유적 의미를 지녔다는 점에서 축자적 의미를 지닌 P1과 다르다.

14 물론 F1이 속담형으로 고정되는 과정에는 다소간의 형태변화가 있을 수 있으나, 이는 중요한 변수가 되지 않기 때문에 간과하기로 한다.

E': P1'는 언중 대부분이나 상당수 또는 일부 언중에 의해 그 준보편적 진리를 인정받는 은유적 공인속담 P2'가 된다.

한편 위의 과정에서 볼 수 있듯이, 속담은 생성과정 중 은유성의 존재 여부에 따라 축자적 속담과 은유적 속담으로 달리 정착하게 된다.

(40) 축자적 속담: A → B → C → D → E

a. À bon commencement bonne fin. (시작이 좋으면 끝도 좋다)

b. La nuit donne conseil. (밤에 좋은 생각이 떠오른다)

c. 아비만한 자식 없다.

(41) 은유적 속담: A → B → C' → D' → E'

a. Chacun tire l'eau à son moulin. (누구나 자기 물레방아에 물을 끌어댄다/ 누구나 자기 이득이 우선이다)

b. Point d'argent, point de Suisse. (돈 없으면 스위스 용병도 없다/ 공짜로는 일을 못 시킨다)

c. 삼년 두고 고른 색시가 깨곰보다.

그러나, 모든 속담이 속담생성 과정에서 축자적 속담과 은유적 속담으로 양분되어 정착하는 것은 아니고 두 속담의 위상을 공유하는 경우도 적지 않다.

(42) a. L'appétit vient en mangeant. (식욕은 먹다보면 생긴다/ 욕심은 끝이 없다)

b. Bon chien chasse de race. (좋은 개는 원래 사냥을 할 줄 안다/ 혈통은 못 속인다)

c. 의사가 제 병 못 고친다.

예를 들어, (42b)는 개를 데리고 사냥하는 상황에서 '좋은 개는 원래 사냥을 할 줄 안다'란 뜻으로 사용될 때는 축자적 속담으로 볼 수 있으나, 인간사의 일상적 상황에서 '혈통은 못 속인다'란 은유적 의미로 사용될 때는 은유적 속담의 위상을 갖는다 할 수 있는 것이다.

다음으로, 일반적인 속담생성 과정과 더불어 변조속담이 공인속담으로 정착하는 과정도 구축해보기로 한다. 기존의 공인속담을 변형하여 생성된 변조속담은 속담 판단에 필요한 통사·의미적 자질들 중에서도 [+형태적 고정성], [+총칭성], [+준보편성] 자질의 획득이 필수적이다.

그 이유를 살펴보자. 우리가 앞에서 살펴본대로 속담의 고정성은 '약화한 고정성'으로서 형태적 변형을 쉽게 초래할 수 있다. 이러한 형태적 변형에 의해 생성된 변조속담은 그 의미적 고정성도 훼손되어 총칭상황을 지칭하지 못하고 언중으로부터 준보편적 진리의 위상을 상실하기에 이른다. 다시 말해서, 속담변조에 의해 [+형태적 고정성]을 상실한 변조속담은 그 영향으로 [+총칭성], [+준보편성]도 상실하게 되는 것이다.

따라서, 변조속담이 속담으로 정착하기 위해서는 우선적으로 그 고정성이 회복되어야 한다.[15] 형태적 고정성 회복에는 언중의 잦은 사용이 전제되어야 하며, 이후 형태적 고정성 획득은 의미적 고정성의 확보로 이어져 변조속담은 총칭상황을 지칭할 수 있게 됨으로써 통념화하여 준보편성을 지니게 되고 그 결과 공인속담의 반열에 오를 수 있게 된다.

이상 설명한 변조속담의 공인속담화 과정은 다음과 같이 도식화할 수 있다.

---

15 Schapira(2000: 85)도 어떤 문장이 속담이 되기 위해서는 속담의 전형적 특징을 획득해야 하는데 무엇보다 형태적 고정성을 우선 조건으로 제시하고 있다.

II. 변조속담의 공인속담화 과정

A: 기존의 원형속담 PR1이 존재하며, 그 형태는 F1이고 그 의미는 S1이다.

B: 어떤 화자가 특수한 화용의도에 따라 특수한 사태를 말하기 위해, F1을 변형하거나 그 틀을 차용한 F2에 새로운 의미 S2(또는 은유적 의미인 S2')를 결합한 PR2를 이용한다.

C: 시간의 흐름과 더불어 언중이 PR2를 반복 인용함으로써, F2의 형태와 S2(또는 S2')의 의미는 고정되며 PR2는 F2을 통해 S2(또는 S2')에 관련된 총칭상황을 지칭하게 된다.

D: 언중 대부분은 S2(또는 S2')를 준보편적 진리로 수용함으로써 PR2는 ∀LOC형 속담으로 정착하게 된다.

D': 상당수의 언중은 S2(또는 S2')를 준보편적 진리로 수용함으로써 PR2는 부분적 양화 속담으로 정착하게 된다.

D'': 일부 언중은 S2(또는 S2')를 준보편적 진리로 수용함으로써 PR2는 ∃LOC형 속담으로 정착하게 된다.

위의 과정에서 볼 수 있듯이, 모든 변조속담이 공인속담으로 정착하는 것은 아니다. 어떤 화자나 집단에 의해 변형 사용된 변조속담이 언중에 의해 인용되지 않으면, 변조속담은 위의 세 자질을 획득하지 못하여 속담화할 수 없으며 위속담으로서 그 생명을 마치게 된다. 이는 위의 B단계에 머무른 경우이다. 이 경우에 속한 변조속담들은 위의 (33)과 (36)–(39)의 예들처럼 대부분 유희기능이나 상업적 기능이 작용하여 만들어진 것들임을 알 수 있다.

이러한 변조속담들은 공인속담의 보편성을 이용하여 특정 상품 구매의 유인을 목적으로 하거나 유희적 담화 의도에 의해 만들어졌기 때문에 언중의 공감대를 형성하기 어렵고 따라서 총칭성과 준보편성을 획득할 수 없음은 자명한 사실이다.

반면, 비슷한 유형의 변조속담들이라도 (35)의 준속담들처럼 언중의 공감을 불러일으킬 수 있는 것들도 있다. 이런 변조속담들은 [+형태적 고정성]과 [+총칭성]의 자질은 갖추었으며 대체로 C 단계에 도달해있다 할 수 있다. 다만, D나 D' 또는 D" 단계에 이르러 공인속담의 위상을 갖기 위해서는 [+준보편성] 자질의 획득이 필요하다.

한편 화용기능 면에서 살펴보면, 준속담들은 유희기능이나 상업적 기능보다 교훈기능이나 풍자기능의 작용이 지배적이라는 사실도 알 수 있다.

(43) a. On ne change pas une équipe qui gagne. (이기는 팀은 바꾸지 않는다)
b. On ne se baigne pas deux fois dans le même fleuve. (같은 강물에서는 두 번 씻지 않는다)
c. La plus belle fille du monde est à demi pardonnée. (세상에서 제일가는 미인은 반은 용서받는 셈이다)

(44) a. 공든 탑도 무너진다.
b. 자가용 잃고 주차장 고친다.

예를 들어, (43a), (43b)와 (44a)는 교훈기능이 부각되고 있으며, (43c)와 (44b)는 풍자기능이 두드러지는 변조속담이라 할 수 있다. 이러한 사실로 미루어, 화용적 차원에서 교훈기능과 풍자기능의 실현이 변조속담의 속담화에도 직접적인 영향을 미치고 있음을 확인할 수 있다.

다음으로, 변조속담이 C에서 D 단계로 이행하면 ∀LOC형 속담으로, D'으로 이행하면 부분적 양화 속담으로, D"으로 이행하면 ∃LOC

형 속담으로 각각 정착하게 될 것이다.

이렇게 통시적으로 속담화 과정을 다 거친 변조속담들은 이제는 더 이상 변조속담이 아니라 사전에 등재되어 공인속담의 위상을 갖게 되는 것이다. 앞서 우리가 고찰한 유사속담도 이러한 과정을 거쳐 속담화한 공인속담의 한 유형이라 할 수 있다.

(45) a. À père *avare*, fils *prodigue*. (*구두쇠* 아버지에 *방탕한* 자식)
b. À père *prodigue*, fils *avare*. (*방탕한* 아버지에 *구두쇠* 자식)

(46) a. Pour un point, Martin perdit son *âne*. (점 하나 때문에 마르땡은 *당나귀*를 잃었다)
b. Pour un point, Martin perdit son *âme*. (점 하나 때문에 마르땡은 영혼을 잃었다)

(47) a. Bon vin, bon *éperon*. (좋은 술에 좋은 *박차*)
b. Bon vin, bon *cheval*. (좋은 술에 좋은 말)

예를 들어, 유사속담 (45b)는 13세기부터 사용된 영국 속담 (45a)가 변형되어 속담화 과정을 거쳐 공인속담으로 정착한 예인데, 그 속담 의미는 대부분의 화자들이 수용하는 준보편적 진리로 받아들이기 어렵다. 왜냐하면 기저지식화한 *Tel père, tel fils*(그 아버지에 그 아들)라는 ∀LOC형 속담이 존재할 뿐 아니라 새롭게 고정관념화 하였다 할 수 없기 때문이다. 따라서, (45b)는 과정 II의 C → D" 단계를 거치면서 일부 언중에게만 준보편성이 수용되는 ∃LOC형 속담이라 할 수 있다.

반면, (46)에서는 원형속담 (46a)와 속담 변이형 (46b) 모두 '사소한 욕심이 큰 화를 초래한다'라는 뜻을 전달한다 할 수 있는데, 이 은유적 의미는 우리의 언어직관 상 누구에게나 대체로 준보편적 진리로 인정되기 때문에 (46b)를 ∀LOC형 속담으로 분류할 수 있다. 마찬가지로 (47b)도 ∀LOC형 속담으로 간주할 수 있다.[16)]

2.4. 정리

우리는 본 절에서 속담변조에 의해 생성된 변조속담을 중심으로 그 언어학적 특징과 생성 과정을 고찰하였다. 속담은 시대의 필요에 의해 생성과 소멸의 과정을 반복하고 있으며, 기존의 공인속담이 변형된 변조속담은 언중의 수용 여부에 따라 공인속담으로 등재되기도 하고 유행어로서 그 생명을 마치기도 한다.

첫째, 변조속담의 생성은 속담의 고정성 약화로부터 시작한다 할 수 있다. 고정성 약화는 속담변조를 유발하고 그 결과 속담 변이형들이 생겨나게 된다. 일반적으로 변조속담은 공인된 원형속담의 구조적 틀은 대체로 유지하면서, 하나 이상의 어휘교체를 통하여 원형속담과 다른 새로운 속담의미를 전달하게 된다.

둘째, 속담 변이형들 중 동일속담과 유사속담이 공인속담의 위상을 갖게 된 반면, 변조속담은 비공인 속담으로서 제한된 집단 내에서 상당 기간 동안 유행하면서 시간의 흐름에 따라 형태적 고정성, 총칭성과 준보편성을 획득하게 되면 공인속담으로 그 위상이 전환된다.

셋째, 변조속담은 유사속담과 비슷한 통사·의미적 특성을 드러내나 총칭성과 준보편성을 갖지 못한다는 차이가 있으며, 화용적 차원에서도 공인속담의 일반적 특성인 교훈기능과 풍자기능, 논증기능

16 (47a)는 17세기에 사용된 원형속담이고 (47b)는 18세기에 사용된 변이형인데, 모두 '식사를 잘 하면 여정이 즐겁다'란 의미로 쓰인다.

외에 반박기능, 유희기능, 상업적 기능을 갖는다는 점이 특징적이다.

넷째, 변조속담 자체도 공인속담화 가능성이 높은 준속담과 유희기능, 반박기능, 상업적 기능만 부각되는 위속담으로 세분할 수 있다.

3. 속담형 광고문

3.1. 속담형 광고문의 출현 근거

오늘날 지식정보화 사회에서 모든 현대인들이 이용하는 대중매체는 개인과 사회범주 전반에 영향을 미쳐 우리의 사고와 문화인식을 지배할 뿐 아니라 변화시키기도 한다. 그 중에서도 광고는 다양한 의사소통 전략으로 우리의 사고와 관습, 행태에 지대한 영향을 미치며 대중문화의 한 흐름을 주도해가고 있다.

그런데, 광고 의사소통은 대중매체적 특성 뿐 아니라 상업적 목적을 지닌 일방적 의사소통이라는 점에서 일반 의사소통과 다르다 할 수 있다. 일반 의사소통이 화자와 대화자 간의 상호대화를 통해 이루어지는 쌍방적 의사소통이라면 광고는 광고자가 소비자에게 상품이나 서비스에 대한 정보를 일방적으로 제공함으로써 그들을 광고자의 의도대로 설득하고 영향을 미치고자 하기 때문이다.

따라서, 광고에 사용되는 언어는 정보기능보다 설득기능이 일차적 기능이며, 그러한 점에서 광고 의사소통은 궁극적으로 상품을 구매하도록 유도하는 간접화행이라 할 수 있다. 여기에서 우리가 다루고자 하는 광고문은 슬로건(slogan)에 한정하기로 한다. 우리가 어떤 광고를 통해 기억하고 있는 광고문은 대부분 슬로건에 해당한다고 볼

수 있기 때문이다.[17]

사회·문화적 차원에서 볼 때, 광고자는 광고에 기존의 문화적 가치관을 내세우거나 반영하여 소비자들이 상품에 대해 보다 친근감을 갖도록 하는 것이 중요하다. 이처럼 광고가 기존의 문화적 가치관이나 사회 규범들을 앞에 내세우는 이유는 사회 문화적으로 통념화되어 있는 가치관으로부터 광고내용의 진리를 보장받고 웰빙의 표준 이미지를 제공받아 소비자들에게 신뢰감을 주기 위한 것이라 할 수 있다.

그런데, 우리는 이러한 전통적 문화 가치관과 규범들이 잘 반영되어 있는 언어표현들로 속담류 표현들을 꼽는데 주저하지 않는다. 그 중에서도 속담은 언중의 지혜와 사회 문화적 통념을 내포하고 문화 전통을 이어온 대표적 문화 매개체라 할 수 있으며, 언중도 일상 의사소통에 있어 논증, 교훈, 풍자, 비난, 경고 등의 발화행위를 속담의 권위를 빌어 수행하는 경우가 많아 여전히 그 문화 및 언어학적 가치가 인정받고 있다.

광고도 예외는 아니어서 광고자가 상품의 가치를 입증하는데 기존의 가치관을 대변해주는 속담의 권위를 이용하려는 경향이 적지 않고, 그 결과로 속담변조에 의한 속담형 광고문이 많이 사용되고 있음을 볼 수 있다. 몬트리올 대학 프랑스학과의 프랑스어 교육학 사이트 *C.A.F.É.*에서[18] 제공하는 광고 관련 정보에서도 유사한 설명을

17 광고카피는 표제(headline), 부표제(sub headline), 본문(body copy), 캡션(caption), 슬로건 등으로 구성되며 일반적으로 이 여러 요소들이 표제를 중심으로 상호 유기적 관계를 이루는데, 그 중에서도 슬로건은 상품에 대한 차별적 이미지 부각을 통하여 소비자의 마음을 사로잡고자 할 목적으로 독창적 성격과 표현성이 두드러지는 요소로서 화용적 설득효과가 크다.

18 Cours Autodidactiques de Français Écrit

발견할 수 있다.

> 광고담화는 진리임직하고자 한다. 즉, 대화자에게 전형화되고 기대되는 사건과 상황들을 표상하는 사회·문화적 현실에 부합하고자 한다. 그 담화는 속담관용어들과 영속적 진리의 단언들로 넘쳐난다: 바로 상식과 조상의 지혜가 발화체의 진리를 보장하고 있기 때문이다.[19]

다시 말해서, 광고담화는 소비자가 기대하고 전형화된 사건 및 상황을 표상하는 사회·문화 현실에 부합하고자 하기 때문에 상식과 조상의 지혜가 담긴 속담이 많이 이용된다는 것이다.

같은 시각에서, Grunig(1998: 121)은 광고가 속담류 표현들을 변조하여 이용하는 경우에 이 표현들의 특장인 환기력(force mémorielle)과 친밀감이 광고에 영향을 미치게 되고 그 결과 두 표현의 정신적 공존을 통하여 광고효과가 발생한다고 설명한다.

> (...) 만일 작용이 잘 이루어지면, 고정표현은 고유의 모든 장점(환기력과 친밀감)으로 일화적 슬로건(slogan anecdotique)을 지원하게 된다. (...) 결국 이 두 표현은 우리 정신 속에 공존하게 되는데, 슬로건은 변조된 표현으로 고정표현은 불변의 원형적 표현으로 존재하게 된다. 이러한 《정신적 공존》은 광고효과를 위해서는 기본적으로 필요하다.

다음으로, 속담형 광고문이 많이 사용되는 이유를 언어학적 근거를 통해 확인할 수 있다. 대표적 광고문인 슬로건은 음운·통사·의미 구조 상 속담과 유사한 특징을 보이는 경우가 많다.

Fortin(2002)은 광고가 소비자들의 흥미와 구매욕을 창출하여 최적의 설득효과를 거두기 위한 광고전략들을 소개하고 있는데, 그 가운

19 http://www.cafe.umontreal.ca/genres/n–pub.html

데 언어전략으로 '낱말의 경제성(économie de mots)', '낱말 선택', '유머 현상'을 중요한 요소로 제시하고 있다.

이 세 요소들을 종합적으로 요약하면, '광고문은 표현성을 높이기 위해 불필요한 어휘를 삭제하는 축약어법을 이용하여 간결해야 하며, 기억과 환기력을 돕기 위해 음성적 특성에 따른 가장 적절한 어휘를 선택해야 할 뿐 아니라, 소비자의 관심과 흥미를 끌기 위해 언어의 유희적 자원을 활용해야 한다'는 것이다.

그런데, 이 세 요소들 중 '낱말의 경제성', '낱말 선택'은 속담구성의 전형적인 언어학적 기법에 속하는 것들이라 할 수 있다. 즉, 축약어법은 속담의 대표적인 통사적 구성 기법에 속하고 음성적 특성에 따른 어휘 선택 및 배열도 속담의 음운구성 기법에 속하기 때문이다.

광고문과 속담 간에는 음운·통사적 유사성들 외에도 의미 대립적 이항구조와 은유법 이용 등의 의미적 유사성도 발견된다. 이러한 유사성은 근본적으로 광고문이 많은 경우 속담의 표현기법을 차용하는데서 비롯된다 할 수 있다. *C.A.F.É.*(op.cit.)에서도, 많은 광고문이 기존 속담을 그대로 사용하거나 변조하여 사용한다는 점을 지적하고 있다.

> 슬로건 또한 닫힌 담화형이다. 슬로건의 설득력은 간결형과 수사학적 축약형에서 비롯된다. 슬로건은 어휘대립에 의해 강화된 이항 운율구조를 채택하기도 한다. 이러한 속담의 특징적 이항구조는 투명하고 닫혀있어서 완전하고 균형잡힌 안정된 세계의 이미지를 부여한다. 어떤 슬로건들은 속담을 있는 그대로 사용하거나 속담에 다소의 변화를 가하기도 한다.

이와 같이 많은 광고문이 속담의 사회·문화적 권위 뿐 아니라 속담구성 기법과 속담의 언어학적 특징을 이용하고 있는 것을 알 수 있는데, 이 광고문들이 바로 속담형 광고문에 해당하는 것이다. 더 나아가, 속담형 광고문은 설득효과를 높이기 위해 속담의 권위에 근거한 보편성과 은유성 뿐 아니라 교훈기능, 지령기능 등의 의미·화용적 특성들도 암묵적으로 이용한다 할 수 있다.

궁극적으로 Maingueneau(2000: 151)가 "여기에서 모방은 의미가 있다. 슬로건에 있어 속담은 일종의 이상적 문형이 되고 있다. 모든 슬로건은 속담의 권위를 가지고 모든 화자들에게 모든 상황에 유용하게 보편적으로 인식되고 수용되기를 열망하기 때문이다."라고 지적하듯이 광고문에 있어 속담은 이상적 문형으로 자리매김하고 있다 할 수 있다.

3.2. 음운 · 통사적 특성

속담형 광고문은 대부분 속담을 있는 그대로 이용하기보다 광고 목적에 맞추어 상표 이미지를 삽입하든지 상품의 장점을 부각시키는 등 다소 변형을 가하여 이용하는 경우가 대부분이다. 따라서 우리가 분석한 속담형 광고문은 변조속담의 한 유형에 해당한다 할 수 있다. 한편 속담형 광고문에서 선호하는 음운·통사 구조는 대칭적 이항구조라는 사실도 발견할 수 있다.

3.2.1. 음운적 특성

속담에서 많이 사용되는 운율구조는 이항 운율구조이며, 운율구성의 수사학적 기법으로는 각운, 자음운, 모음운 등인데, 이 모든 기

법이 속담형 광고문에도 동일하게 작용하는 것을 볼 수 있다.[20)]

먼저 이항 운율구조의 예를 살펴보자.[21)]

(48) a. Aide–toi, *Contrex* t'aidera. <Contrex> (*Contrex*는 스스로 돕는 자를 돕는다)

b. Aide–toi, *le ciel* t'aidera. (*하늘은* 스스로 돕는 자를 돕는다)

(49) a. Qui sème *les fleurs*, récolte *la tendresse*. <Interflora> (꽃을 심는 자는 애정을 불러온다)

b. Qui sème *le vent*, récolte *la tempête*. (*바람*을 심는 자는 *태풍*을 불러온다)

(50) a. 윗글이 맑아야 아랫글이 맑다. <공익광고협의회>

b. 윗물이 맑아야 아랫물도 맑다.

(51) a. Quand *les Jet sont là les couleurs* dansent. <Jet> (Jet가 있는 곳에 색들이 춤춘다)

b. Quand *le chat n'est pas là les souris* dansent. (*고양이 없는* 곳에 *생쥐들이* 춤춘다)

(52) a. Quand on *aime la vie*, *on aime Président*. <Président> (삶을 사랑하면 *Président*을 *사랑하게 마련이다*)

b. Quand on *voit la chose*, *on la croit*. (보면 *믿기 마련이다*)

(53) a. 잘 *시킨 치킨* 하나 열 *집밥* 안 부럽다. <배달의민족>

b. 잘 *기른 딸* 하나 열 *아들* 안 부럽다.

---

20 물론, 이항 운율구조가 광고문의 대표적인 운율구조라 할 수 없으나, 많은 수의 속담형 광고문이 이 구조로 되어 있다.

21 (48)–(53) 예문들에서 a는 광고문 b는 속담에 해당한다.

(48a), (49a), (50a)는 한두 어휘만 교체되어 대칭적 운율을 형성하고, (51a), (52a), (53a)는 반대로 많은 어휘가 교체되는 대칭적 이항 운율구조라 할 수 있는데, 이러한 속담형 이항 운율구조가 광고문에 사용될 때 소비자는 무의식적 유추작용에 의해 관련 속담을 복원하여 광고문을 해석함으로써 상품에 대한 신뢰감과 구매욕을 느끼게 된다. 그리고, 대칭적 운율구조는 광고문의 유희적 효과를 부가적으로 창출하여 소비자들의 흥미와 친밀감을 자극하게 될 것이다.

그런데, Grunig(1998: 129–130)은 (51a)와 (52a)처럼 속담의 어휘 대부분이 교체될 때는 속담을 복원할 수 있는 지표어휘(termes repères)와[22] 최소 공통골격(squelette commun minimal)이[23] 존재해야 앞에 언급한 광고효과들을 부분적으로 기대할 수 있다고 지적한다.

예를 들어, (51a)는 (51b)의 부정형이 긍정형으로 변형되어 동형성(isomorphie)이 훼손되고 어휘들도 많이 바뀌었으나, 지표어휘인 *quand*과 *danser*가 존재하고 전체적인 대칭적 이항구조가 유지되기 때문에 속담 복원을 통한 속담의 권위를 이용할 수 있다는 것이다.

다음으로 운율구성의 수사학적 기법들이 광고문에 적용된 경우를 살펴보자.

---

22 여기에서 지표어휘는 불변적인 속담의 핵심어휘를 뜻한다. 그러나, 지표어휘가 모든 속담형 광고에 존재하는 것은 아니다. 다음 예들처럼 속담 틀만 유지되고 기존 속담의 지표어휘가 사용되지 않는 경우들도 많다.

(1) Un jouet pour chaque âge, un ami pour la vie. <Mattel–Disney>

(2) Quand y'en a, on s'ennuie pas. <Réa>

(3) À plusieurs c'est meilleur. <Téléconvivialité>

23 여기에서 최소 공통 골격이란 앞에서 사용한 개념인 속담 틀에 해당한다 할 수 있다.

(54) 각운

a. Le calc**aire**, c'est son aff**aire**. <Antikal>

b. À chaque ois**eau**, son nid est b**eau**.

c. 손끝에는 정성을, 가슴에는 정열을. <라전모방>

(55) 자음운

a. **C**'est **b**ien **c**'est **b**eau **c**'est **B**osh. <Bosh>

b. **T**el père, **t**el fils.

c. 한 장이 아**닙**니다. 두 장**입**니다. <공익광고협의회>

(56) 모음운

a. T**ou**t r**on**d, t**ou**t b**on**. <Courtepaille>

b. V**ouloi**r, c'est p**ouvoi**r.

c. 우리**의** 차 세계**의** 차. <현대자동차>

위의 예들 중에서, (54)-(56)의 각 a는 프랑스어 속담형 광고문, 각 b는 관련 속담들로서 속담의 운율적 특성이 그대로 광고문에 이용되고 있음을 알 수 있고, 우리말 속담에서도 이 기법과 유사한 운율적 특징을 보이는 광고문들이 많았다. 이러한 기법들이 이용되는 이유 역시 속담 복원 효과와 더불어 리듬감, 심미감을 통해 광고 목적을 효율적으로 달성하고자 하는데 있다 할 수 있다.

3.2.2. 통사적 특성

앞서 언급한 대로 속담형 광고문의 통사구조에서 가장 많이 발견되는 구조도 대칭적 이항구조인데, 이항구조를 이루는 방식은 대체로 일반문처럼 완전문의 구조를 가진 경우들이 많다.

(57) 독립절 + 독립절

a. La nappe est nette, la table est belle. <Vénilla>

b. 비가 내린다. 비가 내린다. 통화비가 내린다. <TTL스쿨요금제>

c. L'homme propose, Dieu dispose.

(58) 주절 + 종속절

a. On se doit d'être meilleur quand on s'appelle Braniff. <Braniff>

b. 마리오 삼년이면 풍월을 읊는다. <마리오아룰렛>

c. Qui sème le vent récolte la tempête.

그러나, 우리말 속담형 광고문과 달리 프랑스어 속담형 광고문의 구조에서 불완전문이 차지하는 비중이 상대적으로 높음을 알 수 있는데, 이는 속담구조의 영향을 받은 결과라 할 수 있다. 프랑스어 속담에 비정상적 문장이 많은 것은 완만한 언어변화의 경향에 따라 고어형식이 아직 많이 남아있기 때문이며, 수사학적으로 응축된 문체효과를 통해 비유성과 상징성, 교훈성을 강조하기 위해 과도한 생략과 축약기법이 사용된 결과로 간주된다. 프랑스어 속담에서 자주 발견되는 불완전문 유형들의 예는 다음과 같다.

(59) Mieux vaut adresse que force.

(60) À qui Dieu veut aider, sa femme lui meurt.

(61) Un pour tous, tous pour un.

(62) L'oiseau l'on connaît au chanter.

(63) Vaut bien peu la chose, si elle ne vaut pas un merci.

(64) Si jeunesse savait, si viellesse pouvait.

(59)는 가장 많이 사용되는 무관사 명사 구문이며, 그 다음으로 사용되는 빈도별로는 (60)의 관계절 선행사 생략 구문, (61)의 문장요소 과다생략 구문, (62)의 어순파괴 구문, (63)의 비정상적 도치 구문, (64)의 미완성 비종결문의 순이다.[24)]

특이하게도 속담과 달리 프랑스어 속담형 광고문에서 가장 많이 눈에 띄는 불완전문은 과다생략 구문이며, 무관사 명사 구문은 그다지 즐겨 사용되지 않고, 정상적인 도치 구문은 종종 발견되나 어순파괴 구문과 비정상적 도치 구문, 관계절 선행사 생략 구문은 찾아보기 어렵다. 과다생략구문은 우리말 속담형 광고문에서도 아주 빈번하게 발견되는 불완전문 유형 중 하나이다.

(65) 과다생략 구문

a Des progrès, des vrais. <Calor>

b. Le poids des mots, le choc des photos. <Paris Match>

c. 늘 푸르게 늘 신선하게. <그린빌>

(66) 무관사 명사 구문

a. Sécheresse cutanée : Oubliez tout, voici Icône. <Christian Dior>

따라서 불완전문 차원에서 볼 때, 속담형 광고문에 작용하는 속담의 통사구조적 특성은 '문장요소의 과다생략' 정도로 간주할 수 있는데, 우리는 그 이유를 두 가지 각도에서 설명할 수 있다.

첫째는, 문장요소의 과다생략은 의미해석이 가능한 범위 내에서 필요한 어휘들만 나열함으로써 소비자들의 주의를 끌어 시각 및 심

24 이외에도 접속사 생략(asyndète) 구문, 췌사문(pléonasme) 등이 사용되기도 하나 그 수는 많지 않다. 자세한 분석결과는 강성영(2000) 참고.

리적 긴장감을 유발하고 상품에 대해 생동감 있는 이미지를 구축하려는 의도에서 비롯된다 할 수 있는데, 설득효과를 높이기 위해 이미지 중심 광고화 해가는 현대광고의 추세에 적합한 기법이라 할 수 있다.

둘째로, 프랑스어 속담형 광고에 있어 무관사 명사 구문, 어순파괴 구문, 관계절 선행사 생략 구문 등은 고어적 표현으로서 익숙하지 않은 표현과 해석상의 난해함 때문에 소비자들에게 심리적 부담을 초래할 뿐 아니라, 상품에 대한 신선한 이미지를 떨어뜨릴 우려가 크다.

한편 프랑스어 속담형 광고문에서는, 다음 예들처럼 속담 틀은 유지하더라도 속담과 달리 구어적 표현들과 속어, 은어, 조어(néologisme)도 광고목적에 따라 사용하는 경우들을 자주 볼 수 있다.

(67) Quand *y'en* a, on s'ennuie pas. <Réa> (구어적 표현)
(68) Ça fait *pls* que du bien là où ça fait mal.[25] <Synthol> (은어)
(69) SNCF, c'est *ble–si–po* ! <SNCF> (조어)
(70) Le loto c'est *spormidable* ! <Loto> (조어)

3.3. 의미 · 화용적 특성

3.3.1. 의미적 특성

먼저, 속담형 광고문의 의미구조를 살펴보기로 하자. 그 의미구조 역시 대칭적 이항구조로서 새로 대체된 어휘는 기존 속담의 어휘들과 어떤 식으로든 의미적 연관성을 가지고 있어야 광고 효과를 높일 수 있다.

25 *pls*는 plus의 축약어로 젊은이들 사이에 즐겨 사용되는 통신언어적 표현이다.

(71) a. En avril, ne te découvre pas d'un *Dim*. <Dim> (4월에 *Dim* 을 벗지 말라)

b. En avril, ne te découvre pas d'un *fil*. (4월에 옷을 벗지 말라)

(72) a. *곳간*에서 인심난다. <경강상회 강서곳간>

b. 쌀독에서 인심난다.

(73) a. Loin des yeux *près* du cœur. <Chivas> (눈에서 멀면 마음은 *가까워진다*)

b. Loin des yeux *loin* du cœur. (눈에서 멀면 마음도 *멀다*)

(74) a. 세련된 암탉이 울어야 나라가 *흥한다*. <MK패션>

b. 암탉이 울면 집안이 *망한다*.

(75) a. Qui sème les *fleurs*, récolte la *tendresse*. <Interflora> (꽃을 심는 자는 *애정*을 불러온다)

b. Qui sème le *vent*, récolte la *tempête*. (*바람*을 심는 자는 폭풍우를 불러온다)

(76) a. *좋은 영상 오랜 감동*. <MBC프로덕션>

b. *가는 세월 오는 백발*.

예를 들어 (71), (72)의 경우는 대응하는 두 어휘들 간에 의미적 연관성을 갖는 예들인데, (71)에 있어 대체어인 스타킹 상표 *Dim*과 *fil*(실/옷), (72)의 '곳간'과 '쌀독'은 의미적 공통분모를 가지고 있다.

(73)의 *près*(가까운)와 *loin*(먼), (74)의 '흥한다'와 '망한다'는 반의어라는 점에서 연관성이 있고,[26] (75a)의 *fleurs*(꽃)와 (76a)의 '좋은 영상'은 원인으로 *tendresse*(애정)와 '오랜 감동'은 결과로서 각각 (75b),

26 Grunig(1998: 125)은, 반의어 쌍은 우리 언어체계 속에 결합관계를 이루고 저장되어 있어 어느 한 어휘를 사용하면 반의적인 다른 어휘가 연상되기 때문에 속담형 광고문에 사용될 때 속담복원이 용이하다고 설명한다.

(76b)의 관련 속담들처럼 인과관계를 구성하고 있음을 볼 수 있는데, 이러한 의미적 연관성이 속담의 복원을 용이하게 하고 속담의 권위를 이용하여 소비자들의 구매력을 높일 수 있는 것이다.

반대로, 다음 예들처럼 대체어의 의미적 연관성이 부족하거나 없는 경우는 광고문의 매력을 반감시키고 그 결과 소비자들의 흥미나 구매력에 자극을 주기 어려울 것이다.

(77) a. Hansaplast, tout nouveau tout *bobo*. <Hansaplast> (Hansaplast, 새로운 것은 모두 *상처이다*)

b. Tout nouveau tout *beau*. (새로운 것은 모두 *아름답다*)

(78) a. Tout est *bain* qui finit bien. <Sentens> (무엇이나 결과가 좋으면 목욕이다)

b. Tout est *bien* qui finit bien. (무엇이나 결과가 좋으면 *좋다*)

(79) a. 먹을 땐 *개발자*도 안 건드린다. <배달의민족>

b. 먹을 땐 *개*도 안 건드린다.

즉, *beau*(아름다운)/*bobo*(상처), *bien*(좋은)/*bain*(목욕), '개발자'/'개' 쌍은 각 어휘 상호간 의미적 연관성을 찾아볼 수 없어 속담복원보다는 소비자들의 이질감을 초래할 가능성이 높다 할 수 있다.[27)]

다음으로, 우리는 앞에서 총칭성, 준보편성, 은유성을 속담의 대표적 의미특성들로서 간주하고 검토하였는데, 속담형 광고문에도 이러한 특성들이 간접적으로 전이됨을 알 수 있다. 그 결과 속담의 권위와 더불어 총칭성, 준보편성은 상품의 보편성, 우월성을 함축적으로

27 Grunig(ibid.: 128)은 이처럼 의미적 연관성이 없는 어휘들을 부적절한 양립관계를 갖는 황당한 쌍(couple sot)이라 칭하고 있다.

입증하는데 도움을 주고 있다.

(80) a. L'appétit vient en *flunchant*. <Flunch> (식욕은 Flunch를 먹으면서 생긴다)
b. L'appétit vient en *mangeant*. (식욕은 먹다보면 생긴다)

(81) a. 뛰는 서비스에 나는 서비스. <SKT>
b. 뛰는 놈 위에 나는 놈.

예를 들어 (80)에 있어서, '식욕은 먹다보면 생긴다'는 속담의 준보편성은 '식욕은 플런치를 먹으면서 생긴다'란 뜻에 덧입혀지는 효과를 통해, Flunch 제품의 보편적 이미지가 함축적으로 구축되고 이는 소비자의 구매욕을 보다 적극적으로 자극하게 되는 것이다.

그러나, 이 경우 속담의 총칭성과 준보편성이 광고문의 의미적 특성으로 완전히 전이되는 것은 아니고 광고목적에 따라 함축적으로 이용될 뿐이다.

(82) a. *Comme on dit, *l'appétit vient en flunchant*. <Flunch> (*사람들 말처럼 식욕은 *Flunch*를 먹으면서 생긴다)
b. Comme on dit, *l'appétit vient en mangeant*. (사람들 말처럼 식욕은 먹다보면 생긴다)

(83) a. Je trouve que *la vie est trop courte pour s'habiller triste*. <New Man> (나는 인생이 우울하게 입기에는 너무 짧다고 생각한다)
b. ??Je trouve que *la vie n'est pas tout rose*. (??나는 인생이 항상 아름다운 것은 아니라고 생각한다)

(84) a. À mon avis, *demain c'est aujourd'hui*. <Memsoft Informatique> (내 생각에 내일은 오늘이다)

b. *À mon avis, *demain il fera jour*. (*내 생각에 내일도 날일 것이다)

위의 구체적 예들을 통해 볼 수 있듯이, 속담의 준보편성을 보장해 주는 comme on dit의 표현은 (82b)처럼 속담과는 결합할 수 있으나, (82a)의 속담형 광고문과는 결합이 어렵다. 반대로, 명제내용의 근거를 언중의 통념이 아닌 개인의 주관적 판단에 두는 표현인 je trouve que나 à mon avis 등은 (83b), (84b)처럼 속담과는 결합하기 어렵고 (83a), (84a)처럼 속담형 광고문과 쉽게 결합하기 때문이다.

다음으로, 속담의 은유성도 소비자들의 거부감을 자극하지 않고 광고문의 설득효과를 효율적으로 창출하는데 이용된다.

(85) a. Deux *têtes* valent mieux qu'une. <Braun> (두 *헤드가* *한 헤드*보다 낫다)

b. Deux *avis* valent mieux qu'un. (두 *의견은* *한 의견*보다 낫다)

(86) a. 나 하나를 보면 대한민국을 안다. <한국방문의 해 위원회>

b. 하나를 보면 열을 알 수 있다.

(87) a. *Camembert* du matin *n'arrête pas* le pélerin. <Camembert> (아침 *Camembert*는 순례자를 *잡지 않는다*)

b. *La pluie* du matin réjouit le pèlerin. (아침 비는 순례자를 *기쁘게 한다*)

(88) a. 암탉이 울어야 *세상이 바뀐다*. <숙명여자대학교>

b. 암탉이 울면 *집안이 망한다*.

예를 들어, (85b)가 변형 사용된 (85a)에 있어서 têtes는 '헤드 둘 달린 면도기'라는 은유적 의미를 전달하고, (87a)는 (87b)를 변조한 광고문으로 '아침 식사에는 순례자도 못 잡을 정도로 Camembert 치즈가 최고'라는 은유적 의미를 함축적으로 전달한다고 볼 수 있다. 여기에서, 소비자들은 심상 전이작용에 의해 광고문의 축자적 의미와 은유적 의미의 두 영역을 연결함으로써 공감의 폭을 넓히고 은유적 의미를 호의적으로 수용하게 되는 것이다.

그런데, 대부분의 속담형 광고문은 (85)–(88)처럼 기존 속담의 은유적 의미와 유사하거나 상이한 지향성을 가지나, 다음 (89a), (90a), (91a)처럼 상반된 지향성을 나타내는 경우도 있음을 발견하게 된다.

(89) a. Loin des yeux *près* du cœur. <Chivas> (눈에서 멀면 마음은 *가까워진다*)
b. Loin des yeux *loin* du cœur. (안 보면 마음도 *멀어진다*)

(90) a. Quand on aime on *compte quand même*. <Euromarché> (사랑해도 *계산한다*)
b. Quand on aime on ne compte pas. (사랑하면 계산하지 않는다)

(91) a. 세련된 암탉이 울어야 나라가 *흥한다*. <MK패션>
b. 암탉이 울면 집안이 *망한다*.

예를 들어 (90)에 있어서, 기존 속담 (90b)는 '사랑하면 인색하지 않다'라는 은유적 의미를 전달하나, 변조된 광고문 (90a)는 '사랑하면 싼 곳에서 산다'는 다소 상반된 은유적 의미를 실현하여 Euromarché라는 하이퍼마켓의 가격이 저렴하다는 사실을 함축하고 있다. 이러한 경우는 속담의미의 준보편성을 의도적으로 훼손하여 소비자의 주의를 환기시키고 호기심을 자극함으로써 광고효과의 극대화를 꾀하는 사례라 할 수 있다.

3.3.2. 화용적 특성

마지막으로 속담형 광고문에 작용하는 속담의 화용적 특성과 그 효과에 대해 살펴보고자 한다. 속담형 광고문에서 발견되는 속담의 화용적 특성은 주로 교훈성과 풍자성이다.

(92) À l'œuvre on connaît l'ouvrier. (작품을 보면 장인을 알 수 있다)
(93) Rira bien qui rira le dernier. (나중 웃는 자가 잘 웃는 자이다)
(94) À père amasseur, fils gaspilleur. (모으는 아버지에 헤픈 아들)
(95) Après la mort, le médecin. (사후약방문)

위의 예들 중 (92), (93)은 교훈성이 부각되는 속담이고 (94), (95)는 풍자성이 부각되는 속담인데, 강성영(2001: 13)의 분석결과에 따르면 프랑스어 속담의 경우 풍자적 속담(14%)보다 교훈적 속담의 분포비율이 높아 교훈성이 주도적 화용 특성이라 할 수 있다.

그런데, Krikmann(1999: 5)의 설명에 따르면,[28] 속담의 교훈성은 의사소통에 있어서 속담이 정보적 기능 뿐 아니라 가치론적이고 윤리적 기능(axiologic and deontic functions)을 수행하는데서 비롯된다 할 수 있기 때문에, 교훈성은 자연스럽게 사회규범적인 지령기능을

28 "게다가 인간의 의사소통에서 속담은 정보적 기능 뿐 아니라 가치론적이고 윤리적 기능을 이행하기 때문에 속담실현 행위를 단순히 상황을 의미하거나 묘사하는 행위로 간주하는 것은 아주 불가능한 일이다."

파생하게 된다.

속담형 광고문도 이 교훈성을 이용하는 경우들이 많다.

(96) Le bon n'est pas plus cher. <Casino> (좋은 것은 더 이상 비싸지 않다)

(97) Quand on est mieux, on est meilleur. <Atal> (사용하기 더 나은 것이 더 좋은 것이다)

(98) 돌다리도 방송통신대 다녀보고 건너라. <한국방송통신대학교>

(99) 발에 밟히면 눈에 밟힌다. <아보네>

위의 광고문들은 교훈성을 의도적으로 부각시킨 것들이라 할 수 있는데, 예를 들어 (96)은 저가 하이퍼마켓인 Casino가 자사와 상품의 특성에 빗대어 '싼 것이 좋다'라는 가치를 교훈적으로 부각시킨 경우이며, (97)은 가구 회사가 자사 가구에 대해 '사무실 집기는 사용하기 편한 것이 좋다'는 교훈을 내세우고 있고, (98)은 '사회진출하기 전에 방송통신대에서 공부하면 유리하다'는 교훈적 가치를 내세우고 있음을 볼 수 있는 것이다.

이처럼, 속담의 교훈성은 그 지령기능과 더불어 소비자들의 구매욕을 유도함으로써 광고문의 설득기능을 강화하는데 이용된다 할 수 있다.

한편, 속담의 또 다른 화용기능인 논증기능은 속담이 지닌 준보편성과 교훈성을 토대로 화자가 자신의 주장이나 견해에 대해 속담을 인용하여 논증하려 할 때 실현되는 기능이다. 그러나, 속담형 광고문은 이러한 논증기능을 수행하지 못한다. 왜냐하면, 앞에서 살펴본 대로 광고문은 속담의 준보편성을 광고목적에 따라 함축적으로 이용하는데 그칠 뿐 고유의 의미적 특성으로 갖지 못하기 때문이다.

논증기능이 실현되기 위해서는 사용되는 논거가 대중에게 준보편적 진리로 간주되어야 하는데, 속담형 광고문은 상업적 목적에 의해 속담을 모방하여 일시적으로 만들어졌기 때문에 그러한 보편성을 가질 수 없는 것이다. 이에 대해 Ballabriga(2000: 96)는 "나는 가치 창출이 가능한 몇몇 의미구조를 이용함으로써 소위 말해서 논증보다도 상품들에 대한 설득효과 추구를 말하고자 한다."라고 언급하고 있는데, 궁극적으로 속담형 광고문은 상품들에 대한 논증기능을 수행한다기보다 상품가치를 창출할 수 있는 의미구조들을 이용하여 고객들에 대한 설득효과를 추구한다 할 수 있다.

3.4. 정리

우리는 본 절에서 속담형 광고문들에 작용하는 속담의 언어학적 특징을 속담구성 기법과 더불어 유형별로 살펴보고, 그 구체적 특성들이 광고 의사소통의 일차적 기능인 설득기능 강화에 어떻게 영향을 미치는지 검토해보았다.

첫째, 광고문들에 이용되는 속담의 음운적 특성들로는 대칭적 이항 운율구조와 더불어 각운, 자음운, 모음운 등이 있는데, 이 특성들은 속담에 대한 소비자들의 환기력을 도와 속담 복원을 쉽게 하고 광고문의 유희적 효과를 창출하여 소비자들의 친밀감, 신뢰감 및 흥미를 자극하게 된다.

둘째, 광고문에 이용되는 속담의 통사적 특성들 중에는 문장요소의 과다생략이 대표적인 경우로 드러나며, 이 특성은 소비자들의 시각 및 심리적 긴장감을 유발하여 상품에 대한 생동감 있는 이미지를 구축해줄 수 있다.

셋째, 의미적 특성들 중에서 속담의 권위를 보장해주는 총칭성과 준보편성은 광고문에 간접적으로 전이되어 상품의 보편성과 우월성을 함축적으로 입증하는데 이용되며, 은유성은 소비자들의 거부감을 자극하지 않고 상품에 대한 호의적 설득효과를 가져다줄 수 있다. 기존 속담과 상반된 은유성을 나타내는 광고문도 소비자들의 주의를 환기시키고 호기심을 자극하게 된다.

넷째, 속담형 광고문에 작용하는 화용적 특성인 교훈성은 지령기능을 통하여 설득효과를 성취하게 함으로써 소비자들의 구매욕을 유도할 수 있다.

궁극적으로, 속담형 광고문의 존재 근거는 전통적 가치관과 규범을 담고 있는 속담의 권위로 상품을 포장하여 상품의 신뢰도와 매력을 극대화하고 소비자의 구매욕을 자극하고자 하는 광고자의 설득의도에서 찾아볼 수 있다.

4. 마무리

본 장에서는 변조속담에 초점을 맞추어 먼저 그 언어학적 특징을 밝히고 변조속담을 포함하여 속담의 생성과 공인 과정을 통시적으로 구축하여 보았다. 다음으로 변조속담의 대표적 유형가운데 하나인 속담형 광고문에 작용하는 속담의 언어학적 특징도 고찰하였다.

변조속담의 출현은 근본적으로 공인속담이 함의하는 인생관과 가치관을 확인하고 이용하거나 반박하든지 새로운 다른 관점을 표방하려는 의도가 다양한 언어학적 특징과 함께 반영된 결과라 할 수 있다.

변조속담은 통사적으로 원형속담 구조를 그대로 모방한 경우가 많으나 통사적 틀만 유지하고 대폭 변조된 것들도 적지 않다는 사실을 확인할 수 있었다. 의미적으로는 공인속담과 달리 총칭성과 준보편성을 갖지 못하나 담화상황에 따라 교훈기능, 풍자기능, 논증기능 외 반박기능, 유희기능, 상업적 기능 등을 실현함으로써 공인속담보다 다양한 화용기능을 가지고 있다 할 수 있다.

한편, 속담은 생성과 정착 과정을 거쳐 공인되어 왔고 변조속담도 그 과정의 출발선상에 있으므로 우리는 속담이 생성하는 과정과 변조속담이 공인속담으로 전환하는 과정을 이원화하여 구축하고자 하였다.

다음으로, 속담형 광고문은 상업적 기능이 주도적으로 작용하는 대표적 변조속담이라 할 수 있으며, 상품구매 촉진에 필요한 설득기능을 강화하도록 수사학적 기법과 원형속담의 다양한 언어학적 특징이 이용되고 있는 바, 우리는 그 특징을 분석하고 관련 특성들이 설득 기능 강화와 광고효과에 어떠한 영향을 미칠 수 있는지 살펴보았다.

먼저, 음운적 특성으로 대칭적 이항 운율구조, 각운, 자음운, 모음운 등, 통사적 특성으로 과다생략 구문, 의미적 특성으로 총칭성, 준보편성, 은유성이 이용되고 있으며, 화용적 특성으로는 교훈성이 이용된다 할 수 있다. 이 특성들은 광고효과 면에서 소비자들에게 친밀감, 신뢰감, 호기심을 유발하며 상품과 서비스에 대해 우월성을 함축해주고 호의적 구매욕을 자극하게 된다 할 수 있다.

제6장

동물속담의 문화 간 비교

1. 도입

우리는 1장에서 속담의 중요한 의미기능의 하나로서 문화지칭 기능을 살펴보았다. 이 기능은 특정 문화권의 문화요소들을 약호화한 언어기호에 의해 지칭하고 전달하는 기능을 말하는데, 이 기능에 의해 전달되는 문화의미는 문화변인에 따라 모든 문화권에 편재하여 보편적일 수 있고 반면 특정 문화권에만 고유한 요소일 수도 있다.

본 장에서는 일차적으로 은유적 속담으로 많이 사용되고 있는 동물속담을 중심으로, 은유적 동물속담과 실현된 은유적 의미 사이에서 발견되는 은유추론(inférence métaphorique) 관계를 프랑스어 동물속담과 우리말 동물속담을 대상으로 비교 분석하고자 한다.

이를 위해, 먼저 은유적 속담의 은유성을 일반 은유적 담화의 은유성에 대비하여 정립함으로써 동물속담 분석 방향을 제시하고 동물속담에서 핵심어휘로 등장하는 동물들에 투영된 동물관을 긍정적 시각, 부정적 시각, 중립적 시각으로 유형 분류하여 양국 속담이 갖는 동물관을 비교하고자 한다.

또한, 동물관을 표상하는 의미자질들이 인생관을 표상하는 은유적 의미 구성에 어떤 양상으로 영향을 미치는지 세 시각에 따라 비교 분석하고자 한다. 우리는 이러한 일련의 작업을 통하여 양국 동물속담에 투영된 인생관의 해석에 있어 문화 간 공통점과 차이점을 확인할 수 있다.

다음으로, 본 장의 후반부는 양국 유사 동물속담들의 '의미등가 여부'를 변인으로 삼아 다양한 대응관계 유형을 구분하고, 각 유형의 속담들이 지칭하는 문화의미를 추출, 비교함으로써 문화의미의 보편성과 특수성을 밝히고자 한다. 이러한 과정을 통하여 우리는 대응 동물속담을 통한 문화 간 비교(comparaison interculturelle)의 한 과제를 수행할 수 있을 것이다.[1]

아울러, 양국 속담의 대표적 대응관계 유형인 동의속담을 중심으로 일부 대응속담들 간의 관계를 속담차용의 결과로 설명하며 원형속담과 차용속담 구분 방법을 모색하고자 한다. 그 결과로서 우리는 다양한 언어권 간에 통시·공시적으로 문화적 보편성을 획득해가는 속담의 역동성도 추정할 수 있을 것이다. 본 장에서 분석 제시한 비율과 수치는 어디까지나 어림수에 해당하는 것으로 오차가 있을 수 있음을 밝혀둔다.

2. 동물속담의 은유추론

2.1. 은유적 속담의 은유 특성

우리가 본 장에서 다루고자 하는 양국의 동물속담은 대부분 은유적 속담에 속하는 것들이라 할 수 있는데, 먼저 은유적 속담에 작용하는 은유의 특성을 살펴보기로 한다.[2]

전통적 견해에 따르면 다음 설명처럼 은유가 성립되기 위해서는

1 Ozolina(2006)는 언어권 간 속담비교를 통해 민족적 특수성 인식, 윤리적 미학적 의식변화 관찰, 속담기원 문제 해결, 언어와 사고 간의 상관관계 기제 발견, 철학적 시적 사고 진화 추적을 할 수 있다고 부가 설명하고 있다.

2 속담의 은유를 풍유(allégorie)로 설명하는 학자들도 있으나, 많은 속담 연구가들이 풍자적 특성이 부각되는 풍유를 은유의 일종으로 간주하는 경향이므로 우리도 후자의 관점을 표방하겠다. 예를 들어, Morier(1981: 69), Boumal(1999: 4–5)은 풍유를 계속된 은유(métaphore continuée ou filée)의 일종이라고 설명한다. 한편, 동물속담에서는 동물의 의인화도 은유과정에 전제적으로 개입된다 할 수 있다.

은유어(comparant)와 피은유어(comparé) 사이에 공통요소가 전제되어야하고 이를 토대로 두 항의 유사성과 의미전이를 기술할 수 있어야 한다.[3)]

> 은유는 은유어와 피은유어의 공통요소들을 밝히는 것을 목적으로 한다. 이를 위해 은유는 다양한 유사성을 기술함으로써 정신적 실체를 심화하고 심미적, 지적, 교훈적 가치 효과들을 촉진시킨다. (Morier, 1981: 65)

이 때 공통요소는 두 항 개념 사이의 공인된 유사성에 근거할 수도 있고, 화자의 유사성 창조와 그에 따른 대화자의 적절한 해석에 의해 인지될 수 있는데, 전자를 유사성 기초 은유라 한다면 후자는 유사성 창조 은유라 할 수 있다.[4)] 예를 들어, 다음 (1)이 유사성 기초 은유라 한다면 (2)는 유사성 창조 은유에 속한다 할 수 있다.

(1) a. La femme de trente ans est un chêne vert. (서른살의 여인은 푸른 떡갈나무이다)
b. Vous êtes parmi nous la colombe de l'arche. (당신은 방주의 비둘기야)

(1a)에 있어, 두 개념 '서른살의 여인'과 '푸른 떡갈나무'사이에는 후자 개념의 전형적 의미자질인 [상큼함]을 전자 개념에서도 인지할 수 있어 이 의미자질의 전이를 통하여 두 개념 간에 은유사상(metaphori-

3 피은유어는 문장 내에 존재하지 않고 담화 상 존재하는 경우가 많다. 대부분의 은유적 속담의 경우가 그러하다.

4 직유에서는 은유어와 피은유어 사이의 유사성이 객관적으로 명시되지만 은유에서는 추론된다. 이 은유추론의 대표적 해석모형은 유추(analogie)라 할 수 있는데, Kleiber(1984)와 Conenna et Kleiber(2002)는 유사성 추론작용을 유추적 결합(appariement analogique)이라 규정한다.

cal mapping)이 자연스럽게 일어난다고 할 수 있다. 한편, Hugo의 시 «Lorsque l'enfant paraît...»[5]의 한 구절인 (1b)에 있어서는 *vous*가 지시하는 '어린아이'와 '(노아)방주의 비둘기'사이에 개념적 유사성을 찾기 어려우나, 시인은 '비둘기'의 전형적 의미자질인 [평화]를 의미전이를 통하여 '어린아이'의 개념에 포함시킴으로써 두 개념의 유사성을 창조하여 은유사상을 가능하게 하고 독자는 화자의 의도를 파악하고 적절하게 해석함으로써 올바른 은유추론에 성공할 수 있다.

현행 은유적 속담의 은유는 이 두 유형가운데 대부분 유사성 기초 은유에 해당한다 할 수 있으나, 변조속담의 경우 유사성 창조 은유를 통해 공인속담으로 정착한 경우가 많다.

(2) On ne tire pas sur une *ambulance*. (구급차에는 총을 쏘지 않는다/ 방어력이 없는 자는 공격하지 않는다)

위의 (2)는 원래 정치구호였던 표현이 속담화한 경우인데, 1974년 대통령 선거 때 Françoise Giroud가 선거 승리가 어려운 Chaban Delmas를 겨냥하여 사용한 발화체이다. 여기에서 Françoise Giroud가 Chaban Delmas를 구급차로 비교한 것은 Françoise Giroud에 대한 암묵적 유사성 은유 창조의 결과라 할 수 있으며, 그 이후 'ambulance'는 [무방비성]이란 전형적 자질을 갖게 되었고 이 표현은 공인속담으로 사전에 등재되었다.[6]

이러한 사실로 미루어, 현행 공인속담들 중에도 속담형성 초기에는 유사성 창조 은유에 근거하여 속담화한 것들도 많았으리라 추정

---

5 시집 *Les Feuilles d'Automne*의 19번 시.

6 Conenna et Kleiber(ibid.), 62.

된다.[7] 아무튼 현행 공인속담은 이미 관용화되어 사용되기 때문에 그 은유성과 더불어 비교 항들 간의 은유의 유사성도 대중에게 새로운 지식이 아닌 기존지식의 일부로 인지되고 있다 할 수 있다.

이처럼 은유적 속담은, (2)의 변조속담이 속담화하여 공인속담으로 정착하는 과정에서도 볼 수 있듯이, 대중의 반복적 이용으로 말미암아 은유발생 시점의 특수상황을 포괄하는 총칭상황에 적용됨으로써 언어사용의 약정성에 의해 그 의미가 속담의미로 정착된다 할 수 있다.

그러나, 은유적 속담의 의미가 속담의미로 공인되었다 하더라도 속담은 형태나 의미적으로 관용어의 경우처럼 엄격하게 고착되지는 않아서, 대화자는 속담을 사용할 때마다 은유어의 개념이나 이미지를 피은유어로 사상하는 추론작용을 통하여 은유적 의미를 해석하게 된다.

Perrin(2000: 75, 78)은, 관용어의 경우 구성요소들이 갖는 은유적 이미지가 어휘화(또는 약호화)함으로써 은유가 잠재적으로 부지중에(inaperçu) 이루어지지만, 속담의 은유는 구성요소들의 의미와 그 요소들이 갖는 은유적 이미지를 활성화함으로써 이루어진다고 설명하

---

7 예를 들어, 속담 *Pour un point, Martin perdit son âne*(Martin은 점 하나 때문에 당나귀를 잃었다/ 사소한 욕심이 큰 화를 초래한다)는 중세시대 Asello 수도원의 원장이었던 Martin 사제가 방문객들이 귀찮아 수도원 문에 쓰인 글귀의 점 하나의 위치를 옮겨 원래 글의 뜻이 바뀌었고, 그로 인하여 교황의 문책을 받아 수도원장 직을 박탈당한 사건으로부터 비롯되었다.

이 사건으로 *Pour un seul point, Martin perdit Asello*(Martin은 점 하나 때문에 Asello 수도원을 잃었다)란 표현이 생겨났는데, 전승과정에서 *Asello*(라틴어로 *petit âne*의 뜻)와 *âne*와 혼동되어 생성된 속담이다.(cf. Montreynaud et al., 1993: 25)

여기에서 *un point*으로부터 '사소한 욕심'을, *perdre son âne*로부터 '큰 화를 초래하다'를 은유추론하기 위해서는 이 문장이 은유로서 원시 사용되던 상황과 유사성 창조 과정을 고려해야만 한다.

면서 두 은유성의 차이를 지적하고 있다.

이러한 논지에 따르면, 은유적 속담의 은유는 관용어의 은유와 차이가 있는 것처럼 일반 담화의 은유와도 다를 것이라고 예측할 수 있다. 즉, 속담의 은유는 총칭상황에 적용됨으로써 그 의미가 관용성을 획득하여 공인되어 있기 때문에 은유추론에 의한 해석에 어려움이 없으나, 일반 담화의 은유는 관용화하지 못해 담화상황에 따라 대화자의 은유추론을 통해 해석할 수밖에 없으며 중의적 은유해석을 초래할 수 있는 것이다.

따라서 일반 은유는 담화상황과 화자의 화용의도에 따라 은유추론이 선택적으로 이루어져 중의적일 수 있는 반면, 은유적 속담 은유는 총칭적으로 관용화하여 사용되기 때문에 그 해석이 중의적인 경우가 드물다.

(3) a. Pierre est un *loup*. (피에르는 늑*대*다)

(4) a. Le *loup* mourra dans sa peau. (늑*대*는 자기 가죽 속에서 죽는다)

b. La mort d'un chien, c'est la vie d'un *loup*. (개가 죽으면 늑*대* 세상이다)

예를 들어, (3)의 문장은 화자의 화용의도에 따라 '늑대'의 의미자질들 중 [잔인함], [위험함] 등의 자질이 전형적 자질로 선택, 전이되어 그 은유적 의미가 '피에르는 잔인하다', '피에르는 위험한 인물이다'등으로 해석될 수 있으나, 속담 (4a)는 '잔인한 자는 죽을 때까지도 자기 성질을 못 버린다'란 의미로 [잔인함]의 의미자질이, (4b)는 '방어력을 잃으면 위험이 닥치게 마련이다'란 의미로 [위험함]의 의미자질이 화자의 의도나 선택과 무관하게 정착되어있는 것이다.

한편, 속담의 은유는 어휘단위 차원에서 작용하기보다 문장전체 차원에서 복합적으로 작용하여 문장전체가 은유어가 되는 복합은유, 즉 문장은유의 경우가 대부분이다.[8] 왜냐하면, 속담의 은유의미를 구성하는데 있어서 하나 또는 몇 개의 핵심어휘 개념만이 피은유어로 사상하는 것이 아니고 문장 내의 각 어휘개념들이 갖는 복잡한 결합관계도 적지 않은 영향을 미치기 때문이다. 또한, 핵심어휘 개념의 전형적 의미자질은 피은유어에 전이되어 전체 은유의미 구성에 있어 주도적 역할을 하기도 하나, 중립적 상태로 별다른 영향을 미치지 못하는 경우도 적지 않다.

예를 들어, 앞의 (2)에서는 핵심어휘 개념인 *ambulance*의 [무방비성]의 자질이 피은유어에 그대로 전이되어 피은유어의 의미구성에 중요한 영향을 미친다 할 수 있으나, 다음 (5)의 경우는 이와 다르다.

(5) Les *chiens* ne font pas de *chats*. (개는 고양이가 되지 않는다/ 자식은 부모를 닮기 마련이다)

즉, (5)의 은유해석에 있어, 핵심어휘인 *chien*과 *chat*의 의미자질들은 중립적 상태로 이용되기 때문에 독자적으로는 은유사상에 별다른 작용을 하지 못하고 다른 어휘개념들(*ne pas faire*)과 복합적 함수관계를 통하여 은유사상함으로써 피은유어의 의미를 구성함을 알 수 있다.

지금까지 살펴본 은유적 속담의 은유성을 요약 정리하면 다음과

8 은유적 속담에 있어 은유어가 문장전체라 한다면, 피은유어는 담화상에 존재하고 인생관에 관련된 추상적 명제이다.

같다. 은유적 속담의 은유는, 문장전체가 은유어가 되는 문장은유로서 문장내의 핵심어휘 개념을 중심으로 어휘개념들이 복합적으로 결합하여 피은유어에 사상함으로써 은유추론이 가능하게 된다. 한편, 핵심어휘의 전형적 의미자질은 여러 자질들 중에서 관용적으로 선택되어 그 어휘개념의 의미를 구성하게 되는데, 피은유어에 그대로 전이되어 피은유어의 의미구성에 주도적 영향을 미치기도 하나, 무표적으로 중립화하여 피은유어로 전이되지 않고 어휘개념들간의 복합적 결합만이 피은유어의 의미를 구성하는 경우도 많다.

2.2. 은유추론 관계 비교

다음으로 우리는 해석과정 차원에서 양국 동물속담을 대상으로, 먼저 은유어 내에서 동물로 표현되는 핵심어휘 개념의 전형적 의미자질을 양국의 전통적 동물관에 근거하여 <긍정적 시각>, <부정적 시각>, <중립적 시각>으로 유형 분류함으로써 양국 속담이 갖는 동물관을 비교하고자 하며, 다음으로 은유어의 동물관을 표상하는 의미자질이 세 시각에 따라 어떤 양상으로 피은유어의 인생관 구성에 영향을 미치는지 비교 분석 하고자 한다.

또한, 각 동물의 개념에는 의미·화용적인 여러 유형의 의미자질이 포함된다 할 수 있으나, 우리의 관심사는 동물성과 인간성 간의 은유추론 관계이기 때문에, 그 의미자질도 주로 사람의 '인성', '품행'에 적용될 수 있는 것들로 제한하기로 한다.

2.2.1. 등장동물 분포 비교

이러한 분석의 기초작업으로서 양국 동물속담에 등장하는 동물의 빈도수와 분포비율을 먼저 비교해보자.

양국 동물속담에서 출현 빈도수가 높은 동물을 10위까지만 배열하면 다음과 같다.

■ 프랑스어 동물속담[9]

동물	개	말	닭	소	늑대	고양이	양	당나귀	돼지	염소
빈도수	205	179	164	123	109	84	79	76	55	41
비율(%)	15	13	12	9	8	6	6	6	4	3

■ 우리말 동물속담[10]

동물	개	소	호랑이	말	닭	돼지	고양이	쥐	까마귀	당나귀
빈도수	634	425	369	303	246	180	170	161	142	76
비율(%)	15	10	9	7	6	4	4	4	3	2

10위권 내의 빈도수를 갖는 동물이 등장하는 속담들의 총수는, 동물속담 전체 수에 대비할 때 프랑스어는 72%(1,115/1,540), 우리말은 63%(2,706/4,298)로 프랑스어의 경우 그 비율이 더 높게 나타나고 있다.

9 www.culture.fr/public/mistral/proverbe_fr에 수록된 프랑스어 동물속담 중에서 1,232개, Delacourt(1996)의 동물속담 중 87개, Vigerie(1992)의 동물속담 중 221개를 합한 1,540개를 대상으로 삼았다. 이 수치는 동물별로 동일속담에 속하는 것들은 하나의 속담으로 계산한 결과이며 그 판단은 필자 주관에 의한 것이다.

10 송재선 편(1997)에 소개된 5,000여개의 속담들 중 동일속담들을 제외한 4,298개의 속담을 대상으로 삼았다.

양국 동물속담에서 10위권 내의 빈도수를 갖는 동물들 중에서 공통으로 출현하는 것들은 '개', '말', '소', '닭', '고양이', '돼지', '당나귀'이며, 가장 많이 이용되는 동물은 양국 속담 모두 '개'임을 알 수 있다. 또한, 프랑스어 속담에서만 발견되는 것들은 '늑대', '양', '염소'이고, 우리말 속담에서만 발견되는 것들은 '호랑이', '쥐', '까마귀'이다.

또한, 양국 동물속담에서 공통적으로 눈에 띄는 현상은 상위 분포율을 갖는 대부분의 동물이 포유류이면서 가축에 속한다는 점이다. 이로 미루어, 양국 동물속담은 사람과 가장 가까운 동물들이 주 대상으로 이루어져 있다는 사실을 알 수 있다.[11]

2.2.2. 전형적 의미자질이 표상하는 동물관

다음으로 은유어인 동물속담에 출현한 동물의 전형적 의미자질을 그 인지적 기초가 되는 양국의 전통적 동물관에 대입하여 비교 검토하고자 한다. 동물속담에 의해 사상되는 피은유적 인생관을 추론하기 위해서는 먼저 양국의 동물관을 비교 분석하는 데서 출발하는 것이 필요하기 때문이다.

이를 위해 속담에 반영된 동물관의 유형을 크게 <긍정적 시각>과 <부정적 시각>, <중립적 시각>으로 분류하고자 하는데, 이 시각들은 각 동물들의 의미자질로 구현되기 때문에 이 자질들이 표상하는 시각이라 할 수 있다.

11 야생동물로서 '늑대'나 '호랑이'가 자주 출현하는 것도 흥미로운 현상이다. 프랑스의 전설이나 신화에서 늑대는 [죽음], [위험함], [잔인함], [힘]을 상징하는데 자주 사용되어 왔으며(cf. Vigerie, 1992: 97), 우리나라의 전통 설화나 민담에서 호랑이는 인격화되어 '위험한 존재', '효와 의리의 중요성', '악의 심판' 등을 교훈적으로 은유하는데 자주 사용되고 있다.

우리는 은유에 이용되는 동물에 대한 시각이 양국 속담 간에 다소 차이가 있음을 발견할 수 있다. 먼저 앞에서 분류한 10종의 동물들을 대상으로 동물관의 시각 차이를 비교해보기로 한다. 이에 따라 속담들에서 선택 사용되는 각 동물의 의미자질들을 <긍정적 시각>과 <부정적 시각>으로 구분하여 그것들 중 선택 빈도수가 높은 하나 또는 두 개만 순서대로 제시하고 지면 관계상 관련 속담 예시는 생략하기로 한다.

■ 프랑스어 동물속담

– 긍정적 시각

② 말: [당당함]　③ 닭: [능력]　④ 소: [강인함]

⑥ 고양이: [예리함]

– 부정적 시각

① 개: [천함], [사나움]　② 말: [어리석음], [천함]

③ 닭: [경박함]　④ 소: [경박함], [어리석음]

⑤ 늑대: [위험함], [잔인함]　⑥ 고양이: [탐욕], [배은망덕]

⑦ 양: [약함], [경박함]　⑧ 당나귀: [우둔함], [고집]

⑨ 돼지: [천함], [탐욕]　⑩ 염소: [어리석음], [고집]

■ 우리말 동물속담

– 긍정적 시각

① 개: [충직함]　② 소: [우직함]　③ 호랑이: [위세]

④ 말: [활력]　⑥ 돼지: [행운]　⑦ 고양이: [치밀함]

– 부정적 시각

① 개: [천함], [불길함]　② 소: [고집], [어리석음]

③ 호랑이: [두려움], [포악함] ④ 말: [사나움], [어리석음]
⑤ 닭: [고집], [경박함] ⑥ 돼지: [천함], [탐욕]
⑦ 고양이: [엉큼함], [탐욕] ⑧ 쥐: [약함], [천함]
⑨ 까마귀: [불길함], [우둔함] ⑩ 당나귀: [고집], [우둔함]

이상의 분석을 검토해보면, 양국 동물속담 은유에 있어 모두 <긍정적 시각>보다 <부정적 시각>을 표상하는 의미자질이 훨씬 많이 사용되고 있음을 알 수 있다.[12] 또한, 우리말 동물속담보다 프랑스어의 경우 <긍정적 시각>의 의미자질 유형이 상대적으로 적어 속담에 내재한 동물관은 그 정도 면에서 프랑스어 속담이 더 부정적일 것으로 예측할 수 있는데, 그에 대해서는 이후 분석에서 확인하기로 한다.

한편, 이상의 동물들이 은유에 사용될 때 항상 긍정적이거나 부정적 의미자질이 선택, 전이되는 것은 아니다. 많은 경우에 있어서 동물개념의 의미자질들이 <중립적 시각>을 표상함도 알 수 있다.[13]

(6) *Chat* échaudé craint l'eau froide. (불에 덴 *고양이*는 찬 물도 두려워한다/ 혼난 적이 있으면 조심하게 마련이다)
(7) À *cheval* donné, on ne regarde pas à la bride. (받은 말은 굴레를 살피지 않는 법이다/ 선물은 보지 않고 기꺼이 받는 법이다)
(8) On apprend à hurler avec les *loups*. (*늑대*와 함께 짖는 법을 배운다/ 사람은 환경에 적응하여 배우게 된다)
(9) 개울물에 *개* 지나간 자리다. (/ 일을 했어도 아무런 흔적이 없다)
(10) *돼지*도 키워서 잡아먹는다. (/ 이익이 많을 때까지 기다렸다 거둔다)

12 출현 빈도수가 가장 높은 '개'는 인간과 가장 친화적인 동물로 여겨지고 있으나, 속담에서는 역설적으로 두 나라 모두 부정적 시각이 훨씬 지배적이다.
13 이 중립적 시각은 앞에서 언급한 '중립화한 의미자질'의 표상이다.

(11) 소 가는 데 말도 간다. (/ 서로 친한 사이다)

위의 속담들에 출현하는 여러 동물 개념, 즉 '고양이', '말', '늑대', '개', '돼지', '소'는, 위의 예 (5)에서 볼 수 있던 것처럼 그 의미자질들이 긍정적이거나 부정적이 아닌 <중립적 시각>을 표상함으로써 피은유어의 의미로 전이되지 못하고 해당 어휘개념이 다른 어휘개념들과 복합적으로 결합하여 피은유어의 의미를 구성하게 되는 것이다.

2.2.3. 은유추론 관계 비교

우리는 이제 위에서 분석한 양국의 동물관이 어떤 방식으로 피은유어의 인생관에 작용하는지 은유추론 관계를 비교 분석하기로 한다.[14)]

먼저 긍정적 동물관에 속한 의미자질들이 피은유어에 전이되는 양상을 살펴보자. 우리의 분석에 따르면, 프랑스어 동물속담에서 긍정적 동물관이 반영된 속담들의 수는 1%(16/1,115) 정도로 미미하며, 관련 동물의 의미자질들은 피은유어로 전이되어 다음 (12)-(14)처럼 긍정적 인생관의 구성에 이용되기도 하지만(10개), (15), (16)처럼 <부정적 시각>의 인생관 구성에 이용되는 경우도 상대적으로 적지 않다(6개).[15)]

---

14 앞으로 긍정적 시각의 동물관은 '긍정적 동물관'으로, 부정적 시각의 동물관은 '부정적 동물관'으로, 중립적 시각의 동물관은 '중립적 동물관'으로 표현하겠다.

15 '긍정적 인생관'에는 원천적으로 긍정적인 사고 외에도 부정적 현실을 이해 또는 극복하고자하는 진취적 태도와 적극적 의지가 포함되며, '부정적 인생관'에는 원천적으로 부정적인 사고 외에도 부정적 현실을 한탄하며 체념 또는 경고하는 냉소적 태도가 포함된다. 여기에서 피은유어의 의미를 두 인생관으로 구별하는 판단은 전적으로 필자의 직관에 의한 것임을 밝혀둔다.

(12) Il vaut mieux être *cheval* que charrette. (수레보다는 말이 되는 것이 낫다/ 따르는 자보다 지도자가 되는 것이 낫다)

(13) Autant chie un *bœuf* que mille moucherons. (한 마리 소는 수많은 각다귀만큼 똥을 눈다/ 힘있는 한 사람이 힘없는 많은 사람 몫을 한다)

(14) Œil de chat, homme de tête. (*고양이* 눈과 유능한 자/ 예리한 자가 유능한 자이다)

(15) Il n'est si bon *cheval* qui ne bronche. (아무리 좋은 말이라도 실족한다/ 아무리 능숙한 사람도 실수한다)

(16) Il faut tuer le *taureau* avant la vache. (암소보다 황소를 먼저 죽여라/ 강한 자가 먼저 표적이 된다)

예를 들어 (12)에서 *cheval*의 [당당함]은 피은유어의 '지도자'에 그대로 전이되어 역시 피은유어의 긍정적 인생관으로 추론되는 반면, (16)에서 *taureau*의 [강인함]은 피은유어의 '강한 자'에 전이되나 그 강인함으로 인해 표적이 된다는 부정적 인생관을 은유하는 해석으로 추론됨을 알 수 있다. 다시 말해서, 인간사에서 [강인함]이 오히려 화를 초래할 수 있음을 냉소적으로 풍자하고 있는 것이다.

우리말 동물속담에서는 긍정적 동물관이 반영된 속담이 17% (462/2,706) 정도여서 프랑스어 속담보다 눈에 띄게 높은 비율을 보이고 있으며, 주로 긍정적 인생관으로 사상하고(16%, 431/2,706) 부정적 인생관 구성에 이용되는 경우는 아주 적은 편이어서(1%, 31/2,706) 프랑스어 동물속담의 경우와 다르다.

(17) *개*도 사흘만 기르면 주인을 안다. (/ 조그만 은혜도 잊지 않는 게

도리다)

(18) 소가 말은 못해도 열두 가지 덕은 있다. (/ 말없이 우직해도 행동에 옮기는 사람이 낫다)

(19) 범은 엎드려 있고 용은 서리고 있다. (/ 훌륭한 사람은 항상 위엄이 있다)

(20) 돼지꿈을 꾸어도 해몽을 잘 해야 한다. (/ 좋은 일도 처리를 잘 해야한다)

(21) 제가 기른 개에게 발꿈치 물린다. (/ 믿는 부하에게 배신당한다)

(22) 가는 말에 채찍질하면 똥만 싼다. (/ 열심히 하는데 재촉하면 일을 그르친다)

예를 들어, (17)에서 '개'의 [충직함]은 피은유어의 '은혜 갚는 자'로 전이되어 긍정적 인생관을 구성하는데 이용되나, 반대로 (21)에서는 동일한 의미자질이 피은유어의 '믿는 부하'에 전이되지만 '배은망덕'이라는 부정적 인생관 구성에 이용되고 있다.

다음으로 부정적 동물관의 의미자질과 피은유어의 인생관 간의 관계를 살펴보자. 양국 동물속담에서 부정적 동물관이 반영된 비율을 비교하면, 프랑스어 속담의 경우 69%(774/1,115)에 이르고 우리말 속담은 61%(1,650/2,706)에 해당해 상당한 차이가 있다.

그런데, 프랑스어 동물속담에서 부정적 동물관의 의미자질이 부정적 인생관으로 전이되는 경우는 전체 동물속담 대비 69%(771/1,115)에 달하여 부정적 동물관은 거의가 부정적 인생관으로 사상하고 있음을 알 수 있다.

(23) Qui se couche avec les *chiens* se lève avec des puces. (*개*들과 자면 개벼룩이 옮는다/ 천한 자와 사귀면 욕이 돌아온다)

(24) L'amour qui vient de la *poule* n'est pas amour de qualité. (*암탉*의 사랑은 진정한 사랑이 아니다/ 경박한 여자의 사랑은 진정한 사랑이 아니다)

(25) La mauvaise garde paît souvent le *loup*. (감시를 소홀히 하면 *늑대*를 먹이는 꼴이다/ 한눈팔면 위험이 닥친다)

(26) À laver la tête d'un *âne* on perd sa lessive. (*당나귀* 머리를 씻다가는 세제만 버린다/ 바보는 가르쳐봐야 소용없다)

(27) C'est donner des perles à un *cochon*. (*돼지*에게 진주주기/ 천한 자에게 귀한 것을 주지 말라)

(28) À *brebis* tondue, Dieu mesure le vent. (하나님은 털 깎인 양에게 바람을 조절해준다/ 하나님은 약한 자를 보살핀다)

(29) Les *loups* ne se mangent pas entre eux. (*늑대*는 서로를 잡아먹지는 않는다/ 악인들도 자기들끼리는 의리를 지킨다)

위의 (23)-(27)에서도 볼 수 있듯이, 부정적 동물관의 의미자질들은 예외 없이 피은유어의 부정적 인생관으로 전이되고 있음을 알 수 있다. 그러나, 부정적 동물관을 긍정적 인생관으로 추론할 수 있는 경우는 (28)과 (29)를 포함하여 분석대상 전체속담에서 단지 3개만 찾을 수 있었다. 예를 들어, (28)에서는 양의 [약함]이 피은유어의 '약한 자'로 전이되고 있으나 그 '약함'이 오히려 신의 은총의 근거가 될 수 있다는 교훈을 추론하게 하고 있다.

이로 미루어, 프랑스어 동물속담에 투영된 부정적 동물관은 거의 대부분 부정적 인생관으로 사상하고 있다 할 수 있다.

우리말 동물속담의 경우도 부정적 동물관이 부정적 인생관으로 사상하는 경우가 주도적이나 프랑스어 동물속담과는 다른 경향을 보이고 있다. 즉, 부정적 동물관이 부정적 인생관으로 사상하는 비율은 56%(1,517/2,706)이고 부정적 동물관이 긍정적 인생관으로 사상하는 경우도 적지만 5%(133/2,706) 정도의 비율을 나타내고 있는 것이다.

(30) 소 귀신보다 질기다. (/ 고집불통이라 상대할 수 없다)
(31) *호랑이*를 길러 후환을 입는다. (/ 악한 사람을 동정하다간 화를 입는다)
(32) *고양이* 채소 먹기다. (/ 속내를 감추고 점잖은 척 한다)
(33) 병환에 *까마귀* 소리다. (/ 힘든 사람에게 불길한 말을 한다)
(34) 굳기는 *당나귀* 뒷발통이다. (/ 융통성 없이 고집불통이다)

(35) *개*도 손 볼 날이 있다. (/ 천대받는 사람도 잘 살 날이 있다)
(36) *돼지*같이 먹고 소같이 일한다. (/ 자기 몫은 욕심부려도 이윤을 많이 남긴다)

우리말 속담의 부정적 동물관도 대부분 (30)–(34)처럼 부정적 인생관으로 추론되나 (35), (36)처럼 긍정적 인생관을 은유하기도 한다. (35)에서는 '개'의 [천함]에 대응하는 '천대받는 삶'이 운명적인 것이 아니라 반전될 수도 있다는 긍정적 인생관을 은유하는 경우이다.

마지막으로, 중립적 동물관이 반영된 속담비율은 프랑스어 동물속담이 23%(254/1,115) 정도이고 우리나라는 16%(445/2,706) 정도로서 상당한 차이를 보이고 있으며, 중립적 동물관의 의미자질이 인생관에 전이되는 양상도 다르게 나타난다.[16)]

16 중립적 동물관의 의미자질들은 무표적 가치로 인해 피은유어에 전이되지 않

양국 동물속담의 중립적 동물관은 모두 대체로 중립적 인생관으로 사상하고 있으며, 이 경우가 프랑스어 동물속담에 있어서 차지하는 비율은 19%(214/1,115) 정도이다. 또한 중립적 동물관이 부정적 인생관으로 사상하는 경우는 3%(38/1,115)인 반면, 긍정적 인생관으로 사상하는 경우는 단 2개 밖에 발견되지 않고 있다.[17]

(37) On ne peut empêcher le *chien* d'aboyer ni le menteur de mentir. (*개*가 짖는 것을 막을 수 없고 거짓말쟁이가 거짓말하는 것을 막을 수 없다/ 본성은 안 변한다)

(38) Quand on parle du *loup*, on en voit la queue. (*늑대* 이야기를 할 때 그 꼬리가 보인다/ 호랑이도 제 말하면 온다)

(39) La *brebis* bêle toujours d'une même sorte. (*양*은 항상 같은 방식으로 운다/ 본성은 안 변한다)

(40) On ne peut prendre de tels *chats* sans mitaines. (그런 *고양이*는 벙어리장갑 아니면 잡을 수 없다/ 문제마다 각각의 해결방법이 있다)

(41) *Brebis* comptées, le loup les mange. (늑대는 양을 잘 세어놔도 잡아먹는다/ 잘 지켜도 도둑맞는다)

기 때문에, 다음 속담들처럼 등장하는 동물과 다른 동물이 교체되는 유사속담이 많이 형성된다.

(1) Où (la *chèvre*/la *vache*) est attachée, il faut qu'elle broute. ((염소/소)는 묶인 곳에서 풀을 뜯어야한다/ 주어진 상황을 이용하라)

(2) a. Pendant que le *chien* pisse, le lièvre s'en va. (*개*가 쉬하는 동안 산토끼는 가버린다/ 망설이는 사이 기회는 없어진다)

b. Tandis que le *loup* chie, la brebis s'enfuit. (*늑대*가 똥누는 동안 양은 도망간다/ 망설이는 사이 기회는 없어진다)

17 중립적 동물관이 긍정적 인생관으로 사상하는 예이다.

(1) L'œil du maître engraisse le *cheval*. (주인의 눈길이 말을 살찌게 한다/ 자기 소유물은 소중히 다루면 가치가 높아진다)

(2) *Vache* de loin a assez de lait. (먼데 있는 소가 젖이 많다/ 거리를 두면 더 좋은 법이다)

(42) Qui vole un œuf vole un *bœuf*. (달걀을 훔친 자는 소를 훔친다/ 좀도둑이 큰 도둑 된다)

(43) À la boucherie toutes les *vaches* sont bœufs, et à la tannerie tous les *bœufs* sont vaches. (정육점에서는 모든 암소가 수소가 되고 피혁공장에서는 모든 수소가 암소가 된다/ 질 나쁜 제품을 처분하기 위해 질 좋은 제품의 이름을 붙인다)

위의 (37)-(40)은 중립적 동물관의 의미자질이 무표성 때문에 피은유어에 전이되지 못하고 은유어의 어휘개념들의 복합적 결합에 의해 역시 피은유어의 중립적 인생관이 추론되는 경우들이고, (41)-(43)에서는 마찬가지 과정을 통해 피은유어의 부정적 인생관이 추론되고 있다.

이와 약간은 다르나, 우리말 동물속담에서도 중립적 동물관이 중립적 인생관으로 사상하는 경우가 14%(375/2,706), 부정적 인생관으로 사상하는 경우가 2%(63/2,706)정도이고, 긍정적 인생관으로 사상하는 경우는 7개 밖에 발견하지 못했다.[18)]

(44) *개*도 올가미가 있어야 잡는다. (/ 밑천이 있어야 장사할 수 있다)

(45) 대롱구멍으로 *범* 보기다. (/ 일부분만으로 옳게 평가할 수 없다)

(46) *닭*도 제 앞 모이는 긁어먹는다. (/ 자기 일은 자기가 손수 해야 한다)

(47) *까마귀*는 벌써 날아갔다. (/ 일은 이미 끝났다)

(48) 소타고 소 찾는다. (/ 정신없는 사람이다)

(49) *범*이 되었다 이리가 되었다 한다. (/ 변신과 변절을 밥 먹듯 한다)

18 중립적 동물관이 긍정적 인생관으로 사상하는 8개의 예들 중 이런 것들이 있다.

(1) 개천에 든 소다. (매우 유리한 처지에 있다)

(2) 말 타고 강 건너기다. (남의 덕에 편한 처지다)

(50) 부자 농부가 마른 *고양이* 기른다. (/ 구두쇠는 자기 주변을 돌보지 않는다)

위의 (44)-(47)은 중립적 동물관에 의한 의미자질이 전이되지 못한 채 피은유어의 중립적 인생관이 추론되는 경우이고, (48)-(50)은 중립적 동물관으로부터 부정적 인생관이 추론되는 경우이다.

우리가 지금까지 분석한대로, 10위권 내의 동물이 출현한 동물속담의 동물관과 피은유어의 인생관 사이의 추론관계 양상, 그리고 각 유형별 분포를 다음과 같이 양국어별로 도표화할 수 있다.[19)]

동물관(은유어)	인생관(피은유어)	프랑스어 동물속담	우리말 동물속담
긍정적 동물관 →	긍정적 인생관	1%	16%
	부정적 인생관	–	1%
	중립적 인생관	–	–
부정적 동물관 →	긍정적 인생관	–	5%
	부정적 인생관	69%	56%
	중립적 인생관	–	–
중립적 동물관 →	긍정적 인생관	–	–
	부정적 인생관	3%	2%
	중립적 인생관	19%	14%

지금까지의 분석과 도표를 토대로 우리의 논의를 정리하기로 한다.

19 비율이 1% 미만인 경우는 숫자를 표기하지 않았다. 도표상의 은유추론 관계 비율총합이 프랑스어 동물속담은 92%이고 우리말의 경우 94%인 이유는 축자적 속담인 경우, 동물관이 동물관으로 은유추론되는 경우, 판단을 내리기 어려운 경우를 제외했기 때문이다.

첫째, 프랑스어 동물속담에서는 은유어와 피은유어간의 추론관계가 네 유형으로 분류되고 있는 반면, 우리말 속담에서는 여섯 유형으로 분류되고 있어서 우리말 동물속담의 은유추론 관계 양상이 보다 다양하다는 사실을 알 수 있다.

다음으로, 앞에서 예상한대로 프랑스어 동물속담의 동물관이 우리말 속담보다 훨씬 더 부정적일 뿐 아니라(69% 대 61%), 은유추론 관계에 있어서도 부정적 인생관으로 추론되는 속담의 총비율이(72%) 우리말 속담에 비해(59%) 훨씬 높다. 반면, 긍정적 인생관으로 추론되는 속담의 총비율은 프랑스어 동물속담이 1%에 지나지 않으나 우리말 속담은 21%에 달해 큰 차이를 보이고 있다.

2.3. 정리

첫째, 속담의 중요한 화용기능은 교훈기능과 풍자기능이라 할 수 있다. 우리가 분석대상으로 삼은 동물속담도 동물관과 인생관 사이의 은유추론을 통하여 그 기능을 실현한다 할 수 있는데, 양국 동물속담 모두에 있어 등장 동물에 대한 부정적 동물관이 은유추론에 더 많이 이용되고 있음을 알 수 있었다.

둘째, 프랑스어 동물속담은, 자체적으로 볼 때 동물관이 사상하는 부정적 인생관의 비율이 긍정적 인생관의 비율에 비해 압도적으로 높을 뿐 아니라, 양국 속담을 비교할 때 부정적 인생관으로 추론되는 총비율도 우리말 속담에 비해 그 정도가 심하다 할 수 있다.

셋째, 동물관과 인생관 간의 은유추론 관계 유형에 있어서도 프랑스어 동물속담은 부정적 동물관과 부정적 인생관의 추론관계에 집중되어있어 우리말 속담에 비해 동물관 이용의 다양성 차원에서 더 제한적임을 알 수 있었다.

넷째, 양국 동물속담에 있어 부정적 동물관과 부정적 인생관의 사상 비율이 높은 이유는 결국, 긍정적 인생관이나 중립적 인생관과 달리 사람들의 부정적 성품이나 행태, 상호간의 갈등 상황, 즉 부정적 인생관을 풍자하거나 이를 통해 교훈하는데 사람 대신 동물을 등장시켜 간접 화행인 은유를 이용하는 것이 화용기법 상 편리하기 때문이라 할 수 있다.

프랑스에서는, La Fontaine의 *Fables*처럼, 부정적 인간성을 묘사하는데 전통적으로 동물들을 많이 이용해왔고 우리나라에서도 민담이나 설화에서 유사한 경향을 발견할 수 있는데, 그러한 경향들도 동물속담의 은유에 미친 영향이 크다 할 수 있다.

한편 우리말 동물속담의 경우, 세 유형의 동물관과는 다른 신성적 동물관도 발견된다. 이 동물관은 대부분 상상류의 동물(용, 교룡, 봉, 봉새)이나 호랑이, 거북, 공작 등의 동물에서 찾아볼 수 있는데,[20] 그 속담의 수가 많지 않기 때문에 본 연구에서는 다루지 않았으나 프랑스어 동물속담과 비교할 때 우리말 동물속담이 갖는 독특한 특성임에는 틀림없다.[21]

---

20 이 상상류는 우리 조상들이 신령스럽게 여기거나 영적인 동물로 숭상했던 동물들이 대부분이다.

21 이 동물관이 사상하는 인생관은 많은 경우 사람의 존귀한 인품, 출세욕, 명예욕 등을 표상한다고 볼 수 있는데, 다음과 같은 것들이다.
(1) 범은 엎드려 있고 *용*은 서리고 있다. (*위세 있는 사람*은 항상 점잖다)
(2) 개천에서 *용* 난다. (가난한 집에서도 *걸출한 인물*이 난다)

3. 의미적 대응관계

3.1. 속담 문화의미의 보편성과 특수성

우리는 Kleiber(1994; 1999a)의 견해에 따라 속담을 기호로서 지칭 기능을 수행하는 언어학적 총칭문으로 규정한 바 있다. 그의 설명에 따르면, 기호현상의 하나인 속담은 그 지시대상인 문화적 총칭상황을 관용적으로 지칭하게 된다. 다시 말해서 어떤 속담형에 의해 지시된 특수 문화상황은, 언중이 그 속담형을 시간의 흐름과 함께 다양한 담화 내에서 반복 인용하여 지시함으로써, 언어 사용의 약정성의 원리에 의해 고정관념처럼 관습적 특성을 가지게 되고, 그 결과로 그 속담형은 공인속담으로 고정되며 관련된 상황도 총칭상황이 되는 것이다.

(51) a. À bonne machine, point de publicité nécessaire. (좋은 기계에는 광고가 필요 없다)
b. On ne change pas une équipe qui gagne. (이기는 팀은 바꾸지 않는다)

(52) a. 암탉이 울면 알을 낳는다.
b. CCTV 한 대가 경찰관 열 명보다 낫다.

예를 들어, 위의 속담형들은 모두 변조속담으로서 새로운 사회·문화적 이데올로기를 반영하고 있어 아직 공인속담의 위상을 가지지 못하나 언중에 의해 유사한 문화상황들을 지시하는데 반복 사용 및 인용되면 어느 시점에 이르러서는 공인속담으로서 문화적 총칭상황을 지칭하게 되고 사전에 등재될 것이다.

이러한 문화적 총칭상황은 속담의 문화요소를 구성하고 더 나아가 속담의미를 결정하는 역할을 한다. 다시 말해서, 속담은 특정 문화권의 문화의미를 우리에게 약호화한 언어기호를 통하여 지칭하고 전달하는 기능을 가지고 있는 것이다. 1장에서 우리는 이러한 속담의 관용적 지칭기능을 '문화지칭 기능'이라 규정하였다.

그런데, 속담의 문화지칭 기능에 의해 전달되는 문화의미는 모든 문화권에 편재한 보편적인 것일 수 있고 반면 특정 문화권의 고유한 것일 수도 있다. 다음 예들을 살펴보자.

(53) a. Tel père, tel fils. (그 아버지에 그 아들)
b. Like father, like son.
c. 그 아버지에 그 아들.

(54) a. Chien en vie vaut mieux que lion mort. (산 개가 죽은 사자보다 낫다)
b. A living dog is better than a dead lion.
c. 산 개가 죽은 정승보다 낫다.

(55) a. Pierre qui roule n'amasse pas mousse. (구르는 돌에는 이끼가 끼지 않는다)
b. A rolling stone gathers no moss.
c. 구르는 돌에는 이끼가 끼지 않는다.

(56) a. Noël au balcon, Pâques au tison. (발코니에서 성탄절, 깜부기불에 부활절)
b. A blind man's wife needs no paint.
c. 가마 타고 시집가기는 다 틀렸다.

(53)의 예들은 등가적 핵심어들로 구성되어 있는 속담들로 각 언어권에서 '부전자전'이라는 동일한 문화의미를 지칭하고 있으며, (54)의 예들은 언어권별로 사용하는 핵심어가 다르더라도 역시 '아무리 천한 존재라도 죽는 것보다 사는 것이 더 낫다'는 동일한 문화의미를 지칭하고 있다. 따라서 이것들은 속담에 의해 전달되는 문화의미의 보편성을 보여주는 경우라 할 수 있다.

이와 반대로, (55)의 속담들은 동일한 핵심어들이 사용되고 있음에도 상이한 문화의미를 지칭한다. 즉, (55a)와 (55b)는 '싸돌아다니면 돈을 모을 수 없다'는 부정적 의미를 지칭하나 (55c)는 '활발히 움직여야 건강해진다'라는 긍정적 의미를 지칭하고 있다.

또한, (56)의 속담들은 각 언어권의 고유한 문화의미를 담고 있는 예들로 다른 언어권에서는 대응속담을 발견하기 어렵다. 이처럼, (55)과 (56)의 예들은 각 언어권의 고유한 문화의미를 지칭하는 속담들이라 할 수 있는 것이다.

본 절에서는 프랑스어 동물속담과 우리말 동물속담의 지칭적 문화의미를 비교 분석함으로써 속담의미의 보편성과 특수성이 구현되는 양상을 밝히고자 하며, 이를 위해 양국 대응속담의 유형을 속담의미의 등가 여부에 따라 <동의속담>과 <이의속담>으로 구분하고 각 유형별로 세부적 양상들을 분석하고자 한다.

3.2. 동의속담

우리는 동의속담을 전체의미 상 등가관계가 있고[22] 지칭하는 문화의미가 보편적인 대응속담 쌍으로 규정하고, 속담표현 내에서 등가의 핵심어들이 사용된 경우를 동어동의 속담으로 그렇지 않은 경우를 이어동의 속담으로 다시 세분하겠다.

3.2.1 동어동의 속담

먼저, 동어동의 속담들을 살펴보자.

(57) a. Jeter des perles aux *pourceaux*.
b. *돼지*에게 진주 목걸이.

(58) a. C'est un *loup* déguisé en *brebis*.
b. 양가죽을 쓴 *이리*다.

(59) a. Attacher le grelot au cou de *chat*.
b. *고양이* 목에 방울 달기.

(60) a. Qui court deux *lièvres*, n'en prendra aucun.
b. *토끼* 둘 잡으려다 하나도 못 잡는다.

(61) a. L'*aigle* ne chasse pas aux mouches.
b. *독수리*는 굶주려도 파리는 잡아먹지 않는다.

(62) a. *Chien* qui aboie ne mord pas.
b. 짖는 *개*는 물지 않는다.

---

22 동물속담 비교 분석에 있어 속담의미의 등가관계는 속담의 실현적 의미 즉 은유적 의미 차원의 관계이다. 또한 속담전체의 의미는 핵심어인 동물어휘가 결정적으로 작용하여 이루어지는 것이 아니고 핵심어를 포함한 표현 전체 차원에서 복합은유가 작용한 결과로 구성된다.

(63) a. La montagne a accouché d'une *souris*.

b. 태산명동에 *쥐* 한 마리.

위의 대응속담 쌍들은 모두 사용된 핵심 동물어휘 뿐 아니라 전체의미가 등가관계에 있으며 동일한 문화의미를 지칭하고 있으므로 동어동의 속담이라 할 수 있다.

분석 결과 양국 동물속담에서 동어동의 속담의 수는 그리 많지 않으나, 그 동의적 관계는 인류 공통의 보편적 문화기저를 토대로 자연스럽게 형성된 대응관계일 수도 있고, 시대를 거쳐 지속되어온 문화간 교류와 보편화 현상에 따른 속담차용의 결과로 볼 수 있는 것들도 많다.

예를 들어, (57a), (58a)의 프랑스어 속담은 신약성서의 구절이 각각 속담화한 것들로[23] 우리나라 대응속담 (57b), (58b)는 이 속담들로부터 변형 차용된 속담이라고 추정할 수 있다. 또한 (59b)는 이솝우화에서 그 출처를 찾을 수 있는 속담 (59a)의 우리나라 대응속담이라 할 수 있다. (60a), (61a)는 서양의 사냥문화에서 비롯된 속담으로 이미 그리스·로마 시대에 사용되었으며[24] 우리나라에도 (60b), (61b)의 대응속담이 존재한다.

양국 동물속담에 동어동의적 대응속담이 존재하는 것은 속담차용의 결과이든 보편적 문화기저 존재의 결과이든 핵심어인 동물어휘에 대한 동물관과 은유추론 방식이 같을 뿐 아니라 문화지칭 기능이 동일하게 실현되었기 때문이라 할 수 있다.

구체적으로 말한다면, (59)의 대응속담들은 모두 '고양이 목에 방

23 각각 마태복음 7장 6절, 15절에 근거를 둔 속담들이다.

24 Maloux(1980), 163, 501.

울을 달기'란 은유어로부터 피은유어인 '무모한 일을 계획하는 것은 쓸데없는 짓'이란 속담의미를 구성하기 때문에 '쥐와 고양이의 앙숙 관계'란 동물관과 이를 통한 은유추론 방식이 양국 속담 모두 동일하며, 결국 동일한 문화지칭 기능이 수행된다 할 수 있는 것이다.

또한, (62)의 대응속담들도 동일한 문화지칭 기능을 통하여 '짖는 개'란 은유어로부터 '말 많은 사람'이란 피은유어가 사상되고 '짖는 개는 물지 않는다'는 문장 은유어로부터 '말 많은 사람은 겁낼 것 없다'란 전체의미가 추론되고 있음을 알 수 있다.

이처럼, 동어동의 속담은 동일하거나 유사한 동물관에 근거하여 은유추론과 문화지칭 기능을 수행함으로써 동일한 문화의미를 지칭하며 이 의미내용은 두 언어권에 보편적으로 내재해 있다 할 수 있는 것이다.

한편, 대응속담들의 등가의 핵심어를 중심으로 한 은유추론 방식과 문화지칭 기능은 유사하나 주변어휘들이 다른 경우들도 있다.

(64) a. Vieux *bœuf* fait sillon droit. (늙은 소가 고랑을 바르게 친다)
b. 늙은 소가 밭을 더 깊게 간다.

(65) a. L'hôte et le *poisson* en trois jours sont poisons. (손님과 *생선*은 사흘이면 독이 된다)
b. *생선*과 손님은 사흘이면 냄새가 난다.

(66) a. Qui se couche avec *chiens* se lève avec les puces. (*개*들과 자면 벼룩과 일어난다)
b. *개*를 가까이 하면 벼룩이 옮는다.

(67) a. *Chien* hargneux a toujours l'oreille déchirée. (사나운 *개*는 항상 귀가 찢어져 있다)

b. 사나운 *개* 콧등 성할 날 없다.

(68) a. À *chien* endormi rien ne tombe en la gueule. (자는 *개*는 아무 것도 얻어먹을 수 없다)

b. 부지런한 *개*가 똥을 얻어먹는다.

(69) a. Un *chien* est fort à la porte de son maître. (*개*는 자기 주인 곁에서만 사납다)

b. 겁 많은 *개*는 제 집에서만 짖는다.

위의 예들에서, (66)의 대응속담들은 모두 핵심어 – '개'와 '벼룩'– 가 동일하게 사용되고 주변어휘 – '자다'/'가까이 하다', '일어나다'/'옮다'– 가 다르지만, '개'에 대한 부정적 의미자질인 [부정함], [더러움]에 근거하여 '품행이 바르지 않은 자와 친하게 되면 그를 닮게 된다'는 은유적 의미를 지칭하고 있다.

(68) 대응속담들도 통사구조가 반대이고 주변어휘들도 다르지만 핵심어가 같고 다음 (68)'의 논리관계처럼 a의 구조 (~(부지런한 개) → ~(얻어먹는다))는 b의 구조 ((부지런한 개) → (얻어먹는다))와 의미적 등가를 갖기 때문에 '부지런해야 조금이라도 챙길 수 있다'는 동일한 의미를 은유추론하고 있다.

(68)' (~(부지런한 개) → ~(얻어먹는다)) = ((부지런한 개) → (얻어먹는다))

한편, (69)의 대응속담 쌍은 모두 '개'의 속성인 [겁 많음], [허세]의 부정적 동물관을 부각시켜 '겁 많은 사람의 허세'를 은유적으로 지칭하고 있기 때문에, (69a)에 있어서 '개'는 '겁 많은'이란 수식어 없이도 맥락적으로 '겁 많은 개'와 등가관계에 있다 할 수 있다.

우리는 이러한 경우들도 핵심어가 같고 은유추론 방식과 문화지칭 기능이 동일하거나 유사하여 전체의미가 보편성에 따라 등가관계를 가지므로 동어동의 대응속담 쌍으로 간주하고자 한다.

3.2.2. 이어동의 속담

이어동의 속담은 대응속담 쌍의 핵심어들이 의미적 등가관계를 갖지 못하지만 속담 전체의 은유적 의미가 대체로 동일한 대응속담 쌍이다. 다시 말해서, 은유어인 핵심어는 상호 등가어가 아니지만 표상하는 상징적 동물관은 유사하여 동일한 피은유어를 사상하고 동일한 은유추론을 실현하기 때문에 지칭하는 문화의미가 보편적 등가관계를 갖게 되는 속담들이다.

우리 분석 결과, 이어동의 속담은 다시 핵심어 하나가 다른 경우와 둘 이상의 핵심어가 다른 경우로 구분할 수 있다. 먼저 대응하는 한 핵심어가 다른 경우를 분석해보자.

(70) a. Les *loups* ne se mangent pas entre eux. (*늑대*는 *늑대*를 잡아먹지 않는다)
b. *개*는 *개*를 잡아먹지 않는다.

(71) a. Qui vole un *œuf* vole un bœuf. (*달걀*도둑 소도둑 된다)
b. *바늘*도둑 소도둑 된다.

(72) a. Fermer l'étable quand les *chevaux* n'y sont plus. (말 잃고 마구간 닫기)
b. 소 잃고 외양간 고치기.

(73) a. Petit à petit l'*oiseau* fait son nid. (*새*는 조금씩 둥우리를 짓는다)

b. *개미* 금탑 모으듯 한다.

(74) a. En parlant du *loup*, on en voit la queue. (*늑대*를 들먹이면 그 꼬리가 보인다)

b. *호랑이*도 제 말하면 온다.

(75) a. Il n'est si bon *cheval* qui ne bronche. (좋은 *말*도 발을 헛디딘다)

b. *원숭이*도 나무에서 떨어진다.

(76) a. *Chat* échaudé craint l'eau froide. (덴 *고양이* 찬물만 봐도 겁낸다)

b. 더위 먹은 *소* 달만 봐도 허덕인다.

(77) a. La caque sent toujours le *hareng*. (청어통은 항상 *청어* 냄새가 난다)

b. 제 버릇 *개* 못 준다.

(78) a. Un *lièvre* va toujours mourir au gîte. (*산토끼*는 항상 자기 굴에 와서 죽는다)

b. *여우*도 죽을 때는 자기 굴로 머리를 둔다.

(79) a. Il n'y a si petit *chat* qui n'égratigne. (아무리 작은 *고양이*라도 할퀴지 않는 *고양이*는 없다)

b. *지렁이*도 밟으면 꿈틀한다.

(80) a. Où la *chèvre* est attachée, il faut qu'elle broute. (*염소*는 묶인 곳에서 풀을 뜯어야 한다)

b. *송충이*는 솔잎을 먹어야 한다.

(81) a. Il ne faut qu'une *brebis* galeuse pour gâter tout le troupeau. (옴 걸린 *암양* 한 마리가 양떼를 망쳐놓는다)

b. *미꾸라지* 한 마리가 시냇물 다 흐린다.

(82) a. Vivre comme *chien* et *chat*. (*개*와 *고양이* 사이처럼 지내기)

b. *견원*지간이다.

(83) a. Le *moineau* en la main vaut mieux que l'*oie* qui vole. (내 손에 *참새*가 날아가는 *기러기*보다 낫다)

b. 날아다니는 *꿩*보다 잡은 *참새*가 낫다.

(84) a. Mieux vaut marcher devant une *poule* que derrière un *bœuf*. (*황소* 뒤에 가는 것보다 *암탉* 앞에 가는 것이 더 낫다)

b. *황소* 꼬리보다 *닭* 벼슬이 더 낫다.

(85) a. La *poule* ne doit pas chanter devant le *coq*. (*암탉*은 *수탉* 앞에서 울지 말아야 한다)

b. *암탉*이 울면 집안이 망한다.

(70)과 (71)의 대응속담들은 주변어휘는 같지만 핵심어가 다른 경우이고 (72)–(81)의 대응속담들은 주변어휘들도 정도에 따라 다르고 핵심어가 다른 경우로서, 문화 배경에 따라 상이한 은유어를 사용하지만 은유어의 유사한 동물관을 바탕으로 동일한 은유적 문화의미를 지칭하고 있는 대응속담들이라 할 수 있다.

예를 들어, (70)에 있어서 대응 핵심어는 '늑대'와 '개'로서 서로 다르지만 '같은 부류의 사람들은 서로를 해치지 않는다'는 동일한 은유적 의미를 지칭하고 있고, (74)의 속담들에서는 은유어인 핵심어로 각각 '늑대'와 '호랑이'가 사용되고 있는데, 부각되는 핵심어들의 전형적 속성은 모두 [위험함], [두려움]이라 할 수 있고 이를 바탕으로 동일한 은유추론과 문화지칭 기능이 실현된다 할 수 있는 것이다.

다음으로 (82)–(85)는 각 속담에 동물 핵심어가 둘 사용되고 있으나 비교되는 동물 중 하나는 같고 다른 하나가 상이한 대응속담 쌍이다. 이 속담 쌍에서도, 비교 대상이 되는 동물들이 문화배경에 따라 각기 다르지만 은유추론은 유사하게 실현되어 속담 전체의미 상으로는 상호 등가적이라 할 수 있다.

한 예로, (83)의 두 속담에서 '참새'/'기러기'와 '참새'/'꿩'의 비교 관계는 양국 문화배경에 따라 달리 설정되어 있으나 결국 '허황된 꿈보다는 힘들더라도 실속 있는 삶이 더 낫다'는 동일한 은유적 의미를 지칭하고 있는 것이다.

다음으로 둘 이상의 핵심어가 상이한 이어동의 속담의 경우를 살펴보기로 한다.

(86) a. Le *chat* parti, les *souris* dansent. (*고양이* 떠난 뒤 *생쥐*들이 춤춘다)
b. 범 없는 골에는 *토끼*가 스승이다.

(87) a. Enfermer le *loup* dans la *bergerie*. (*이리*를 *양* 우리에 가두기)
b. *고양이*에게 *생선* 가게 맡기기.

(88) a. À *chevaux* maigres vont les *mouches*. (여윈 *말*에 *파리*가 달라붙는다)
b. 여윈 *개 비루* 오른다.

(89) a. Donner un *œuf* pour avoir un *bœuf*. (*달걀* 하나 주고 *소* 얻기)
b. *새우* 미끼로 *잉어* 낚기.

이 경우는 대응속담 쌍에 있어 출현하는 동물 간의 비교 근거인 동물관이 다르지만 역시 은유추론과 문화지칭 기능이 동일하여 등가적 속담의미를 지칭하는 속담들이다.

예를 들어 (86)의 경우 프랑스어 속담에 이용되는 '고양이'/'생쥐'의 관계는 우리말 속담에는 '호랑이'/ '토끼'로 맺어져 있어 천적관계에 대한 상이한 동물관을 드러내나 양국 속담 모두 이 관계에 근거하여 궁극적으로 '강자가 없는 곳에 약자가 행세한다'는 동일한 은유적 의미를 지칭하고 있다.

우리는 지금까지 이어동의 속담의 여러 유형을 분석하였는데, 분석 결과에 따르면 핵심어 하나가 다른 대응속담 쌍이 가장 많았고 그 중에서도 (72)–(81) 속담들처럼 주변 어휘들도 정도에 따라 다르고 핵심어가 다른 경우의 수가 지배적인 것으로 판단된다.

3.3. 이의속담

이의속담은 대응속담 간에 의미적 등가관계가 없거나 아예 대응속담이 없는 속담들로서 고유의 문화의미를 지칭하는 것들이라 할 수 있는데, 주변어휘들도 유사하고 핵심어가 등가관계를 가지나 문화지칭 기능이 달라 상이한 문화의미를 지칭하는 동어이의 속담과 대응 동물속담 자체가 존재하지 않아 자국의 독특한 문화의미를 지칭하는 이어이의 속담으로 구분할 수 있다.

3.3.1. 동어이의 속담

우리의 조사 결과에 의하면 동어이의 속담은 그 수가 많이 발견되지 않았으며, 그 예들을 살펴보면 다음과 같다.

(90) a. Le *renard* cache sa queue. (여우는 자기 꼬리를 감춘다)
b. 여우는 꼬리 감추기가 고역이라.

(91) a. À bon *cheval* point d'éperon. (좋은 말에는 박차가 없다)

b. 가는 말에 채찍질.

(92) a. À marmite qui bout *mouche* ne s'attaque. (끓는 냄비에는 *파리*가 덤벼들지 않는다)

b. 더운 죽에 *파리* 날아들 듯.

(93) a. À vieux *chat*, jeune *souris*. (늙은 *고양이*와 꼬마 *생쥐*)

b. *고양이*가 늙은 *쥐*만도 못하다.

(94) a. Qui naquit *chat* court après les *souris*. (*고양이*로 나면 *쥐*를 쫓게 마련이다)

b. *고양이*가 *쥐*를 마다한다.

(90)의 동어이의 속담에는 모두 핵심어 '여우'가 사용되고 있는데, 프랑스어 속담 (90a)는 여우의 긍정적 속성으로 [꾀], [지혜]를 부각시켜 '꾀바른 사람은 자기 의도를 나타내지 않는다'란 은유적 의미를 지칭하고 있는 반면, 우리말 속담 (90b)는 여우의 부정적 속성인 [교활함]을 이용하여 '아무리 교활해도 자신의 정체나 의도를 감추기는 어렵다'는 상반된 의미를 지칭하고 있다.

또한, (93)의 대응속담에서는 (93a)가 이솝우화에서 인용한 '늙은 고양이'와 '꼬마 생쥐'와의 관계를 '노련한 수완가와 신출내기의 관계'로 은유사상하여 '노련한 상사 앞에 겁 없는 신출내기'의 의미를 지칭하고 있는 반면, (93b)는 반대로 '고양이'와 '늙은 쥐'의 관계를 '강자와 노련한 약자의 관계'로 사상하여 '강자라도 노련한 약자를 이기기 힘들다'는 의미를 지칭하고 있는 것이다.

이처럼 동어이의 대응속담 쌍은 판이한 문화배경으로부터 구축된 동물관에 의해 각기 다른 은유추론과 문화지칭 기능이 작용하여 상이한 문화의미를 지칭하게 된 결과라 할 수 있다.

3.3.2. 이어이의 속담

우리가 마지막으로 분석하고자 하는 이어이의 속담은 대표적 이의 속담으로 그 분포가 가장 많으며 대응 동물속담이 없이 각 언어권에만 존재하기 때문에 고유의 은유적 문화의미를 지칭하는 속담이다.

(95) a. *Araignée* du matin, chagrin, *arraignée* du soir, espoir. (아침 *거미*는 슬픔, 저녁 *거미*는 희망)

b. 아침 *까치*는 기쁜 까치, 저녁 *까치*는 슬픈 까치.

(96) a. On ne tue pas la *poule* aux œufs d'or. (황금알 낳는 닭은 죽이지 마라)

b. 욕심 끝에 화가 온다.

(97) a. Les murs ont des oreilles. (벽에도 귀가 있다)

b. 낮말은 *새*가 듣고 밤말은 *쥐*가 듣는다.

(98) a. Le mal vient à *cheval* et s'en va à pied. (불행은 말 타고 와서 걸어 나간다)

b. Le *renard* ne chasse jamais près de sa tanière. (여우는 절대 자기 굴 근처에서 사냥하지 않는다)

c. À *brebis* tondue Dieu mesure le vent. (하나님은 털 깎인 양에게 바람을 조절하신다)

d. Qui *chapon* mange, *chapon* lui vient. (식용 수탉을 먹는 자에게 식용 수탉이 온다)

e. Pour un point, Martin perdit son *âne*. (점 하나 때문에 마르땡은 *당나귀*를 잃었다)

(99) a. *쇠귀*에 경 읽기.

b. *까마귀* 울어 범 죽으랴?

c. *닭* 쫓던 *개* 지붕 쳐다본다.

d. *이리*떼 틀고 앉았던 수세미 자리 같다.

e. *꿩* 구어 먹은 자리에는 재나 있지.

위의 예들에서 (95)–(97)의 속담 쌍은 언뜻 보기에 유사한 것 같으나 각각 상이한 문화의미를 지칭하고 있는 것들이다. (95a)는 '아침에 거미가 일하면 비가 올 징조이고 저녁나절에 노닐면 날이 좋을 징조'라는 뜻으로 프랑스 전통의 속언에 해당한다 할 수 있으며, 이와 다르게 (95b)는 '까치가 아침에 울면 좋은 징조이지만 저녁에 울면 불길한 징조'라는 우리나라 전통의 속언으로서 각각 상이한 문화의미를 지칭하고 있음을 볼 수 있다.

또한, (96)의 속담 쌍에 있어 (96a)에 대한 우리나라의 대응 동물속담은 존재하지 않고 그 은유적 의미와 유사한 축자적 속담 (96b)만이 존재할 뿐이다. 이와 반대로 (97)의 속담 쌍에서는 우리말 동물속담 (97b)에 대응하는 프랑스어 동물속담이 존재하지 않고 다른 은유적 속담이 존재하며 그 의미도 다소 다른 경우이다. (97b)의 속담은 '말을 할 때는 누가 엿들을까 조심하라'는 뜻이며 (97a)는 이와 유사한 상황에서 사용되나 대체로 '전쟁터에서는 첩자를 조심하라'는 의미를 지칭하고 있다.[25]

25 (97a)의 속담은 히브리 전통의 속담이며 중세 이후 전쟁상황에서 첩자를 경계하라는 교훈적 의미로 많이 사용되었다. cf. http://www.linternaute.com/proverbe/

한편, (98)의 속담들은 프랑스어 동물속담에만 존재하는 것들이며 (99)의 속담들은 우리말 동물속담에만 존재하는 것들로서 각각 전통적 동물관에 근거한 상이한 문화지칭 기능이 작용하여 고유한 문화의미를 지칭하는 이어이의 속담들이다.

(98b)는 '여우'의 부정적 의미자질인 [교활함], [이중성]이 전체의미인 '교활한 자는 주변에 테를 안 낸다'란 뜻으로 은유추론되는 경우로 우리말 대응속담은 존재하지 않는다. 이와 반대로, 우리말 속담 (99b)에서 '까마귀'는 [죽음]을 상징하는 동물인데, '동물의 왕 호랑이는 까마귀 운다고 죽지 않는다'는 뜻의 은유어가 '작은 불행이 큰 일에 영향을 미치지 않는다'는 피은유어로 은유추론되는 속담으로 이에 대한 프랑스어 대응속담 역시 존재하지 않는다.

3.4. 속담차용 가설

앞에서 살펴본 동의속담과 관련하여, 그 존재는 모든 언어에 편재한 보편적 동물관과 인생관이 동일한 문화지칭 기능을 통하여 보편적 문화의미로 자연스럽게 정착한 결과라 할 수도 있고, 어느 언어권의 속담에 내재한 고유한 문화의미가 속담차용을 거쳐 다른 언어권에 전이 및 수용됨으로써 보편적 문화의미의 위상을 획득한 결과라 할 수도 있다.

여기에서 우리는 후자의 결과를 속담차용 가설로 설명하고자 하며 몇 가지 가능 사례를 제시함으로써 그 가설의 타당성을 진단하고자 한다. 대응속담들 간의 차용관계는, Privat(2005)의 설명에 따르면, 통시적으로는 속담기원 추적을 통해 공시적으로는 속담변이형 다과 분석방법을 통하여 확인 가능하다.

먼저 통시적으로 속담기원을 추적하여 어느 속담이 원형속담에 가까운지 구분할 수 있고 이로부터 두 속담 간의 차용관계를 추정해 낼 수 있다. 한 예를 들어보자.

(100) a. Attacher le grelot au cou de chat.
 b. 고양이 목에 방울 달기.

'고양이 목에 방울 달기'란 속담은 이솝우화에 나온 설화를 바탕으로 이미 그리스 시대부터 사용되던 속담이었으며, 17세기 말엽의『순오지(旬五志)』에 따르면[26] 우리나라에서도 '묘항현령(猫項懸鈴)'이란 표현으로 조선시대에 널리 사용되고 있었다. 이로 미루어, 이 속담은 오래전에 우리나라에 차용되어 전승되어 온 것으로 볼 수 있으며 다만 외래적 수용 시기 및 경과는 밝혀지지 않고 있다.[27]

이처럼 (100)의 두 속담은 이솝우화를 근간으로 형성된 원형속담이 각국에 외래적 차용과정을 통하여 전래된 등가의 차용속담들이지만, 통시적 속담기원 추적을 통해 (100a)가 (100b)보다 원형속담에 가까우며 후자가 전자, 즉 서양속담으로부터 차용되었을 가능성을 언어직관을 통해 짐작할 수 있다.

(101) a. Jeter des perles aux *pourceaux*. (*돼지*에게 진주를 던지는 격이다)
 b. *돼지* 목에 진주 목걸이다.

---

26 홍만종[이민수 역] (1971), 296.

27『한국민족문화대백과사전』은 이 속담의 전래 및 전승이 오래전에 이루어졌는데 그 수용시기 및 경과가 아직 밝혀지지 않고 있음을 지적하고 있다. cf. http://encykorea.aks.ac.kr/

(102) a. Qui court deux *lièvres*, n'en prendra aucun. (두 마리 *토끼*를 쫓는 자는 아무 것도 못 잡는다)

b. *토끼* 둘 잡으려다 하나도 못 잡는다.

c. Duos qui sequitur *lepores* neutrum capit.

(103) a. Fermer l'étable quand les *chevaux* n'y sont plus. (말 잃고 마구간 닫기)

b. 소 잃고 외양간 고치기.

(104) a. Chien en vie vaut mieux que *lion* mort. (산 개가 죽은 *사자*보다 낫다)

b. 산 개가 죽은 *정승*보다 낫다.

다른 예를 들어본다면, (101)의 대응속담들은 신약성서의 한 구절이 속담화한 것으로 프랑스어 속담 (101a)가 우리말 속담 (101b)에 비해 원형속담에 가깝기 때문에 후자가 전자(또는 서양속담)로부터 차용되었을 것이라고 예상할 수 있다. 또한 (102b)의 속담은 (102c)의 라틴어 속담으로부터 차용된 (102a)의 속담으로부터 재차용된 결과라 할 수 있다.[28)]

(103b)의 우리말 속담은 원래『순오지』에 소개된 '실마치구(失馬治廐: 말 잃고 마구간 고치기)'란 속담이 변형 전승된 것으로,[29)] 다음 과정를 거쳐 서양속담에서 현재의 속담으로 차용된 것으로 추정된다.

■ 말 잃고 마구간 닫기 → 말 잃고 마구간 고치기 → 소 잃고 외양간 고치기

28 (102a)와 영어 대응속담인 *He that hunts two hares loses both*로부터 재차용되었다 할 수도 있다.

29 임종욱(2001), 329.

(104b) 속담도 『백언해(百諺解)』에 실린 '활구지자 승어사상(活狗之子 勝於死相: 산 개가 죽은 정승보다 낫다)'란 속담이 현대에 전승된 것으로 서양속담의 핵심어 '사자'가 '정승'으로 변형되어 차용된 예로 볼 수 있다.[30]

그러나, Privat(ibid.: 911)는 통시적 속담기원 추적에 의한 원형속담과 차용속담의 구분은 그 기원을 정확히 추적하기 어려운 경우가 많아 속담 연구가들의 가장 까다로운 과제가 되고 있다고 지적한다.

다른 한편으로, Privat는 공시적으로 각 대응속담의 속담 변이형 다과를 분석하여 대응속담 간의 차용관계를 설명할 수 있다고 주장한다. 구체적으로 그는(ibid.: 910–912) 대응속담들 중 변이형이 많은 속담은 속담의 사실성(authenticité), 높은 사용 빈도수, 속담의 생명력을 드러내주기 때문에 이 속담이 원형속담에 가까우며, 변이형이 없는 유일속담(proverbe–hapax)은 차용되었을 가능성이 높은 속담이라고 설명하고 있다.

(105) a. Qui se couche avec chiens se lève avec les puces. (개와 자면 벼룩과 함께 일어난다)
b. Avec le chien se couchant, avec les puces se levant.
c. Celui qui dort avec le chien se réveille avec les puces.
d. Qui hante chien, puces remporte.

(106) 개를 가까이 하면 벼룩이 옮는다.

예를 들어, 우리나라 유일속담 (106)에 등가적으로 대응하는 프랑스어 속담은 (105)의 예들처럼 많은 변이형을 가지고 있어 원형속담에 가깝다는 것이다.

30 임종욱(ibid.), 563.

지금까지 살펴 본대로, 등가적 대응속담들 중에는 속담차용 가설에 의해 차용관계를 추정할 수 있는 경우가 꽤 있다는 사실을 확인할 수 있으므로, 향후 대응속담들 간의 차용관계 규명을 위해 보다 다양한 통시·공시적 기준을 개발, 적용함으로써 심도 있는 연구가 필요할 것이다.

3.5. 정리

우리는 지금까지 프랑스와 우리나라 동물 대응속담들의 유형을 '속담의미 등가 여부'에 따라 동의속담과 이의속담으로 대별하고 다시 각각 동어동의속담, 이어동의 속담, 동어이의 속담, 이어이의 속담으로 세분하여 속담의미의 보편성과 특수성의 양면적 관점에서 구체적 경우들을 비교 분석하였다. 이를 정리하면 다음과 같다.

첫째, 동어동의 속담은 대응관계에 있는 양국 동물속담의 동물 핵심어가 등가관계에 있고 지칭하는 전체의미도 등가관계를 이루는 경우이며, 이어동의 속담은 동물 핵심어가 상이하나 지칭하는 전체의미가 등가관계인 경우라 할 수 있다. 이 두 유형은 모두 동일하거나 유사한 은유추론과 문화지칭 기능을 통하여 동일한 은유적 의미를 지칭하므로 속담 문화의미의 보편적 특징을 보여주는 것들이라 할 수 있다.

둘째, 동어이의 속담은 대응속담의 핵심어가 등가관계를 가지나 지칭하는 전체 속담의미가 상이한 경우이며 이어이의 속담은 핵심어들도 다르고 각 언어권의 고유한 문화의미를 지칭하는 경우로, 두 유형 모두 상이한 은유추론과 문화지칭 기능의 작용에 의해 독특한 문화의미를 지칭하기 때문에 속담의미의 특수성을 보여주는 것들이다.

셋째, 양국 동의속담에서 발견할 수 있는 속담의미의 보편적 특징은 원래의 인류 보편적 문화양상이 구현된 경우도 있으나, 한 언어권의 속담이 다른 언어권으로 전래 및 전승하여 정착한 경우도 적지 않다는 사실을 가정하고 그 과정을 설명하기 위한 속담차용 가설을 제안하였다.

넷째, 이 가설에 따라 속담기원을 추적하면 원형속담을 분별할 수 있는데, 양국 동물 대응속담들 중 대체로 프랑스어 속담이 원형속담에 가깝고 우리말 속담은 프랑스어 속담을 포함한 서양속담으로부터 차용된 속담이라는 사실을 단편적으로나마 확인할 수 있었다.

다섯째, 이러한 차용가설은 동물 대응속담에 관한 한 공시적으로 프랑스어 속담이 우리말 속담보다 상대적으로 속담 변이형이 더 풍부하다는 사실이 그 타당성을 뒷받침하고 있기도 하며, 정확한 원형속담 발굴과 구체적 차용과정에 대해서는 양국 대응속담 전반에 걸쳐 보다 면밀한 연구가 필요하다 하겠다.

4. 마무리

본 장에서 우리는 은유적 속담에 속하는 동물속담에 초점을 맞추어 양국 동물속담이 표출하는 문화기능의 보편성과 특수성을 비교 분석하였다.

이를 위해 먼저 은유적 동물속담의 은유추론 관계를 분석하였는데, 양국 동물속담 모두 은유추론에 있어 일반적으로 부정적 동물관이 더 많이 이용되고 있으나 동물관이 사상하는 부정적 인생관의 비율은 프랑스어 속담이 우리말 속담에 비해 월등 높았고 동물관 이용에 있어서도 더 제한적이었다.

양국 동물속담에 있어 부정적 동물관과 부정적 인생관의 사상 비율이 전반적으로 높은 이유는 부정적 인생관을 교화하거나 풍자하는데 있어 동물관을 은유적으로 이용하여 사상하는 것이 어조완화 효과를 가져올 수 있어 화용적 부담이 적기 때문이라 할 수 있다.

다음으로, 양국의 유사 동물속담들을 대상으로 '속담의미 등가 여부'와 대응관계 유형에 따라 동어동의 속담, 이어동의 속담, 동어이의 속담, 이어이의 속담으로 세분하고, 각 대응속담 유형 별로 사용된 대응 핵심어휘들의 동물관과 은유추론 방식을 비교함으로써 지칭된 문화의미의 보편성과 특수성을 분별하고자 하였다.

동어동의 속담과 이어동의 속담은 대체로 유사한 은유추론과 문화지칭 기능을 통하여 동일한 은유적 의미를 지칭하므로 속담 문화의미의 보편성을 드러내는 대응속담 유형이라 할 수 있는 반면, 동어이의 속담과 이어이의 속담은 대체로 상이한 은유추론과 문화지칭 기능 때문에 속담에 깃든 고유 문화의미의 특수성을 보여주고 있는 대응속담 유형임을 확인하였다.

동의속담이 표상하는 보편적 문화의미는 어떤 언어권의 원형속담이 다른 언어권에 차용속담으로 전래됨으로써 정착된다는 속담차용 가설을 제기하고, 속담기원 추적과 속담 변이형 다과를 기준으로 삼아 몇몇 사례 분석에 의해 이 가설의 타당성을 입증하고자 하였다.

참고문헌

I. 논문 및 단행본

강등학(1998), 「속담의 유형과 기능」, 『구비문학연구』, 제6호, 433-443.

강성영(1998), 「속담표현의 의미·화용론적 특성 연구」, 『불어불문학연구』, 제37집, 605-621.

______(2000), 「프랑스어 속담과 우리말 속담의 구문상 특성 비교」, 『한국프랑스학 논집』, 제31집, 17-29.

______(2001), 「의미·화용론적 관점에 의한 프랑스어 속담과 우리말 속담 비교 연구」, 한국프랑스학논집』, 제34집, 1-20.

______(2002a), 「속담의 지칭기능에 대한 연구」, 『한국프랑스학논집』, 제38집, 1-24.

______(2002b), 「프랑스 속담과 우리나라 속담에 있어서 성차별 요소 및 그 의미기능 비교 연구」, 『한국프랑스학논집』, 제40집, 1-22.

______(2003), 「신조속담과 속담생성에 대한 연구」, 『한국프랑스학논집』, 제44집, 1-24.

______(2004a), 「프랑스와 우리나라의 동물속담에 있어서 은유추론 관계 비교 연구」, 『프랑스어문교육』, 제18집, 149-168.

______(2004b), 「프랑스어 속담과 관용어의 언어학적 비교 연구」, 『불어불문학연구』, 제58집, 333-359.

______(2005), 「프랑스의 속담형 광고문에 작용하는 속담의 언어학적 특성」, 『한국프랑스학논집』, 제52집, 1-18.

______(2008), 「연어, 관용어, 속담의 범주적 특성과 상호 관계」, 『한국프랑스학논집』, 제61집, 1-24.

______(2009), 「총칭성에 의한 속담유형 분류와 대립속담」, 『한국프랑스학논집』, 제65집, 1-24.

______(2010), 「프랑스와 우리나라 동물속담에 있어 의미적 대응속담들에 대한 연구」, 『프랑스어문교육』, 제33집, 135-155.

______(2011), 「프랑스어 속담인용 담화에 작용하는 논증의 양상」, 『한국프랑스학논집』, 제74집, 1-24.

______(2013), 「속담의 논증기능과 논증 연결사 mais」, 『한국프랑스학논집』, 제83집, 153-177.

______(2015), 「프랑스어 대칭적 이항속담의 통사·의미적 특성」, 『프랑스어문 교육』, 제49집, 147-166.

______(2016), 「프랑스어 생략형 속담구조에 대한 언어학적 소고」, 『용봉인문 논총』, 제49집, 5-39.

______(2017), 「속담 총칭문의 언어학적 특징과 속담 유형」, 『프랑스어문교육』, 제56집, 35-60.

______(2018), 「프랑스어 무동사 속담에 있어 무관사와 평가형용사의 언어학적 작용」, 『한국프랑스학논집』, 제103집, 87-111.

강수언(1979), 「한·영어의 속담 비교」, 『제주대논문집』, 제9집, 181-203.

김경희(2001), 「한국 속담 프랑스어 번역에 관한 고찰」, 『불어불문학연구』, 제45집, 171-193.

김문창(1979), 「속담론 서설」, 『강원대학교논문집』, 제13집, 97-111.

김종택(1992), 『국어 어휘론』, 탑출판사.

민병곤(2002), 「토론담화에서 속담의 진행기능에 대한 고찰」, 『선청어문』, 제30집, 257-284.

박갑수(1984), 「언어에 관한 속담고」, in 김민수 외, 『국어와 민족문화』, 집문당, 195-217.

서혁(1993), 「언어사용으로서의 속담표현의 특성」, 『선청어문』, 제21집, 233-259.

선영아(2012), 「속담의 재구성 - 『인생의 첫출발 *Un début dans la vie*』에서의 속담 패러디」, 『불어문화권연구』, 제22집, 77-106.

송재선(1994), 「신조 속담」, 『새국어생활』, 여름호.

심재기(1982), 「속담의 종합적 검토를 위하여」, 『관악어문연구』, 제7집, 215-244.

______(1990), 『국어 어휘론』, 집문당.

오명기(2001), 「영어 총칭문의 화용적 해석」, 『현대문법연구』, 제25집, 191-209.

유덕웅(1991), 「속담에 나타난 한국인의 동물관」, 『경기어문학』 제7집, 383-405.

유현경(2000), 「국어 형용사의 유형에 대한 연구」, 『국어학』, 제36집, 221-258.

이종철(1994), 「유의적 속담의 형태적 양상의 고찰」, 『선청어문』, 제22호.

______(2003), 「반의관계 속담의 연구」, 『국어교육』, 제112집, 339-371.
장덕순 외(1992), 『구비문학개설』, 일조각.
전영철(2012), 「총칭성과 양화」, 『한국어의미학』, 제39집, 51-76.
정희자(1998), 「은유의 해석에 대하여」, 『외대논총』 제19집, 85-110.
천병희 역(2003), 『이솝우화』, 단국대학교출판부.
최승언(2000), 「Phrase génériques, syntagmes génériques et argumentation」, 『불어불문학연구』, 44/2, 875-907.
최창렬(1999), 『우리 속담 연구』, 일지사.
홍만종[이민수 역](1971), 『순오지』, 을유문화사.
Achard–Bayle, G. et B.Schneider (2011), “Parémie et mémoire”, *Itinéraires*, 2011–2, 55–77.
Adam, J. M. (1990), *Eléments de linguistique textuelle*, Mardaga.
Amossy, R. (2000), *L'argumentation dans le discours*, Nathan.
Anglade, J. (1965), *Grammaire élémentaire de l'ancien français*, Armand Colin.
Anscombre, J.–C. (1977), “La problématique de l'illocutoire dérivé”, *Langage et société*, 2, 17–41.
______________ (1980), “Voulez–vous dériver avec moi ?”, *Communications*, 32, 61–124.
______________ (1986), “L'article zéro en français : un imparfait du substantif?”, *Langue française*, 72/1, 4–39.
______________ (1994), “Proverbes et formes proverbiales : valeur évidentielle et argumentative”, *Langue française*, 102, 95–107.
______________ (1995a), “De l'argumentation dans la langue à la théorie des topoï”, in J.–C. Anscombre(éd.), *Théorie des topoï*, Editions KIME, 11–47.
______________ (1995b), “La nature des topoï”, in J.–C. Anscombre (éd.), *Théorie des topoï*, Editions KIME, 49–84.
______________ (1995c), “Topique or not topique: formes topiques intrinsèques et formes topiques extrinsèques”, *Journal of Pragmatics*, 24, 115–141.
______________ (2000), “Parole proverbiale et structures métriques”, Langages, 139, 6–26.
______________ (2002a), “Mais/pourtant dans la contre–argumentation directe :

raisonnement, généricité, et lexique", Linx, 46, 115–131.

_____________ (2002b), "La nuit, certains chats sont gris, ou la généricitésans syntagme générique", *Linx*, 47, 13–30.

_____________ (2003), "Les proverbes sont–ils des expressions figées ?", *Cahiers de lexicologie*, 82/1, 159–174.

_____________ (2006), "Polyphonie et classification des énoncés sentencieux. Les marqueurs médiatifs génériques", *Le français moderne*, 74/1, 87–99.

_____________ (2010), "Lexique et médiativité: les marqueurs pour le dire", *Cahiers de lexicologie*, 96, 5–33.

_____________ (2011), "L'introduction du pronom neutre dans les marqueurs médiatifs à verbe de dire de type *Comme dit le proverbe / Como dice el refrán* : étude sémantique contrastive d'une contrainte polyphonique", *Langages*, 184, 13–34.

_____________ (2015), "Verbes d'activité de parole, verbe de parole et verbes de dire : des catégories linguistiques ?", *Langue française*, 186, 103–121.

_____________ (2016), "Sur la détermination du sens des proverbes", *Etudes et travaux d'Eur'ORBEM*, 1/1, 39–53.

Anscombre, J.–C. et al. (dir.) (2012), *La parole exemplaire : introduction à une étude linguistique des proverbes*, Armand Colin.

Anscombre, J.–C. et O. Ducrot (1977), "Deux mais en français ?", *Lingua*, 43, 23–40.

______________________ (1983), *L'argumentation dans la langue*, Mardaga.

Arenstein, G.–H. (1998), "Réflexion sur les proverbes", in *http://psychomedia.qc.ca/dart6.htm.*

Arnaud, P. J. L. (1991), "Réflexion sur le proverbe", *Cahiers de lexicologie*, 59/2, 5–27.

_____________ (1992), "La connaissance des proverbes français par les locuteurs natifs et leur sélection didactique", *Cahiers de lexicologie*, 60/1, 195–238.

Arnaud, P. J. L & R. Moon (1993), "Fréquence et emploi des proverbes anglais et français", in C. Plantin (dir.), *Lieux communs*, Editions Kimé, 323–341.

Bacry, P. (1992), *Les figures de style*, Belin.

Ballabriga, M. (2000), "Sémantique du slogan publicitaire", in J.–M. Adam et M.

Bonhomme (éds.), *Analyse du discours publicitaire*, 95–112.

Bally, Ch. (1951), *Traité de stylistique française*, vol .I, Klincksieck.

________ (1965), *Linguistique générale et lingusitique française*, Editions Francke Berne.

Benveniste, E. (1966), *Problémes de linguistique générale I*, Gallimard.

Boumal, M. (1999), "Qu'est–ce qu'une allégorie?", in *http://www. brunette.brucity. be/lgmlej/02AetL/02002ROlliv/03–allegodef.htm.*

Boutin, A. B. (2007), "Déterminant zéro ou omission du déterminant en français de Côte d'Ivoire", *Le français en Afrique*, 22, 161–182.

Bouvier, A. (1993), "Une anthropologie sociologique des topoï: la théorie des dérivations de Pareto", in C. Plantin (éd.), *Lieux communs : topoï, stéréotypes, clichés*, Kimé, 182–192.

Brunot, F. (1965), *La pensée et la langue*, Masson et Cie, Editeurs.

Brunot, F. et C. Bruneau (1969), *Précis de grammaire historique de la langue française*, Masson et Cie.

Buridant, C. (1976), "Nature et fonction des proverbes dans les *Jeux–Partis*", *Revue des sciences humaines*, XLI, 163, 377–418.

Carel, M. et P. Schulz (2002), "De la généricité des proverbes : une étude de *l'argent ne fait pas le bonheur* et *il n'y a pas de roses sans épines*", *Langage et société*, 102, 33–70.

Charaudeau, P. (1992), *Grammire du sens et de l'expression*, Hachette.

Cigoj–Leben, B. (1982), "Rendement stylistique de l'ellipse du pronom sujet dans le '*Thésée*' d'Adré Gide", *Linguistica*, 22/1, 127–147.

Clébert, J.–P. (1971), *Dictionnaire du symbolisme animal. Bestiaire fabuleux*, Editions Albin Michel.

Conenna, M. (2000), "Structure syntaxique des proverbes français et italiens", *Langages*, 139, 27–38.

Conenna, M. et G. Kleiber (2002), "De la métaphore dans les proverbes", *Langue française*, 134, 58–77.

Cram, D. (1983), "The linguistic status of the proverb", *Cahiers de lexicologie*, 43/2, 53–71.

D'Andrea, G. (2007), "Sur le rôle de la répétition dans les proverbes", in B. de Cornulier (éd), *Cahiers du Centre d'Études Métriques*, 5, Univ. de Nantes, 119–129.

Delorme, B. (2016), "La forme averbale dans les proverbes français et anglais : quand l'absence de conjugaison tient lieu d'argument d'autorité", *Études et travaux d'Eur'ORBEM*, 1/1, 71–85.

Dubois, J. (dir) (1994), *Dictionnaire de linguistique et des sciences du langage*, Larousse.

Ducrot, O. (1984) *Le dire et le dit*, Ed. de Minuit.

________ (1995a), "Topoïet formes topiques", in Jean–Claude ANSCOMBRE (éd.), *Théorie des topoï*, Editions KIME, 85–100.

_________ (1995b), "Les modificateurs déréalisants", *Journal of pragmatics*, 24, 145–165.

Eggs, E. (1994), *Grammaire du discours argumentatif*, Editions Kimé.

Fontanier, P. (1977), *Les figures du discours*, Flammarion.

Fortin, M.–J. (2002), "La langue publicitaire", in http://www.francais–affaires.com.

Fournet, S. (2005a), *Étude descriptive des proverbes dans la littérature hispanique médiévale et pré–classaique et de leur fonctionnement au sein des mécanismes de l'argumentation*, Thèse de doctorat, Univ. de Limoges.

_________ (2005b), "Le processus argumentatif révélépar le proverbe", Travaux de linguistique, 51, 37–54.

Garric, N. (1996), *Etude des structures linguistico–discursives du slogan publicitaire*, Diffusion ANRT.

Gómez–Jordana, S. (2003) "Taxinomie des proverbes français et espagnols contemporains", *Revue de Sémantique et Pragmatique*, 13, 69–97.

Gómez–Jordana Frerary, S. (2009a), "Analyse syntaxique et sémantique de quelques proverbes français et espagnols du XIVe au XXIe siècle", *Bulletin hispanique*, 111/2, 583–621.

_____________________ (2009b), "La concession et l'énonciation proverbiale", *Paremia*, 18, 163–174.

_____________________ (2012), *Le proverbe : vers une définition linguistique*,

L'Harmattan.

Gouvard, J.–M. (1996), "Les formes proverbiales", *Langue française*, 110, 48–63.

___________ (2004), "Proverbes et marquage évidentiel : le cas des énoncés métareprésentationnels", *Revue romane*, 39/2, 203–213.

___________ (2006), "Prolégomènes à une analyse métrique des proverbes", *Cahiers de Grammaire*, 30, 193–203.

Greimas, A.–J. (1970), "Les proverbes et les dictons", in *Du sens*, Ed. du Seuil, 309–314.

Grésillon, A., et D. Maingueneau (1984), "Polyphonie, proverbe et détournement", *Langages,* 73, 112–125.

Greven, H. A. (1982), *La langue des slogans publicitaires en anglais contemporain,* PUF.

Grevisse, M. (1980), *Le bon usage*, Duculot.

Grize, J.–B.(1990), *Logique et langage*, Ophrys.

Gross, G. (1996), *Les expressions figées en français*, Ophrys.

Grunig, B. (1998), *Les mots de la publicité*, CNRS Editions.

Guiraud, P. (1963), *La syntaxe du français*, PUF.

Jacques, F. (1991), "Argumentation et stratégies discursives", in A. Lempereur (éd.), L'argumentation, Mardaga, 173–194.

Kerbrat–Orecchioni, C.(1980), *L'énonciation de la subjectivité dans le langage*, Armand Colin.

Kleiber, G. (1984), "Pour une pragmatique de la métaphore : la métaphore, un acte de dénotation prédicative indirecte", *Recherches en pragma–sémantique,* Klincksieck, 123–163.

________ (1988), "Phrases génériques et raisonnement par défaut", *Le français moderne*, 56/1–2, 1–15.

________ (1994), "Sur la définition du proverbe", in *Nominales. Essais de sémantique référentielle*, Armand Colin, 207–224.

________ (1999a), "Les proverbes : des dénominations d'un type «très très spécial»", *Langue française*, 123, 52–69.

________ (1999b), "Les proverbes antinomiques : une grosse pierre logique dans le jardin toujours universel des proverbes", *Bulletin de la Société de*

linguistique de Paris, XCIV/1, 185–208.
_________ (2000a), "Sur le sens des proverbes", *Langages*, 139, 39–58.
_________ (2000b), "Proverbe : sens et dénomination", in Greciano GERTRUD, *Micro et macrolexèmes et leur figement discursif ; études de linguistique comparée français–allemand*, 57–76.
_________ (2008), "Généricité standard", in D. Leeman (dir.), *Des topoï à la théorie des stéréotypes en passant par la polyphonie et l'argumentation dans la langue*, Univ. de Savoie, 59–81.
_________ (2010), "Proverbes : transparence et opacité", *META*, 55/1, 136–146.
_________ (2012), "Sur le chemin des proverbes : questions de classification", in J.–C. Anscombre et al. (dir.), *Voix et marqueurs du discours : des connecteurs à l'argument d'autorité*, ENS Éditions, 141–163.
Krikmann, A. (1999), "Some additional aspects of semantic indefiniteness of proverbs", *De Proverbio*, 5/2, 1–14, in *http://www.deproverbio.com/DPjournal/DP,5,2,99/KRIKMANN/INDEFINITENESS.html.*
Le Goffic, P. (1993), *Grammaire de la phrase française*, Hachette.
Lécrivain, C. (1994), "Structure anacoluthique et *qui* proverbial : *qui va à la chasse perd sa place*", *Intercâmbio*, 4, Univ. de Porto, 85–93.
Lefeuvre, F. (1999), *La phrase averbale en français*, L'Harmattan.
_________ (2001), "La phrase averbale en français", *L'information grammaticale,* 88, 47–48.
_________ (2007), "Le segment averbal comme unité syntaxique textuelle", in M. Charolles et al. (éds), *Parcours de la phrase. Mélanges offerts à Pierre Le Goffic*, 143–158.
Leichter, F. (1997), *Jean de La Fontaine : Fables*, Bréal.
Lempereur, A. (1991), "Présentation. Colloque de Cerisy. Espaces actuels de l'argumentation", in A. Lempereur (éd.), *L'argumentation, Mardaga,* 9–16.
Lenepveu, V. (2007), "Intensification et position : l'adjectif intensif à valeur argumentative", *Travaux de linguistique*, 55, 45–60.
Lerot, J. (1993), *Précis de linguistique générale*, Les Éditions de Minuit.

Lorian, A. (1988), “Symétries de langue et asymétries de discours”, *Annexes des Cahiers de linguistique hispanique médiévale*, 7, 499–508.

Lyons, J. (1970[1968]), *Linguistique générale*, trad. par F. Dubois–Charlier et D. Robinson, Larousse.

________ (1978), *Éléments de sémantique*, Larousse.

Maingueneau, D. (1986), *Eléments de linguistique pour le texte littéraire*, Bordas.

_____________ (2000), *Analyser les textes de communication*, Nathan.

Maingueneau, D. et A. Grésillon (1984), “Polyphonie, proverbe et détournement, ou un proverbe peut cacher un autre”, *Langages*, 19/73, 112–125.

Marquez, E. (1998), “Classification des adjectifs : Etude exploratoire sur l’organisation sémantique–pragmatique des adjectifs”, *Langages*, 132, 87–107.

Martins–Baltar, M. (2005), “Approche pragmatique d’un ensemble d’énoncés fondamentaux du français”, *Français Fondamental. 50 ans de travaux et d’enjeux*, colloque tenu à l’E.N.S. Lettres et Sciences Humaines, à Lyon, les 8,9 et 10 décembre 2005.

Mazaleyrat, J. et G. Molinié(1989), *Vocabulaire de la stylistique*, PUF.

Mejri, S. (2001), “La structuration sémantique des énoncés proverbiaux”, *L’information grammaticale*, 88, 10–15.

________ (2008), “Inférence et structuration des énoncés proverbiaux”, in D. Leeman (dir.) *Des topoï à la théorie des stéréotypes en passant par la polyphonie et l’argumentation dans la langue*, Univ. de Savoie, 169–180.

Merhi, Y. (2003), “Publicité, provocation, éthique”, *Documents de travail*, 60, Lab. RII, Université du Littoral–Côte d’Opale.

Michaux, C. (1999), “Proverbes et structures stéréotypées”, *Langue française*, 123, 85–104.

_________ (2000), “De la difficulté de mettre tous les proverbes dans le même panier”, in *Sens et fonctions*, Tübingen: Max Niemeyer Verlag, 473–482.

_________ (2017), “Proverbialité et traduction : la dichotomie forme–sens”, *Revista de Letras*, 36/1, 89–99.

Mihulecea, M. R. (2014), “Constructions elliptiques dans les proverbes”, in I.

Boldea (éd.), *Globalization and intercultural dialogue. Multidisciplinary perspectives*, Târgu–Mureş: Arhipelag XXI Press, 505–511.

Miladi, L. (2016), "Amplification de la mise en relief dans les slogans publicitaires à l'aide d'adverbes intensifs", *Synergies Pologne*, 13, 41–53.

Milner, G. B. (1969), "De l'armature des locutions proverbiales. Essai de taxonomie sémantique", *L'Homme*, 9/3, 49–70.

Milner, J.–C. (1978), *De la syntaxe à l'interprétation*, Seuil.

Moeschler, J. (1985), *Argumentation et conversation*, Hatier–Crédif.

__________ (1991), "Métaphores et idiomes : compositionnalité, interprétabilitéet inférence", in J.–E. Tyvaert, (éd.), *Lexique et inférence* (s), Klincksieck, 97–114.

Moeschler, J. et N. de Spengler (1982), "La concession ou la réfutation interdite, approches argumentative et conversationnelle", *Cahiers de lingusitique française*, 4, 7–36.

Moignet, G. (1979), *Grammaire de l'ancien français*, Editions Klincksieck.

Morier, H. (1981), *Dictionnaire de poétique et de rhétorique*, P.U.F..

Nguyen, T. H. (2008), *De la production du sens dans le proverbe : analyse linguistique contrastive d'un corpus de proverbes contenant des praxèmes corporels en français et en vietnamien*, Thèse de doctorat, Univ. de Montpellier III.

Norrick, N. R. (1985), *How proverbs mean. Semantic studies in English proverbs*, Mouton publishers.

Ozolina, O. (2006), "Quelques aspects de la parémiologie comparative", *Actes du congrès international de phraséologie et parémiologie*, Santjago de Compostela y Lugo, 19–22 septembre 2006.

Pahud, S. (2012), "Slogans et proverbe : deux paroles «mythiques», in J.–C.Anscombre et al. (dir.), *La parole exemplaire. Introduction à une étude linguistique des proverbes*, Armand Colin, 212–226.

Palizhati, S. (2017), "Les stéréotypes des animaux dans les proverbes", *Neophilologica*, 29, 193–208.

Palma, S. (2000), "La négation dans les proverbes", *Langages*, 139, 59–69.

_______ (2012), "Proverbse doxaux et paradoxaux", in J.–C. Anscombre et al. (dir.), *La parole exemplaire. Introduction à une étude linguistique des proverbes*, Armand Colin, 67–80.

Perelman, C. (1983), "Logique formelle et argumentation", in Pierre Bange et al. (éd.), *Logique, argumentation, conversation*, Peter Lang, 167–176.

_________ (2002), *L'empire rhétorique. Rhétorique et argumentation*, Librairie J. Vrin.

Perrin, L. (2000), "Remarques sur la dimension générique et sur la dimension dénominative des proverbes", *Langages*, 139, 69–80.

________ (2002), "Figures et dénominations", *Semen*, 15. 141–154.

________ (2012), "L'énonciation des proverbes", in J.–C. Anscombre et al. (dir.), *La parole exemplaire. Introduction à une étude linguistique des proverbes*, Armand Colin, 53–66.

Picabia, L. (1986), "Il y a démonstration et démonstration : réflexion sur la déterminant de l'article zéro", *Langue française*, 72, 80–101.

Plantin, C. (1990), *Essais sur l'argumentation*, Editions Kimé.

________ (1996), *L'argumentation*, Seuil.

Prak–Derrington, E. (2015), "Au–delà de l'anaphore rhétorique. Figures de répétition et textualisation", *La clé des langues*, ENS Lyon/Dgesco.

Privat, M. (2005), "Emprunts et faux–proverbes dans la parémiologie française et espagnole", 910–916.

Rabatel, A. (2006), "La lecture comme activité de construction intersubjective du soi à travers l'aroche interactionnelle du style", *Lidil*, 33, 55–77.

Reboul, O. (1984), *La rhétorique*, PUF.

Rey. A. (1993), "Préface", in Montreynaud, F. et al., *Dictionnaire de proverbes et dictons*, Le Robert, VII–XVI.

Riegel, M. et al. (1994), *Grammaire méthodique du français*, PUF.

Robrieux, J.–J. (1993), *Eléments de rhétorique et d'argumentation*, Dunod.

Rodríguez Somolinos, A. (2018), "L'évolution des matrices proverbiales averbales en français : Jeux de mains, jeux de vilains", *RILCE, Revista de Filología Hispánica*, 34/2, 501–524.

Sandfeld, Kr. (1977), *Syntaxe du français contemporain*, Genève: Droz.

Schapira, C. (1999), *Les stéréotypes en français : proverbes et autres formules*, Ophrys.

__________ (2000), "Proverbe, proverbialisation et déproverbialisation", *Langages*, 139, 81–97.

Sguenfle, M. (2010), "Le proverbe amazighe. Aspects formels et sémantiques, *Asinag*, 4–5, 151–162.

Suard, F. et C. Buridant (éds.) (1984), "Stylistique comparée de la traduction de proverbes anglais et français", *Richesse du proverbe*, vol.2 : Typologie et fonctions, Université de Lille III, 51–60.

Tamba, I. (2000), "Formule et dire proverbial", *Langages, 139*, 110–118.

_______ (2012), "Vérité générique et vérité proverbiale : *on dit face à on dit proverbialement, le proverbe dit*", in J.–C. Anscombre et al. (dir.), *Voix et marqueurs du discours : des connecteurs à l'argument d'autorité*, ENS Éditions, 185–206.

van Hoof, H. (2002), "Un bestiaire linguistique – ou les animaux dans les images du français et de l'anglais", *Meta,* 47/3, 403–427.

Vanderbeken, M. (2007), *Syntaxe comparée des proverbes français et espagnols*, Thèse, Universiteit Gent.

Vigerie, P. (1992), *La symphonie animale. Les animaux dans les expressions de la langue française*, Larousse.

Visetti, Y.–M. & P. Cadiot (2006), *Motifs et proverbes*, PUF.

Volkova, M. (2018), "Les proverbes et les dictons dans la langue française moderne", *La France et la francophonie d'aujourd'hui*, XIIe colloque international d'étudiants et de jeunes chercheurs, Université nationale de recherche École supérieure d'économie, 12–15.

Weinrich, H. (1989), *Grammaire textuelle du français*, Didier/Hatier.

Wilmet, M. (1983), "Les déterminants du nom en français. Essai de synthèse", *Langue française*, 57, 15–33.

II. 속담사전

변재옥(2007), 『동서속담사전』, 영남대학교출판부.

송재선 편(1995), 『여성속담사전』, 동문선.

________(1997), 『동물속담사전』, 동문선.

이화여자대학교 편(2006), 『프랑스어 속담사전』, 도서출판 만남.

임종욱(2001), 『한국한자어 속담사전』, 이회.

정종진(2006), 『한국의 속담 대사전』, 태학사.

최근학 편(1990), 『한국속담사전』, 문학출판공사.

Bladé, J.–F. (1879), *Proverbes & devinettes populaires*, Loubatières.

Brézin–Rossignol, M. (2008), *Dictionnaire de proverbes*, La maison du dictionnaire.

Bulman, F. (1998), *Dictionnaire des proverbes. Anglais–français, français–anglais*, Les Presses de l'Université Laval.

Clébert, J.–P. (1971), *Dictionnaire du symbolisme animal. Bestiaire fabuleux*, Editions Albin Michel.

Collectif (2001), *Dictionnaire des proverbes*, Larousse.

Delacourt, F. (1996), *Proverbes, dictons et citations*, Editions de Vecchi.

Maloux, M. (1980), *Dictionnaire des proverbes. Sentences et maximes*, Larousse.

Montreynaud, F. et al. (1993), *Dictionnaire des proverbes et dictons*, Le Robert.

Pierron, A. (2000), *Dictionnaire des dictons et proverbes*, Marabout.

http://www.linternaute.com/proverbe/

http://environnement.ecoles.free.fr/proverbes–dictons–animaux–general.htm

강성영

전남대학교 불어교육과(학사)
서울대학교 대학원 불어불문학과(석사)
서울대학교 대학원 불어불문학과(박사)
프랑스 국립 CREDIF 연구소 연구원
한국프랑스학회 회장 역임
전남대학교 불어불문학과 교수(1982~현재)

주요 논저

『Écoutons ensemble !』(공저, 교육부, 2002)
『Écoutons ensemble !』(공저, 교육부, 2011)
「F. de Saussure의 Langue 개념에 대한 소고」(1981)
「논증이론에 있어서 양보책략의 기능」(1989)
「속담표현의 의미 · 화용론적 특성 연구」(1998)
「제7차 프랑스어과 교육과정에 대한 비판적 분석」(2005)
「프랑스어와 우리말 만남 인사규칙의 화용양상 비교」(2011)
「프랑스어 무동사 속담에 있어 무관사와 평가형용사의 언어학적 작용」(2018)

속담과 담화

Proverbes dans les discours

초판 1쇄 발행 _ 2018년 12월 31일

저 자 • 강 성 영
발 행 인 • 정 현 걸
발 행 • 신 아 사
인 쇄 • 대명프린팅
출판등록 • 1956년 1월 5일 (제9-52호)
주 소 • 서울시 은평구 통일로 59길 4 (2F)
전 화 • 02)382-6411 · 팩스 02)382-6401
홈페이지 • www.shinasa.co.kr
E-MAIL • shinasa@daum.net

ISBN 978-89-8396-304-8 (93760)

정가 15,000원